本书为国家社科基金项目结项成果
承蒙浙江大学韩国研究基金、
浙江大学董氏文史哲研究奖励基金出版资助

从泰西、海东文献
看明清官话之嬗变
——以语音为中心

陈 辉 ◎ 著

中国社会科学出版社

图书在版编目(CIP)数据

从泰西、海东文献看明清官话之嬗变：以语音为中心 / 陈辉著 . —北京：中国社会科学出版社，2015.5
ISBN 978 - 7 - 5161 - 6171 - 5

Ⅰ.①从… Ⅱ.①陈… Ⅲ.①官话 - 语音 - 方言研究 - 中国 - 明清时代 Ⅳ.①H172

中国版本图书馆 CIP 数据核字（2015）第 107328 号

出 版 人	赵剑英
责任编辑	任　明
特约编辑	付　钢
责任校对	季　静
责任印制	何　艳

出　　版	中国社会科学出版社
社　　址	北京鼓楼西大街甲 158 号
邮　　编	100720
网　　址	http：//www.csspw.cn
发 行 部	010 - 84083685
门 市 部	010 - 84029450
经　　销	新华书店及其他书店

印刷装订	北京市兴怀印刷厂
版　　次	2015 年 5 月第 1 版
印　　次	2015 年 5 月第 1 次印刷

开　　本	710×1000　1/16
印　　张	18.5
插　　页	2
字　　数	313 千字
定　　价	68.00 元

凡购买中国社会科学出版社图书，如有质量问题请与本社营销中心联系调换
电话：010 - 84083683
版权所有　侵权必究

目　　录

概要 …………………………………………………………………………（1）
引论　官话研究存在三大可能性误导 ………………………………………（5）

上　篇

第一章　泰西、海东文献所见洪武韵以及官话语音 ………………（15）
　第一节　从朝鲜谚解汉语韵书看15世纪洪武韵之"正音"
　　　　　地位的动摇 ……………………………………………………（15）
　第二节　从崔世珍、金尼阁著作看16、17世纪洪武韵"正音"
　　　　　地位的名存实亡 ………………………………………………（20）
　第三节　从日本文献看明清更替后洪武韵的不再被尊以及
　　　　　"正音"概念的迁化 ……………………………………………（24）
　第四节　传统华夷观与洪武韵以及明清官话的关系 ………………（27）

第二章　东西洋士人所记19世纪汉语官话之嬗变 ………………（30）
　第一节　新教传教士所认知的汉语官话 ……………………………（30）
　第二节　西方外交通商官员开始重视北京官话 ……………………（35）
　第三节　清政府定京音为国语标准 …………………………………（40）

第三章　官话管窥三则 ……………………………………………………（45）
　第一节　朱元璋的"中原"观及其对汉语的影响 ……………………（45）
　　一　朱元璋对"中原"概念的阐释 …………………………………（45）
　　二　从《洪武正韵》与《明太祖集》诗歌分韵的一致性
　　　　看明初的"中原雅音" ……………………………………………（50）
　　三　偰长寿何以成为丽末鲜初与明朝交流的语言翘楚 …………（55）
　　四　《洪武正韵》的修订与实际应用 ………………………………（60）
　　五　余论 …………………………………………………………………（64）

第二节 《老乞大谚解》和《无罪获胜》比较研究 ……………… (66)
 一 《老乞大谚解》和《无罪获胜》的刊印缘由 …………… (66)
 二 《老乞大谚解》、《无罪获胜》所记汉语语音的特征 …… (70)
 三 从《老乞大谚解》、《无罪获胜》注音看清初官话的
  使用状况 ……………………………………………………… (75)
第三节 徽班何以进京成国剧 ……………………………………… (79)

下　篇

第一章　朝鲜与汉语官话 …………………………………………… (87)
第一节 朝鲜人学习汉语的与时俱变 ……………………………… (87)
第二节 "训民正音"与《洪武正韵译训》 ……………………… (97)
第三节 崔世珍与《四声通解》 …………………………………… (131)
第四节 《音韵阐微》的影子——《华东正音通释韵考》 ……… (141)

第二章　传教士与汉语官话 ………………………………………… (154)
第一节 耶稣会士对汉字的解析与认知 …………………………… (155)
 一 耶稣会士以梵汉语言接触结果为基础解析汉字音韵 …… (155)
 二 耶稣会士由日语兼及汉语的认知进程 …………………… (162)
 三 金尼阁集大成耶稣会士对汉字"形声义"的
  认知体系 …………………………………………………… (165)
第二节 《西儒耳目资》与"三韵"兑考的基础 ………………… (168)
第三节 《无罪获胜》语言学探微 ………………………………… (178)
 一 《无罪获胜》所记录的汉语语音 ………………………… (179)
 二 《无罪获胜》的行文格式和汉字字体 …………………… (181)
 三 注音本《无罪获胜》刊印的动因分析 …………………… (184)
附录：《无罪获胜》汉字罗马字注音索引 ………………………… (187)
第四节 《汉英韵府》所见官话 …………………………………… (193)
 一 卫三畏的汉语学习、研究与运用 ………………………… (194)
 二 卫三畏所认知的汉语官话、方言与汉文的关系 ………… (197)
 三 《汉英韵府》中的官话语音 ……………………………… (205)

第三章　日本汉学家所认知的汉语官话 …………………………… (210)
第一节 唐音学与冈岛璞及其唐话教材 …………………………… (210)

  一 唐音学的兴起 …………………………………………（210）
  二 冈岛璞及其唐话教材 …………………………………（213）
  三 《唐话纂要》、《唐译便览》等教材唐音的假名
    标注法及音值 …………………………………………（219）
  四 《唐话纂要》假名注音所体现的杭州话语音特征 ……（222）
  五 《唐译便览》假名注音所体现的官话语音特征 ………（225）
 第二节 文雄与《磨光韵镜》、《三音正讹》 ……………（228）
  一 《磨光韵镜》、《韵镜指要录》、《翻切伐柯篇》等著作
    所论唐音 ………………………………………………（230）
  二 《三音正讹》坤卷所反映的汉语官话音系 ……………（237）
  三 夷夏之辩与华音正俗 …………………………………（243）
 第三节 《亚细亚言语集》等汉语教材所见北京官话 ……（250）
  一 广部精等汉语学家所认知的北京话 …………………（251）
  二 广部精与他创办的北京官话教学机构及所编教材 …（256）
  三 《亚细亚言语集支那官话部》所见北京官话音韵体系
    以及与《语言自迩集》的差异 ………………………（259）

余言 ……………………………………………………………（267）
  一 明清两代究竟有没有过官话标准 ……………………（269）
  二 官话在明清两代的实际使用状况如何 ………………（270）
  三 如何理解"正音"、"官话"、"读书音"和"口语音"
    之间的关系 ……………………………………………（271）
  四 为什么泰西、海东文献对官话的记录描写比中国人
    自己的更加具体丰富 …………………………………（273）
  五 泰西、海东文献所记录官话语音是否各有侧重 ………（273）

主要参考著作 …………………………………………………（276）
感谢的话
  ——代后记 ………………………………………………（285）

概　　要

　　现代汉语有普通话，明清时代则有官话，亦曰正音。囿于时代条件的限制，曾经有许多现当代语言学家错误地认为，北京从元朝开始除明初有一段以南京为都外，一直都是元明清三个朝代的首都，所以，明清官话一直是以北方音系为标准音的。如罗常培认为"从元朝到现在六百多年间的普通音，都以北方音作标准，大体上没有什么变迁"；王力认为"至少是六百年来，全国都承认北京的语音是'正音'"。然而，自从20世纪80年代起，国内学界以鲁国尧等为代表的学者突破传统音韵学的方法，用"文史语言学"等新的学术手段，研究并提出了"明代官话之基础方言是南京话"的假说，引起了学界的广泛关注与争议。有人坚持认为明代官话是以北京音为标准的；有人通过传统音韵学的方法分析比对了明代相关韵书音系，认为其与南京音相近，从而唱和鲁国尧的观点；有人认为，官话并没有标准，韵书反映的只是读书音，而非现实通行的官话语音；有人将官话分为北方系官话和南方系官话，前者以北京音为标准，后者以南京音为标准等。各执一词，莫衷一是。近年来，鲁国尧在大力提倡通过文史资料研究汉语语言史的同时，本着有多少证据说多少话的严谨态度，将观点退宿到了"明末官话的基础方言是南京话"；而何九盈也是通过对文史资料的梳理述论的方法，提出了明代乃至清代，有南京官话、中原官话、北京官话等"蓝青官话"，论地位北京官话、南京官话最为重要，每一种官话各有各的基础方言这样的观点。

　　古人说得好，"不识庐山真面目，只缘身在此山中"。在学习和分析既有官话研究成果的过程中，笔者惊奇地获知：至今发现的最早使用"官话"一词并有明确时间记载的文献不在中国，而是在海东之国的朝鲜（韩国与北朝鲜曾经共有的历史朝代）；最初明确"官话"即是"正音"的是来自泰西也即欧洲的耶稣会士；最早直接断言明代官话正音以南京音为则的是日本江户时代的汉学家；首先预测北京音将成为官话标准音的是

19世纪初之英国来华传教士；而最早系统性地将北京官话作为朝廷官方语言编出教科书的是来自英国的外交官。于是，笔者通过挖掘这些欧美来华传教士、朝日等国汉学家有关明清官话的文献遗存，辅以传统音韵学的方法分析他们的汉语音韵学著作之声韵母结构体系，对整个明清两代官话正音展开了全方位的研究，揭示出了较为清晰的明清官话正音的发展轨迹。这可以说就是本项研究的创新之处与成果亮点。因为这样的研究，既可以宏观性地综合相关历史文献对于明清官话性状的明确叙述，又可以微观性地分析出不同韵书对于明清官话音系的反映；既可以获悉官话使用者之间因立场和用途的不同而对官话产生的认知差异，又可以通过欧美、朝、日数种汉语韵学文献互证同一时期汉语官话的发展状况，从而弥补了单纯历史文献综述的泛泛而谈之缺陷，更避免了传统音韵学容易得出似是而非结论的风险。例如，单纯用方言比对推测古音的办法，有人得出结论说《西儒耳目资》反映的是山西音，有人说是北京音，有人说是南京音，又有人说是杂糅了南北音系的读书音等，众说纷纭；又例如，有人用对音法研究琉球官话教材，得出结论说它们反映的是北京官话，而有人则说是南京官话，同一个文本，研究结论却是大相径庭。而笔者则是文史语言学、传统音韵学并举，欧美、朝、日诸方文献互证，最大限度地保证了研究结论的可靠性。

笔者研究认为，明清两代的正音与官话是深受皇帝以及士大夫们的华夷观、京师所在地以及南、北两京制度、南北经济文化差异等诸多因素所左右的。

朱元璋立明之初，为彰显自己是真正的"中华"天子，恢复汉人唐宋旧制，通过敕文诏谕，一方面，谴责传统的中原地区已经受百有余年胡俗之害，包括语言在内，需要恢复中国之旧；另一方面，对于"中原"之概念进行了重新阐释，认为他的老家凤阳和南京等地才是真正"道里之均"的天下之中心，而河洛地区实际上偏处西北，以往被称为"中原"，只不过是秦汉唐宋历代皇帝美称其肇基立都之地而已。洪武八年（1375）之前，朱元璋欲立都凤阳，造为"中都"，所以，宋濂等文臣迎合皇帝的凤阳口音，美其名曰"壹以中原雅音为定"，颁布了《洪武正韵》，作为正音官韵，以实现同文之治。该书序言中，为否定以往传统韵书，指责沈约是汉语韵学失正的罪魁祸首，曰："韵学起于江左，殊失正音"。然而，洪武十一年，朱元璋改变了主意，下诏定南京为京师，并在翌年下旨修订《洪武正韵》，将其从七十六韵改为八十韵本，使其稍稍回归到了夹杂着吴音的"江左之音"。随着南京京师地位的稳固和对南京话的熟悉，以及最终放弃迁都传统中原地区的计划，洪武二十三年，朱元璋不便自己打自己的嘴巴，否决以凤阳音为基础方言的《洪武正韵》，而重新肯定"江左之音"的传统韵书音为正音标准，只好又下诏定孙吾与所编韵书为《韵会定正》，而这本韵书实质上"本宋儒黄公绍《古今韵会》，凡字切必祖三十六母，音韵归一"。朱元璋此举，使得官话正音标准又回到了基于"江左之音"的"沈韵"，《洪武正韵》则失去了正韵的实际功能，成为一种理论上的摆设，只在正字规范上贯穿整个明朝发生着效用。其后，虽然明成祖迁都北京以及英宗正统六年（1441）正式定北京为京师，但仍然保留了南京的"留都"地位，六部、都察院、国子监等配置与北京等同，且官员年资往往高于北京六部。京师与留都的引领作用，先是使南京音成为官话的语音规范，后又有北音逐渐影响官话，使北京的官话向元代的通语回归，分离出北京官话。明朝有两个京都的政治格局为官话通行南京音和北京音两种官音样板提供了政治基础。南京官话因与"诗韵"相合，南京又是明太祖肇基立国之地，在经济文化上胜于北京，所以，南京官话音被奉为"正音"，北京官话音则往往被称为"时音"或"俗音"，南京官话高于北京官话。如此，一个被尊而不遵、敬而不守的正音理论摆设《洪武正韵》以及南京官话、北京官话两个官话样板并存成为有明一代所谓官话正音的实态。

　　清军入关，定都北京，因是"夷夏之辩"中的胡族，所以，在文化、语言上因袭明代汉制，没立即颁布皇朝官韵，不过，其统治阶级的地位，还是促使官话尤其是北京官话愈加受旗人汉语等北方音系影响，产生了诸如硬腭鼻声母、微母基本消失等变化。待等康熙、雍正相继敕纂《康熙字典》、《音韵阐微》这两部正音标准字、韵书，特别是雍正六年（1728）上谕广东、福建籍贯的官员必须掌握官话正音后，正音也算是有了官方标准。然而，由于此两部字书和韵书，原本音系古今相杂，加之音像传媒手段缺失，在清人实际语言生活中，各地的官话多少都受方音影响，是并不标准的"蓝青官话"，内中南京官话与北京官话成了"南音"和"北音"的代表，其中"南音"因保留了"入声"而最接近正音，依然是通行于全国大部分地区的官话样板。其间，徽班因使用韵书音而受到皇帝和士大夫的欢迎，进京华丽转身为京剧，也成了正音普及的有效手段，京剧在福建、广东等地甚至因此变成了"正音"的代名词。两次鸦片战争后，国门洞开，西方的国家概念与外交思想传入中国，传统华夷观得以改变，原本被轻视的北京官话逐渐成为宫廷官场的时髦语音。1904年，京音官话终于被写进《奏定学堂章程》，堂而皇之地被确定为清朝的官话标准，成为每个读书人所应学习掌握的国语国音。

《千字文》有曰："学优登仕，摄职从政。"是故，所谓"读书音"、"官话音"、"正音"理论上应该是同一事物，它们只不过因人、因事、因地和因时而生成了概念所指的变异。正如利玛窦所言："官话现在在受过教育的阶级当中很流行，并且在外省人和他们所要访问的那个省份的居民之间使用"。读书人以"读书音"读书识字，长大后用于官场，用于他乡。

对于以上官话发展脉络的梳理，笔者在充分综合利用涉及中、日、韩、英、法、德、葡、西、拉丁等诸多文献史料的同时，选取各个关键的时间节点，代表性地分析了朝鲜的《洪武正韵译训》、《四声通解》、《华东正音通释韵考》、来华传教士的《西儒耳目资》、《无罪获胜》、《汉英韵府》以及日本汉学家的《唐译便览》、《三音正讹》、《亚细亚言语集支那官话部》等外国人编纂的汉语韵书所反映的官话音系，这些韵书因带有拼音文字的谚文注音、罗马字注音和片假名注音，直观性地保留了各个时间节点官话的声韵母和声调特征，为我们了解每个时段的官话样态提供了传统音韵学的支撑。

引论　官话研究存在三大可能性误导

何为"官话"？汉语史界对于"官话"，有一个基本一致的认识，那就是普通话的前身，即明清以及民国时期的汉民族共同语，尤其是指明清时期的汉语共同语。不过，令人称奇的是，至今发现的最早使用"官话"一词并有明确时间记载的文献却在海东之国的朝鲜[①]；最初明确"官话"即是"正音"的是来自泰西也即欧洲的耶稣会士；最早直接断言明代官话正音以南京音为则的是日本江户时代的汉学家；首先预测北京音将成为官话标准音的是19世纪初之英国来华传教士；而最早系统性地将北京官话作为朝廷官方语言编出教科书的是来自英国的外交官。正应了那句名诗："不识庐山真面目，只缘身在此山中。"是故，要真正弄明白究竟何谓"官话"的问题，离不开对以上这些15世纪至20世纪域外文献的稽考。只有通过对这些东西洋学人之有关"官话"著述的梳理，加之传统的"小学"研究，我们才有可能大致描绘出一条明清官话的变迁轨迹。否则，不免走入歧途，难识官话"真面目"。

因此，在进入正题之前，作为引论，笔者以为有必要先来陈述一下有可能误导官话研究的一些负面因素。大而言之，因素有三：现代汉语普通话的概念；老一辈语言学家关于官话语音的研究结论；以及当今时髦的西方语言学理论。

第一，"普通话"这一概念是有明确定义的，有其具体的规范标准。查《现代汉语词典》可知：普通话是"现代汉语的标准语，以北京语音为标准音，以北方话为基础方言，以典范的现代白话文著作为语法规范"。1956年2月，国务院确定这一概念标准后，专门发布了《关于推广普通话的指示》，要求"在文化教育系统中和人民生活各方面推广这种普通话"。于是，普通话借助学校教育，通过广播、电视、电影等音像传

[①] 除特别注明的以外，本书中出现的"朝鲜"一词专指朝鲜王朝（1392—1910）。

媒，在全国得以普及。尤其是现代音像传媒技术的发达，使得全国百姓不仅对普通话有了理性的认识，而且日日处于标准普通话的"耳濡"之中。由今及古，现代学者们很容易受普通话概念的影响，去推论明清时代的官话，以为明清官话会像"普通话"一样，政府应该有过具体的规范，而且，全国各地有一个整齐划一的官话语音。事实如何呢？

的确，朱元璋立明后不久，为恢复汉人在中国的统治秩序，颁布实施了一系列文物典章制度。"当今圣人在上，车同轨，而书同文，凡礼乐文物咸遵往圣，赫然上继唐虞之治。至于韵书，亦入宸虑。下昭词臣，随音刊正，以洗千古之陋习，猗欤盛哉"。① 于是，词臣们"研精覃思，壹以中原雅音为定"，于洪武八年（1375）颁布了《洪武正韵》，"以见圣朝文治大兴，而音韵之学悉复于古"。②《洪武正韵》凡例中，沿袭唐陆法言《切韵》序中之言，曰：天地生人，即有声音。五方殊习，人人不同，鲜有能一之者。如吴楚伤于轻浮，燕蓟失于重浊，秦陇去声为入，梁益平声似去，江东河北取韵尤远。欲知何者为正声，五方之人皆能通解者斯为正音。沈约以区区吴音欲一天下之音，难矣。今并正之。③

从以上所引文字大致可以归纳出《洪武正韵》所定义的"正音"概念。所谓"正音"，就是以"中原雅音"为定的五方之人皆能通解的"正声"。然而，此定义有三个概念不明。一是什么是"中原雅音"？二是什么是"正声"？三是"正音"与"官话"是何种关系？单纯从字面理解，所谓"中原雅音"，应该就是以河洛为中心的中原大地的雅言之音。周德清编《中原音韵》之缘由，就是基于"五方言语又复不类。吴楚伤于轻浮……"，与《洪武正韵》的编撰理由完全一致，而书名就直接取用"中原音韵"四字。如果朱元璋认可周德清所谓的"中原正音"，那么就没有必要下诏词臣重复劳动了，直接下诏颁布《中原音韵》即可。显然，朱元璋为恢复汉人统治的"礼乐文物"，是不认可《中原音韵》的。事实上，朱元璋的词臣们所编《洪武正韵》之"正音"也完全有别于周德清《中原音韵》之"正音"，两者之所谓"中原"，是名同义不同的。

依周德清《中原音韵·卷下》之"中原音韵正语作词起例"所言：

---

① （明）宋濂：《洪武正韵序》，载《文渊阁四库全书》（239），台湾商务印书馆1972年影印本，第5页。

② 同上。

③ 同上书，第6页。

"余尝于天下都会之所闻人间通济之言。世之泥古非今,不达时变者众。呼吸之间,动引《广韵》为正,宁甘受鴃舌之诮而不悔。亦不思混一日久,四海同音。上自缙绅讲论治道及国语翻译国学、教授言语,下至讼庭理民,莫非中原之音不尔。"① 周德清称在天下都会大都(北京)所听到的是人间通济之言,上至官宦学者,下至黎民百姓,所操之语都是"中原之音"。但在朱元璋看来,所谓"中原",应该指整个中国大地,或者说是他所统治下的中国疆域。他在《谕中原檄》中,称自己就是降生于中原的圣人。"天运循环,中原气盛,亿兆之中,当降生圣人,驱逐胡虏,恢复中华,立刚陈纪,救济斯民"。他认为:"方今河、洛、关、陕,虽有数雄,忘中国祖宗之姓,反就胡虏禽兽之名以为美称,假元号以济私侍。有众以要君,阻兵据陕,互相吞噬,反为生民之巨害。皆非华夏之主也。"② 洪武七年(1374),朱元璋决定在南京狮子山造一座阅江楼,并亲自撰写了一篇《阅江楼记》,曰:"自禹之后,凡新兴之君,各因事而制宜,察形势以居之,故有伊洛陕右之京,虽所在之不同,亦不出乎中原,乃时君生长之乡,事成于彼,就而都焉,故所以美称中原者为此也。孰不知四方之形势,有齐中原者,有过中原者,何乃不京而不都?盖天地生人而未至,亦气运循环而未周故耳。""朕生淮右,立业江左,何固执于父母之邦。以古人都中原,会万国,当云道里适均,以今观之,非也。大概偏北而不居中,每劳民而不息,亦由人生于彼,气之使然也。朕本寒微,当天地循环之初气,创基于此。且西南有疆七千余里,东北亦然,西北五千之上,南亦如之,北际沙漠,与南相符,岂不道里之均?万邦之贡,皆下水而趋朝,公私不乏,利益大矣。"③ 在他看来,"淮右"、"江左"才是天下之居中,才堪称"中原"。虽然《洪武正韵序》中有曰:"沈约以区区吴音欲一天下之音,难矣。今并正之"。但笔者以为,这一句恰恰提示了我们,"中原雅音"是在沈约《四声类谱》基础上纠正而来的,它表面上是批评了沈约,但实际上似乎也暗示了《洪武正韵》的基础就是沈约的江左之音。之所以不明确写明,一是在传统的夷夏之辨中,"江左"无"河洛"之优势;二是与当时朱元璋在定都问题上举棋不定有关。在

---

① (元)周德清:《文渊阁四库全书》(1496)《中原音韵》,台湾商务印书馆1975年影印本,第683页。
② (明)王世贞:《弇山堂别集》,中华书局1985年版,第1617页。
③ (明)朱元璋:《明太祖御制文集》,台湾学生书局1965年版,第439—445页。

初编《洪武正韵》时，朱元璋欲建都凤阳，后虽改主意立都南京，然而立场也不坚定。众多史实表明："从明洪武（1368）至永乐（1424）年间——朱明王朝政权建立前期的五十多年时间里，都城迁出南京的意念自始至终存在于朱明王朝的开国之君和继任之君的意识中"。[①]

正是由于明初颁布《洪武正韵》时，对"正音"概念定义的含混不清，以及后来明朝迁都北京，官话语音受北音影响日深，才导致了整个明朝乃至清朝几乎没有中土文献明确记述在北京音之前，何处方音是官话的基础音或标准音。退而言之，即便当时有明确的官话定义，由于没有细致到音素的注音体系，更缺乏如现代社会那样所拥有的音像传媒样本可供比照摹仿，所谓的官话标准音只能是停留在纸面上的理论，官话习用者往往依照自己的理解猜度官话，结果是，各地官员乡绅所操官话难免混杂浓重的地方口音，生出许多各具地方特色的"蓝清官话"来。"北京官话"、"南京官话"、"西南官话"等称谓大约由是而生。因此，我们如若以现今的普通话概念和推广条件去推考和研究明清官话，就容易误入歧途。何九盈先生说得好，我们无法笼统地回答"明代官话的基础方言是什么"这样的问题，因为问题本身"有以今律古之嫌"。[②]

第二，由于研究条件的局限，20世纪一些非常有影响力的老一辈语言学家对《中原音韵》和《洪武正韵》的音系以及它们在汉语发展史中的地位等做出了不恰当的评价，甚至是错误的结论，也或多或少会影响其后语言学者的研究工作。

早在20世纪20年代前后，钱玄同在几篇不同的学术论文中就提出："普通话就是官话。官话本出于元朝的北京话。""后来北曲作得多了，周德清据了来作《中原音韵》，于是元朝新标准新韵书就出现了。北音在政治上认它为一种很漂亮的官音，在文学上又认它为一种很有价值的新韵。因为这两个缘故，渐渐就成为全国的普通语音了。……到了现在，制定国音，还是沿用《中原音韵》和《洪武正韵》一系的音。""此六百年之普通口音，即为《中原音韵》、《洪武正韵》等韵书之音。"[③] 在钱玄同看来，《中原音韵》和《洪武正韵》是同一个音系的，近六百年来，《中原

---

① 张竹梅：《试论明代前期南京话的语言地位》，载耿振生《近代官话语音研究》，语文出版社2007年版，第195页。
② 何九盈：《汉语三论》，语文出版社2007年版，第133页。
③ 同上书，第127页。

音韵》所记录的北京话一直是官话的标准。关于这一点,罗常培说得更加直接明了。他在《耶稣会士在音韵学上的贡献》一文中提道:"从元朝到现在六百多年间的普通音,都以北方音作标准,大体上没有什么变迁。"① 而王力在将《中原音韵》视作大都音,是元代汉语音系之标准的同时,他认为:自元代始,汉语声调"平声分为阴阳两类了,入声消失了,古入声字并入了平上去三声"。② 他甚至还认为:"自从1153年金迁都燕京(即今北京)以来,到今天已有八百多年,除了明太祖建都南京和国民党迁都南京共五十多年以外,都是以北京为首都的。这六百多年的政治影响,就决定了民族共同语的基础。""至少是六百年来,全国都承认北京的语音是'正音'。"③

事实真的如此吗?

奎章阁侍书学士虞集(1272—1348)为《中原音韵》撰有"序言",内中确实言周德清的《中原音韵》"为正语之本";依《中原音韵》所附"作词十法",造语"可作"的有:"乐府语、经史语、天下通语","不可作"的有:"俗语、蛮语、谑语、嗑语、市语、方语(各乡谈也)。"而所谓"天下通济之言",周德清在"正语作词起例"中也说得明白,就是在"天下都会"大都(北京)所耳闻的"中原之音"。不过,周德清也明确指出:《中原音韵》将"入声派入平上去三声者,以广其押韵,为作词而设耳。然呼吸言语之间,还有入声之别"。也就是说,除蒙古语作为国语以外,元代还有以大都的汉语语音语汇为标准的"天下通语"的存在,这种天下通语在实际使用中依然存有四声中的"入声"。到了清乾隆年间,《四库全书》收录《中原音韵》,纪昀等总编纂官撰写收录"提要"时,否定了《中原音韵》之所谓"天下通语"的正统地位,但也肯定了《中韵音韵》所定"北音"对于"乐府"之重要性,言:"北音舒长,迟重不能作,收藏短促之声。凡入声皆读入三声,自其风气使然。乐府既为北调,自应歌以北音。德清此谱,盖亦因其自然之节,所以作北曲者沿用至今。""然德清轻诋古书,所见虽缪,而所定之谱,则至今为北曲之准绳。或以变乱古法诋之,是又不知乐府之韵,本于韵外别行矣。故

---

① 罗常培:《耶稣会士在音韵学上的贡献》,载《历史语言研究所集刊》(1930年第一本第三份),中华书局1987年版,第289页。
② 王力:《汉语语音史》,中国社会科学出版社1985年版,第308、387页。
③ 王力:《汉语史稿》(上)(修订本),中华书局1980年版,第37页。

今录其书以备一代之学。"① 显然，《四库全书》收入《中原音韵》，只是为了文学艺术，而非因为承认其天下通语之地位。

通过研读以上这些原始文献可知，钱玄同、罗常培、王力等人关于《中原音韵》以及近六百年来汉语官话标准的论述是有失偏颇的。试想，如若近六百年来，官话都是以北京音为标准，那么昆曲在中国的戏曲舞台上怎会有那么大影响，而并不以北京音为唱念语音的徽班又焉能进京立足，发展成为京剧，并占据国剧的地位？

第三，自索绪尔（Ferdinand de Saussure，1857—1913）《普通语言学教程》问世以来，西方语言学理论一直以西方国家的语言为主要研究对象，也就是以表音文字为记录符号的印欧语作研究基础，展开了现当代语言学的研究工作。结构语言学、转换生成语言学、系统功能语言学等学派理论无不是受索绪尔语言学理论的影响发展而来。包括中国本土的学者在内，当代语言学家们大多忽略了"汉文"本身所具备的语言特性，他们从"语言符号是概念和音响形象的结合"这一观点出发，试图去寻求明清时代各地汉语官话语音的绝对统一性。其实，对于以汉字为语言记录符号的民族来说，汉文本身就是一种语言，是一种可以独立于自然语言的语言，甚至是可以让自然语言倒过来依附于它的特殊语言。这种语言是概念与书写形象之间的结合。所以，不光在中国操不同方音的汉民族之间，而且在使用汉字作为书写符号的日本、朝鲜、越南等地，汉文同样能够沟通人与人之间的交流，尽管他们对每个汉字的读音相异于汉民族的官话和方言中的汉字读音。所以，如果以音本位出发去研究明清时代的官话语音，将会夸大性地认识官话语音在那个时代的绝对权威性和绝对统一性，从而影响对明清官话的正确认知。

综上所述，从现代普通话的概念出发，在当代大流的语言学语境下探讨明清时代的官话，很容易产生对官话的认知偏差。要避免此种偏差的发生，最好的方法就是以汉语自身的特性为根本，尽可能真实地还原当时官话所依存的历史环境，从而推导出明清官话的发展实态。常言道：旁观者清。朝鲜、日本的汉学家以及西来的传教士、外交家们为我们留下了许多他们观察明清官话的文献记述。对这些文献资料作一番梳理，必将有助于

---

① （元）周德清：《文渊阁四库全书》（1496）《中原音韵》，台湾商务印书馆1975年影印本，第657—710页。

我们对明清官话有一个相对客观的认识。为此，笔者将分上下两篇展开研究论述，上篇章节主要以"文史语言学"[①]的方法，借助包括中国在内的明清时代东西方文史资料，相对综合性地探讨明清官话的状况和演变；下篇则是在运用"文史语言学"方法的基础上更侧重于传统的历史比较法、汉语音韵学，选取代表性的朝鲜士人、西方传教士和日本汉学家所编的汉语音韵学文献，进行具体的音韵学的分析和探究，从而佐证上篇中以"文史语言学"研究方法所导出的结论。

[①] 所谓"文史语言学"，是鲁国尧先生近年来一直提倡的汉语语言史的研究方法，他认为："汉语语言史，它是中国史的一个部分，研究语言史的学者应该突破多年来形成的凝固化范式的框框，决破罗网，去辛勤搜觅、充分利用文史资料以研究汉语语言史，所以我们要大力提倡'文史语言学'，借助确凿可靠的文史资料以探究历代的语言状况和衍变，这就是'文史语言学'。"（见鲁国尧《研究明末清初官话基础方言的廿三年历程》，《语言科学》2007年第2期，第20页）

上 篇

第一章　泰西、海东文献所见洪武韵以及官话语音

明清之时，国人称欧美为"泰西"，朝鲜人自称朝鲜为"海东"，同时也指称日本诸岛为"海东之国"。其时，朝鲜专设司译院"掌事大交临之事"，院内置汉、蒙、倭、清四学，其中"汉学"负责与中国相关事务，培养汉语翻译人才，出现过申叔舟、崔世珍等汉学大家，他们著有《洪武正韵译训》、《韵会玉篇》等汉语音训辞书；泰西有利玛窦等传教士东来，他们为传教而学习和研究汉语，并编纂汉语辞书，其中，金尼阁著有《西儒耳目资》，系统性地介绍了汉语之音韵，以资其后来者习得汉语；而日本自古通行汉文，江户时代涌现了冈山冠、太宰纯等汉学泰斗，著有《倭读要领》等书，标榜以明代正音为则，专论汉语音韵。这些泰西、海东的文献有一个共同的特点，那就是表面上遵从《洪武正韵》，实则上却对洪武韵尊而不依，敬而不从。这些作者分别以谚文字母、罗马字以及片假名等拼音文字标注了他们所认知的汉语官话语音，从一个侧面记录了明清时期汉语"正音"、"官话"的实态，因而为我们今天考察汉语发展史尤其是明清官话的语音嬗变提供了极大的便利。

第一节　从朝鲜谚解汉语韵书看 15 世纪洪武韵之"正音"地位的动摇

音韵文字之学在古虽然被称作"小学"，但其实地位不低。司马光曾说："备万物之体用者，无过于字；包众字之形声者，无过于韵。"[①]朱元璋及其文臣宋濂等人进而认为："所谓三才之道，性命道德之奥，礼乐刑

---

① （元）马端临：《文献通考经籍考》（上），华东师范大学出版社1985年版，第406页。

政之源，皆有系于此，诚不可不慎也。"①因此，朱元璋立明后，在着手恢复上古礼乐文物制度，实施"车同轨、书同文"的同时，也不忘汉语的"正音"要务，敕命乐韶凤、宋濂等翰林学士编纂了所谓"壹以中原雅音为定"的《洪武正韵》，"以洗千古之陋习"。诚如许多学者所言，《洪武正韵》其实是一部理论与实践相脱节的韵书，并不受明代士人的欢迎。②不过，笔者以为，既然这部韵书是开国皇帝敕命编纂，而且标榜"以中原雅音为定"，自然会被当朝后世认作祖宗之法，至少在表面形式上并不会被漠视。《永乐大典》以洪武韵韵次编排辑录文献，以及宣德、成化、万历和崇祯年间《洪武正韵》屡次被翻刻等史实多少也证明了这部韵书的形式地位。是故，洪武韵的存在，使当时的海外学人在编撰汉语辞书和教材时不可避免地面临了如何取舍汉语语音的难题。

首先遇到此问题的就是以"小中华"自居的朝鲜。朝鲜第四代国王世宗精通儒学，他秉承司马光、朱元璋的理念，也极其重视文字音韵之学，认为"欲究圣人之道，当先文义。欲知文义之要，当自声韵。声韵乃学道之权舆也"。③为此，他率领文臣们苦心钻研声韵之学，于1444年1月创制完成了音素文字"训民正音"④，即俗称的"谚文字母"，随后便命文臣开始编写朝鲜语中的汉字读音规范——《东国正韵》，着手谚解汉语韵书，用谚文字母标音注解汉语中的汉字音义。因为在他看来，要顺利实施"事大中国"之国策，首先必须扫除不通中华语音的障碍。1444年2月，也即谚文字母问世次月，世宗王便命人以谚文译注《韵会》，《世宗实录》记载曰：

> 丙申，命集贤殿校理崔恒、副校理朴彭年、副修撰申叔舟、李善老、李垲、敦宁府注簿姜希颜等诣议事厅，以谚文译《韵会》。⑤

---

① （明）宋濂：《洪武正韵序》，载《文渊阁四库全书》(239)，台湾商务印书馆1972年影印本，第5页。
② 何九盈：《中国古代语言学史》，广东教育出版社2000年版，第209页。
③ 申叔舟：《东国正韵·序》，建国大学校出版部1998年版，第19页。
④ 当今有很多文献将"训民正音"的创制完成时间记述为1443年，但根据《朝鲜王朝实录·世宗实录》卷一百二，即世宗二十五年农历十二月三十日记载，"是月，上亲制谚文二十八字。其字仿古篆，分为初中终声，合之然后乃成字。凡千文字及本国俚语，皆可得而书。字虽简要，转换无穷，是谓《训民正音》。"此年此月转换成公历应该是1444年1月。
⑤ 国史编纂委员会：《朝鲜王朝实录》（四），探求堂1986年影印本，第542页。

世宗王最初命令译注的是《韵会》，但后来却又改取了《洪武正韵》。《洪武正韵译训序》如是说：

> 沈约著谱，杂以南音，有识病之，而历代未有厘正之者。洪惟皇明太祖高皇帝愍其乖舛失伦，命儒臣一以中原雅音为定为《洪武正韵》，实是天下万国所宗。……首命译《洪武正韵》。①

显然，这是世宗王对明太祖敕命编《洪武正韵》的亦步亦趋，其目的无非讨好大明朝廷。当时曾参与《洪武正韵译训》和《直解童子习》编撰的成三问（1418—1456）在其所撰《直解童子习序》中明确指出：谚解此二书，"学者苟能先学正音（指"训民正音"）若干字，次及于斯，则浃旬之间，汉语可通，韵学可明，而事大之能事毕矣。有以见二圣（指世宗和文宗）制作之妙，高出百代，此书之译，无非畏天保国之至计。"②

按理说，谚解一本汉语韵书，并不算难事，然而，申叔舟（1417—1475）、成三问等朝鲜汉学家为注译《洪武正韵》面临了两难的抉择。原因如他们在《洪武正韵译训序》中自己所言，"夫洪武韵用韵并析悉就于正，而独七音先后不由其序，然不敢轻有变更，但因其旧而分入字母于诸韵。各字字首用训民正音以代反切，其俗音两用之音又不可以不知"。朝鲜人如要实质性地解决与中华语音不通的问题，既不能轻视《洪武正韵》标定的"正音"及分韵，又不能忽视当时的实际通用语音，其难度是可想而知的。于是，这些朝鲜学人只好一方面就"正音"问题请教中国士人，所谓"就正中国之先生学士，往来至于七八，所与质之者若干人"；"且天子之使至国而儒者，则又取正焉。"而另一方面，他们又不得不前往北京实地考察京城通行的汉语语音，所谓"燕都为万国会同之地，而其往返道途之远，所尝与周旋讲明者，又为不少。以至殊方异域之使，释

---

① 申叔舟：《洪武正韵译训序》，载《洪武正韵译训》，高丽大学校出版部1974年版，第349页。

② 成三问：《成谨甫集·直解童子习序》，载《韩国文集丛刊10》，景仁文化社1996年影印本，第191页。

老卒伍之微,莫不与之相接,以尽正俗异同之变。"① 据当事人申叔舟和成三问的文集《保闲斋集》和《成谨甫集》记载,关于正韵,他们求教的主要是黄瓒和倪谦这两个中国士人。黄瓒(1413—?),江西省吉安府人,宣德八年(1433)进士,历任翰林院庶吉士、南京刑部主事等。他在任南京刑部主事时,被流放至辽东。② 倪谦(1415—1479),应天上元(今南京)人。正统己未(1439)进士,授翰林院编修。己巳(1449),升任翰林侍讲,出使朝鲜。③ 值得注意的是,这两人与"留都"南京有着密切的关联。前者被流放前在南京任职,而后者更是在南京土生土长。当时,申叔舟等人无论是在中国,还是在朝鲜,有机会接触很多中国士人,但偏偏选择向黄瓒和倪谦二人求教正韵,是巧合?还是暗示了《洪武正韵》与南京音的关联?此处暂且存疑不论。不过,洪武韵与当时北京实际通行的汉语语音有差异是肯定的,否则,申叔舟等人无须赴"燕都"实地考证"俗音"。

申叔舟等人反复来往中国十余次,誊十余稿,时间竟达八年,直到1451年才初步完成《洪武正韵》的谚解,后又经文宗王亲自过问"重加仇校",于1455年正式刊行。考虑到迁就于《洪武正韵》体例的《洪武正韵译训》比较烦琐难阅,世宗王在之前已先行命申叔舟以谚文字母合并归类平上去入四声韵部,重新编排内中的汉字,谐以四声正俗音,成《四声通考》。《四声通考》现今已失传,《洪武正韵译训》之第一、第二卷也已散佚。好在申叔舟《保闲斋集》收有《译训》的序言,崔世珍的《四声通解》收有《四声通考》也即《译训》的凡例。凡例第一条是关于定音原则的,曰:"以图韵诸书及今中国人所用定其字音,又以中国时音所广用而不合图韵者逐字书俗音于反切之下。"第八条是关于"入声"的,大意是:在正音中,入声诸韵仍然有牙舌唇即 k、t、p 终声之别,发音的技巧是"微用而急终之,不至太白可也"。但如果以 k、t、p "直呼",则似所谓的南音;今南音伤于太白,北音流于缓驰。蒙古韵因北音不用终声,黄公绍《韵会》牙舌唇之音不别,也不用终声;在当今俗音

---

① 申叔舟:《洪武正韵译训序》,载《洪武正韵译训》,高丽大学校出版部1974年版,第349页。

② 郑光:《훈민정음의 사람들》,제이앤씨,2006年版,第56页。

③ 詹杭伦、杜慧月:《倪谦出使朝鲜与〈庚午皇华集〉考述》,《逢甲人文社会学报》(第14期)2007年6月,第56页。

中，入声诸韵虽不用终声，但并不像平上去声那样缓驰，而是用喉音。①
这两条凡例清楚地告诉我们：当时所谓的"正音"已经并不完全拘泥于
洪武韵，通行的汉语中有南音、北音之分，无论正音、南音和北音，入声
依然存在，而《蒙古字韵》和《韵会》的字音既不能代表俗音，更不同
于正音。

《洪武正韵》谚解完成后，朝鲜并没一劳永逸。为能紧随中国文物典
章、礼乐规范的变化发展，在每次派往中国的贡使中，一般都配"质正
官"、"讲肄官"随行，负责向中国相关文儒质询《五经》和汉语音训；
而在其国内，则设司译院讲肄官，专习华音，用《直解小学》、《前后汉
书》、《老乞大》、《朴通事》、《童子习》、《译语指南》等汉语教科书。②
如若中国朝廷派往朝鲜的使臣中有精通音韵者，朝鲜王朝也都会抓住机会
请他们质正校改司译院的教科书。《朝鲜王朝实录》成宗十四年（1483）
九月条有如下记载：

> 先是命迎接都监郎厅房贵和从头目葛贵校正《老乞大》、《朴通
> 事》。至是，又欲质《直解小学》。……上语副使曰：我国至诚事大，
> 但语音不同，必学得字音正，然后语音亦正。幸今头目官正是好秀
> 才，予欲令质问字韵。请大人使秀才教训。副使曰：我虽不言，彼必
> 尽心矣。命召葛贵，赐酒。谓曰：汝尽心教诲，予深嘉悦。贵启曰：
> 俺南方人，字韵不正，恐有差误。③

这里，葛贵回答"俺南方人，字韵不正，恐有差误"一句，是非常
值得思量的。考王世贞的《弇州堂别集》等文献可知，《洪武正韵》的主
要编撰者乐韶凤、宋濂以及他们赖以质正"中原雅音"的汪广洋、陈宁、
刘基、陶凯等人几乎全是江浙一带的南方人，他们主编了《洪武正韵》，
然而，一百年以后，身为南方人的葛贵对字韵却不自信，原因何在？一种
合理的解释就是，随着明廷迁都北京，官话语音随之也日益受北方语音的
影响，逐渐发生了改变。既然是"字音正，然后语音亦正"，那么，反言

---

① 申叔舟等：《洪武正韵译训》，高丽大学校出版部1974年版，第354—355页。
② 徐居正：《四佳集·译语指南序》，载《韩国文集丛刊11》，景仁文化社996年影印本，
第250页。
③ 国史编纂委员会：《朝鲜王朝实录》（10），探求堂1986年影印本，第520、521页。

之，语音有变，字音也跟着改变。这大概也正是为什么朝鲜要每年派质正官赴北京质正汉语音训的原因之所在。

不过，葛贵话虽谦虚，但还是领受了任务，并对《直解小学》给出了评语："反译甚好，而间有古语不合时用，且不是官话，无人认听。右《小学》一件，送副使处，令我改正，则我当赍还燕京，质问以送。"① 有关学者认为，虽然"官话"一词始自明初，但最早有确凿使用时间记录的正是在此段评语中出现的"官话"，时间为1483年农历九月。②《洪武正韵》1375年问世，至此已逾百年，从朝鲜司译院对汉字和汉语正俗音的应对来看，洪武韵的官话正音地位显然已经动摇。

第二节　从崔世珍、金尼阁著作看16、17世纪洪武韵"正音"地位的名存实亡

继申叔舟、成三问等汉学家后，朝鲜最有成就的汉语大家是崔世珍（？—1542），他自1486年起历任司译院讲肄习读官、承文院训诲、司译院院正等职，多次随燕行使赴北京，先后撰有《四声通解》（1517）、《翻译老乞大》（1517）、《翻译朴通事》（1517）、《续添洪武正韵》、《韵会玉篇》（1537）等汉语教材和辞书。引人注目的是，崔世珍的这些著作在音韵方面虽然仍旧将《洪武正韵》奉为圭臬，但不避言使用元朝的韵书作为标注汉字俗音的依据。其《四声通解序》开篇曰："洪惟太祖高皇帝见古韵书，愍其乖杂。当天下混一之初首，诏词臣一以中原雅音并同析异，刊定《洪武正韵》，然后千古踳驳始归于一也。"然而，《四声通解·凡例》第一条却言："《蒙古韵略》元朝所撰也。胡元入主中国，乃以国字翻汉字之音作韵书，以教国人者也。其取音作字至精且切。《四声通考》所著俗音或同蒙韵之音者多矣。故今撰《通解》，必参以蒙音，以证其正俗音之同异。"③ 该凡例第二条说："字之取舍，音之正俗，专以《洪武正韵》为准。"然而第十条却又说："《洪武韵》及《通考》其收字取音，与古韵书及今俗之呼有大错异者多矣。"同样，在《韵会玉篇引》中，崔

---

① 国史编纂委员会：《朝鲜王朝实录》（10），探求堂1986年影印本，第526页。
② 张玉来：《近代汉语官话语音研究焦点问题》，载耿振生《近代官话语音研究》，语文出版社2007年版，第16页。
③ 崔世珍：《原本国语国文学丛林》《四声通解》，大提阁1985年影印本，第535页。

世珍先是在表面上吹捧一下《洪武正韵》，言："皇明一以中原雅音厘正字音，刊定《洪武正韵》。然后，字体始正，而音学亦明矣。"但紧接着他又明确指出："然而，词家声律之用一皆归重于《礼部韵略》而不从《正韵》者，何哉？今见宋朝黄公绍始祛诸韵讹舛之袭，作《韵会》一书，循三十六字之母以为入字之次，又类异韵同声之字，归之一音，不更加切？览者便之。"① 至于《韵会玉篇》这本书的功能，其凡例第一条写得明白，是仿照《玉篇》的形式，收《韵会》所收之字，但不注音解，只著韵母，让读者自己在《韵会》中以韵索字，查看汉字的音释。韩国学者尹仁铉研究认为，从《韵会玉篇》的具体内容看，它所具备的是对《古今韵会举要》的检索功能，因此，崔世珍所说的《韵会》实际上是指熊忠的《古今韵会举要》，而并非黄公绍的《韵会》。② 由此可见，在16世纪上半叶，洪武韵虽然仍然被尊为正音，但至少在北京通行的官话语音已经开始回归于元朝时的汉语声韵。而西方传教士的相关文献则告诉我们，这种洪武韵被尊而不从的状况一直持续到了17世纪上半叶明清更替。

17世纪20年代，天主教传教士金尼阁（Nicolas Trigault，1577—1628）编写《西儒耳目资》，从方法到所用中国韵书蓝本，与崔世珍编《韵会玉篇》极为相似。表面上，如中国文人张问达为该书写序言所指出的那样："其书一遵《洪武正韵》"，因为"我太祖高皇帝定鼎之初，辄先稽古考文，诏词臣辈谐音比类，订讹补偏，刊集《洪武正韵》一书，颁布大下，尽洗江左之夙呰，丕定中原之正标，于是，千载陋习一朝顿改"。金尼阁本人的自序也强调说："书分二谱首，字总一万四千有奇，点画声律，一禀《正韵》。"③ 但正如罗常培所言，其用罗马字所注的音"同《广韵》固然是两个系统，就是同《洪武正韵》也不完全相合"。④ 实际上，金尼阁采用了与朝鲜崔世珍等人相同的手法，将洪武韵放在面上作摆设，而注音所依从的则是当时的官话实际语音。所不同的是，崔世珍的《韵会玉篇》索引的是《古今韵会举要》，而在金尼阁的《西儒耳目

---

① 崔世珍：《韵会玉篇》，韩国国立中央图书馆藏本1536年版，第1页。
② 尹仁铉：《〈韵会玉篇〉考》，《书志学研究》（第2辑）1987年，第240页。
③ ［比］金尼阁：《四库全书存目丛书·西儒耳目资三卷》，齐鲁书社1997年版，第543、549页。
④ 罗常培：《耶稣会士在音韵学上的贡献》，载《历史语言研究所集刊》，1930年第一本第三份，中华书局1987年版，第295页。

资·列边正谱》中，在每个汉字下虽然列出了该汉字在《洪武正韵》中的卷张之数，但在各个西字注音下所列的却是该汉字在《韵会小补》中的卷张之数。这样做的目的金尼阁在"本谱用法"中说得很明白，"凡在右者指卷，在左者指张。开卷即得，不必先知平乎、仄乎，亦不必先知谁母生之、谁韵列之。若未得，见《韵会小补》，《沈韵》他卷亦皆可用。"① 这说明，金尼阁用西字注汉字音参照的实际上是《韵会小补》和《沈韵》这两部韵书。关于这一点，他在"列边正谱问答"中回答"先生边正之列从何能治音韵之乱乎"时，也做过说明，曰："盖《洪武正韵》者，天下通用之书也。《韵会小补》者，译义较诸家独详。旅人宝之，以发我蒙。但其表以'小补'，谦也。余尝谓其书称谓大全可矣。"紧接着金尼阁又回答了"中士"提出的"《韵会小补》，人多未知，指之何用"的问题，他说："其数尚有可公用者。该《韵会小补》，依《沈韵》排字，《沈韵》诸卷，母母俱同。故知《韵会》之母，并知《沈韵》诸卷之母也。"② 中国音韵史上似乎并没有名为《沈韵》的韵书。根据《西儒耳目资》的《释疑》和《问答》记载，当时的音韵学家、后来任南京兵部尚书的吕维祺（字豫石，1587—1641）曾帮助过金尼阁编撰《西儒耳目资》。③ 吕维祺自己于崇祯六年（1633）编撰刊印《音韵日月灯》一书，该书序言中有"但恭绎圣祖所谓韵学起于江左始失正音之意，反切字画释义皆本《正韵》，以正《沈韵》之失"一句。④ 从而可知，他们所说的《沈韵》表面上是指沈约的《四声类谱》，实际上是指当时通行的"诗韵"。⑤ 既然《洪武正韵》明确指出是由于沈约用江左之音而失正音，那

---

① ［比］金尼阁：《四库全书存目丛书·西儒耳目资三卷》，齐鲁书社1997年版，第688页。
② 同上书，第600页。
③ 同上书，第548、564页。
④ 吕维祺：《音韵日月灯》，志清堂藏板1633年版，第9页。
⑤ 关于明清时代文人们所言"沈韵"或"约韵"以及其与"诗韵"的关系，宁忌浮先生在其《汉语韵书史·明代卷》（上海人民出版社2009年版）第三章第一节"'诗韵'源流"中有过专门的梳理，他认为："'今世所传诗韵，非约韵也'，这个论断非常正确。张之象的话是在嘉靖十七年（1538）说的，可是五十三年后，陈士元仍然说'今韵者，沈约四声韵也'。足见'诗韵乃沈韵'一说影响之深广久远。"笔者以为，之所以文人墨客喜将当时通行的平水韵或《礼部韵略》的106部韵归功于沈约名下，皆因沈约乃韵学的创始人，且起始地江左正好与当时通行的官话典范地南京相一致。对此，笔者将会在后续相关章节中展开具体的讨论。

为何金尼阁还如此重视《沈韵》呢？我们似乎可以从另一位耶稣会传教士曾德昭所写《大中国志》中找到答案。曾德昭（Alvaro Semedo，1585—1658）于1613年来华，与金尼阁一样是在南京学的汉语，南京教案后，于1619年与金尼阁结伴再次潜入中国内地传教。① 他的《大中国志》对中国的官话有专门的介绍，说：

> 中国今天只通用一种语言，即他们称呼的官话（Quonhoa），也即曼达林语。当他们在认真、慎重地把他们的政体介绍到别国时，也把他们的语言传去，所以至今官话已传遍全国，有如拉丁语之传遍欧洲。……它柔和而不生硬，如果说得完美，（如主要在南京地区）是极悦耳的。②

可见，南京音是当时被广为推崇的官话语音。南京也即江左，难怪金尼阁会如此重视《沈韵》。其实，吕维祺的《音韵日月灯序》也同样告诉我们，"沈韵"才是当时事实上的"正音"。他说："学者既鲜兼综诸家探源会微，司马之学若存若亡。即我圣祖制为《洪武正韵》，如日月之中天，亦鲜有从者。独斤斤《沈韵》，尺寸不敢逾。即有疑其非者，亦固曰：姑尔尔。嗟乎，孰正之哉！"③

如此看来，洪武韵虽然因开国皇帝敕命编撰而受到"礼遇"，但实际上朝鲜汉学家重视的是北京音，因为朝鲜贡使的"燕行"需要官话"俗音"的实用性。而中国文人以及西方传教士重视的却是南京音，南京音是官话语音的典范。南京音与北京音构成官话语音的一正一俗，成为官话的两套实际样板，一直延续至19世纪中后期。此种情况可以从日本的相关文献得以佐证。

---

① 计翔翔：《明末在华天主教士金尼阁事迹考》，《世界历史》1995年第1期，第72—78页。

② ［葡］曾德昭：《大中国志》，何高济译，上海古籍出版社1998年版，第39页。另据高田时雄的《清代官话の资料について》（《東方學會創立五十周年記念東方學論集》，1997年），在 Álvaro Semedo：*Impero de la China*，Madrid，1642，pp.49—50 中，此段文字的最后一句是："如能像在南京日常生活中那样完全使用'官话'的话，听起来会非常悦耳舒心。"何高济是根据英文本译出《大中国志》的，所以译文稍有差别。

③ 吕维祺：《音韵日月灯》，志清堂藏板1633年版，第5、6页。

第三节 从日本文献看明清更替后洪武韵的不再被尊以及"正音"概念的迁化

由于当时日本处于封建割据的战国时代、中国沿海常有倭寇骚扰，以及中日间往来大多依靠日本的留学僧人或在日华侨担任翻译等诸多因素，虽然日本与明朝也建立了形式上的朝贡关系，但一直晚至江户时代，也即明清更替以后的17世纪中叶，日本才逐渐兴起汉语音韵的研究热潮。

近代日本学者有坂秀世（1908—1952）在研究日本音韵史时涉猎了江户时代的众多唐音资料。所谓"唐音"，指的就是包括官话和方言在内的汉语语音。有坂秀世研究认为，日本的唐音资料起始于佛教黄檗宗的讽经。日本的黄檗宗祖庭万福寺自开山祖师隐元禅师起，前面十三代住持全是来自福建的中国僧人。时间跨度为宽文元年（1661）至宝历六年（1756），将近一个世纪。由于这十三代住持全部来自福建，人们往往会误以为其宗徒们诵经时所用的唐音一定是福建音，其实不然。从《禅林课诵》（1662年刊）、《毗尼日用录》（1664年刊）、《慈悲水忏法》（1670年刊）、《黄檗清规》（1672年刊）、《慈悲道场忏法》（1683年刊）等文献看，除个别混杂有福建音以外，总体上是官话语音（尤其是南京官话）。[1] 另外，有坂秀世在其《国语音韵史研究》中还介绍，江户时代堪称汉语学泰斗的是冈岛璞（冠山），著有反映杭州话语音的《唐话纂要》（1718年刊）和反映官话语音的《唐译便览》（1726年刊）、《唐语便用》（1735年刊）等唐音文献，而且，他还培养出了汉学大家荻生徂徕，徂徕门下又有鸿儒太宰纯。太宰纯（号春台，1680—1747）与当时另一个精通汉语音韵学的僧人无相文雄（字溪，号尚䌹堂，1700—1763）经常交流学问，共同将当时的华音研究热推向了高潮。

太宰纯著有《倭读要领》（1728年刊）。他认为，日本人读儒家的经典，必须学会用华语，如果用倭语读华夏之书，那将会是"坐侏离之习，失其义者十八九"。[2] 所以他编写了这本内容包括倭音正误、倭语正误、读书法、发音法等日本人读四书五经所需要掌握的技巧要领之书。

---

[1] 有坂秀世：《国語音韻史の研究》，明世堂書店1944年版，第215页。
[2] 太宰纯：《倭读要领》（上），江都书肆嵩山房藏板1728年版，第1—4页。

在"倭音说"这一章中,他具体分析了日语汉字音读"吴音"、"汉音"的由来,以及它们与现今华音相去甚远的原因,内中涉及汉语的"正音"问题。摘译如下:

> 吴本南方荆蛮之国。周代春秋初期以前,其君不与中原诸侯相会同,其民有断发文身之俗,其语音也当不正。……六朝以来,吴郡繁华天下无双,人物风流无过于此地。至此,古之荆蛮之风俗尽易,成彬彬君子之乡。俗既文雅,语音也随之而正,此何国皆同然。明代之南京,古吴国之地。南京之音乃天下之正音,中华之人也以是为则。此乃明朝将该地升格为南京,依照帝都配备百官守护,成学士大夫缙绅先生会聚地之故。然而,并非至明代其土音突然改正如此,乃秦汉以来渐变所至,实留有南方之风气。①

在"倭音正误"这一章中,他介绍说:中华正音分四声七音。根据各种韵书所载,平声分上下,上平二十八,下平二十九,上声五十五;去声六十,入声三十四,四声总计二百零六韵,是梁朝沈约所定。显然,他所说的韵书实际上就是《广韵》,在这一章的后半部,他代表性地列举了125个汉字的读音,以说明华音与倭音之别,每个汉字下面所注的反切也出自《广韵》。

《倭读要领》的以上这些文字告诉我们,明清更替后,官话实际上依旧延续着明朝时的状况,仍然以南京音为则,只不过随着朝代的更替,人们不再需要口是心非地恭维洪武韵,韵学转而向宋代回归。清人莎彝尊在其《正音咀华·十问》中曾给"正音"下过一个定义,说:"遵依钦定《字典》、《音韵阐微》之字音即正音也。"②《音韵阐微》是康熙帝敕命李光地等人历时10年编撰而成,于雍正六年(1728)刊印的韵书,即与《倭读要领》刊印于同一年。这本《音韵阐微》以《广韵》36声母为次,依南宋平水韵106韵编列,每个汉字第一个释音用的也是《广韵》的反切。可见,《倭读要领》所反映的信息是真实可信的。

20余年后,释文雄撰《三音正讹》(1752年刊),对汉语正音有了更

---

① 太宰纯:《倭读要领》(上),江都书肆嵩山房藏板1728年版,第5—7页。
② 莎彝尊:《正音咀华·十问》,麈谈轩1853年版,第1页。

具体化的阐述。所谓"三音",是指日语的"吴音"、"汉音"和中华汉语音即"华音"。文雄认为,《韵镜》乃音韵之权度,何正何俗何讹,都可用《韵镜》加以校验。不过,对于"华音",以《韵镜》去俗归正后,反而与中国人不能对话了,因为他们的官话也属不正,日常言语通行俗音。现今的"华音",被中国人称为"中原雅音",并非创于清朝,而是起始于明朝。《中原音韵》、《洪武正韵》、《音韵日月灯》,以及康熙音(《康熙字典》)其实都是一方乡音,与《韵镜》及《指掌图》不符,为不正,反倒是杭州音"皦如正音"。他说:

> 华音者,俗所谓唐音也。其音多品,今长崎舌人家所学有官话、杭州、福州、漳州不同。彼邦舆地广大,四方中国音不齐。中原为正音,亦谓之雅音。四边为俗音,亦谓之乡音。其中原所用之音有二类,官话之与俗话也。俗话者,平常言语音也。官话者,读书音此之用。其官话亦有二,一立四声唯更全浊为清音者是;一不立入声不立浊声唯平上去唯清音者,谓之中州韵,用为歌曲音。二种通称中原雅音,支那人以为正音。其俗话者,杭州音也。亦曰浙江音。予按:中原雅音者为不正。何居?牴牾唐宋正律韵书也。……其浙江音也,以予观之,皦如正音哉,以符合唐宋正律韵书也。①

这段文字告诉我们,清朝后承明朝的官话传统,有两个都被冠以"中原雅音"的标准,一个就是立入声的洪武韵南京音标准,一个是不立入声的中州韵北京音标准。日本学人的这个介绍与当时西方传教士的记载是基本吻合的。据现代学者许明龙《黄嘉略与早期法国汉学》介绍,当时,远赴法国的中国人天主教徒黄日升(教名 Arcadio,即黄嘉略,1679—1716)在巴黎与另两位法国汉学家弗雷莱(Nicolas Fréret, 1688—1749)、傅尔蒙(Etienne Fourmont, 1683—1745)合作编写过《汉语语法》(1716 年完稿)。黄日升在该书稿中指出:官话又称正音,是一种全国通用的口头语言;最佳的官话发音是南京,北京也还可以,但两地的发音略有差异。许多在华传教士认为,中国的官话形成于明朝之后,由于南京是明朝的首都,所以,官话是以南京话为基础,吸收其他北方方言而形

---

① 无相文雄:《三音正讹》,出版者不详,1752 年版,第 10、11 页。

成的。后来，弗雷莱又曾单独撰写"论汉语"（Dissertation sur la langue chinoise）一文指出：官话的中心是南京，北京宫廷里的人虽然逐渐习惯了北京话，但是文人们认为北京话有较多的粗鲁成分，因而不予好评。①

笔者以为，之所以日本学者会认为所谓的中原雅音其实不正，旅法的中国人传教士黄日升又认为南京音高于北京音，而且他们都不再恭维被明人敬为"日月丽天"的洪武韵，其实与传统的华夷观不无关系。

第四节　传统华夷观与洪武韵以及明清官话的关系

通过以上对海东、泰西相关文献的梳理，我们已大致可以描绘出这样一个明代官话正音的发展轨迹，即朱元璋立明后，颁布《洪武正韵》为正音标准，② 后因正式定南京为京师后南京音成了实际的官话语音，再后来，由于明成祖迁都北京，深受北音影响的北京官话也成为事实上的朝廷通用语言。不过，明成祖虽然移都北京，但出于政治的需要，仍然保留了南京为"留都"，并配备与北京相同的六部、都察院、国子监等机构和官员，其官僚的年资往往高于北京的官僚，加之南京乃开国首都，经济文化等要比北京发达，所以南京官话虽然不及北京官话实用，但其正统性贯穿整个明代。其结果是，当时的外国汉学家们如同中国文人一样，往往在表面上恭维洪武韵，但在辞书中给汉字具体注音时，却采取了实用主义策略，记录了当时的"时音"。明清更替后，虽然康熙敕命编撰《音韵阐微》，重新制定了所谓的"正音"，但《音韵阐微》从用韵到释音实际上

---

① 许明龙：《黄嘉略与早期法国汉学》，中华书局2004年版，第134、150、151、233页。据许明龙先生对该书的介绍，黄嘉略关于官话的认识，与在华传教士的略有不同，他认为，"官话起源于孔子之前的四五百年间，那时中国北方已经比较发达，特别是中州地区，所以官话是以中州音为基础逐渐形成的。官话那时就已经通用于北方，只是各省口音略有差异而已，这种官话实际上就是初始汉语，是真正意义上的中国话。南方当时还是蛮荒之地，居民的语言比较粗俗，只是在开化之后才开始学讲官话。"（见《黄嘉略与早期法国汉学》第150—151页）笔者认为，黄嘉略与在华传教士的观点并不矛盾，他只是将官话的历史追溯到了更远古的源头"雅言"上，而传教士们是就"官话"而论"官话"。

② 据笔者另文考证，《洪武正韵》的初版"七十六韵本"是迎合了朱元璋家乡的凤阳口音而编定的，待正式定南京为京师后，才向南京音靠拢被修订为"八十韵本"，但离南京音仍有距离。（参见陈辉《朱元璋的"中原"观及其对汉语的影响》，《浙江大学学报》（人文社会科学版）2012年第5期，第121—134页。该文已被收入本书作为上篇第三章。）

是向宋代韵书回归。纪昀等人在将《洪武正韵》收入《四库全书》时，撰提要说：宋濂等人奉敕编《洪武正韵》后，自古相传的两百零六韵部被并为七十六部，历代韵书从此大变。宋濂之所以将《广韵》诬为吴人沈约的江左之韵，并号称一以中原之韵更正其失，其目的无非是迎合明太祖。"明太祖既欲重造此书，以更古法，如不诬古人以罪，则改之无名。"① 笔者以为，元明更替，明太祖颁洪武韵以取代中州韵，明清更替，康熙帝又恢复宋代韵学传统，其实质无非是为给自己的语言文字政策贴一个"华夏"的标签。

夷夏之辨一直影响着中国古代的礼乐典章制度，拥有了华夏的正统也即拥有了一统中国的合法性。所以，元代周德清称大都（北京）的通言是"中原之音"，将自己以北音为依据编撰的韵书取名为《中原音韵》。而朱元璋为恢复汉人的统治秩序，同样也举起了"中原"的旗号。他在《谕中原檄》中，称自己就是降生于中原的圣人。不过，朱元璋知道在地理概念上凤阳和南京毕竟不如"河洛"，所以在制定语言政策时，不便明言以凤阳音或南京音为官话正音，于是借批沈约的江左之音为名，行提升江淮方言为"中原雅音"之实。《洪武正韵·凡例》中"天地生人即有声音，五方殊习，人人不同，显有能一之者。……沈约以区区吴音欲一天下之音，难矣。今并正之"，这一句表面上是在批评沈约，但实质上向人们暗示了洪武韵的基础就是沈约的江左之音。不仅有太宰纯等日本汉学家明确指出，明代正音为南京音，与唐宋正音相异，而且，朝鲜中期的文人也有同样的论述。朝鲜实学家黄胤锡在己丑年（1769）四月二十四日的日记中有过这样的评述，他说："近日《四声通解》，是即世宗朝所译《洪武正韵》及《四声通考》之遗音，而皇朝初年天下所通行者也，以较《广韵》、《韵会》、《经世声音》又自不同。"② 17 世纪后期曾两度出使北京的朝鲜领议政南九万（号药泉，1629—1711）所写《丙寅燕行杂录》更明言：

> 我国人，三韩以前，学字音于中国。后来只从册子上传习，与日

---

① 纪昀等：《文渊阁四库全书》（239）《洪武正韵提要》，台湾商务印书馆 1972 年影印本，第 1—3 页。

② 黄胤锡：《颐斋乱稿》（二），韩国精神文化研究院 1995 年版，第 391 页。

用语音不相交涉。故年代迁易，方言虽变，而文字则尚存旧音。中国自五胡以来，夷夏相杂，语音日淆，字音亦随而讹误。此必然之势也。今萧肴高及尤韵，一字音皆作二字音读，侵韵与真韵混读，入声作去声读，皆必非中国本音。①

明代文人王世贞（1526—1590）在其《曲藻》中言："大江以北，渐染胡语，时时采入，而沈约四声遂缺其一"，同样也说明了明朝官僚士大夫对北方语音的不屑和对沈约四声的重视。北方夷夏相杂，汉语语音被少数民族语言侵染，朱元璋以"中原圣人"自居，欲复原汉语正音，大概也只能以南京音为基础。康熙虽然命李光地等人编了《音韵阐微》，然而，许多东西方文献资料表明，在19世纪中叶之前，虽然北京通行北京官话，但在总体上，官话以南京音为典范的状况并未多少改变。此大概也与清朝作为"胡人"，不能理直气壮地改变前朝汉人的礼乐制度有关，《音韵阐微》所推崇的也是宋代的《广韵》、《集韵》和"平水韵"。

总之，海东和泰西文献告诉我们，明初，朝廷制定洪武韵为官韵标准，但由于南京被正式定为京师，后又迁都北京等缘故，先是南京音成为实际的官话语音典范，后又有北音逐渐影响官话，使北京的官话向元代的通语回归。明朝有两个京都的政治格局为官话通行南京音和北京音两种语音样板提供了政治基础，而传统华夷观的制约，又使得南京音高于北京音，即便明清政权更替，状况也无多大改变。

（本章内容作为阶段性研究成果原载于《浙江社会科学》2011年第1期，收入此处时有所修改。）

---

① 南九万：《药泉集》，载《韩国文集丛刊》（183），民族文化推进会1997年影印本，第494页。

第二章　东西洋士人所记 19 世纪汉语官话之嬗变

19 世纪上半叶以前的中国，闭关锁国，外交往来极少，所以除朝鲜司译院以外，欧洲的传教士和日本的商贸通事所关注的汉语主要是南京官话，对于通行于朝廷的北京官话并没有引起足够的重视。然而，鸦片战争后，中国国门洞开，西方国家与清政府的外交通商交涉逐渐增多，促使他们的外交和传教人员开始将目光从南京官话转向通行于朝廷的北京官话；而中国上层知识分子传统华夷观的改变，也使得北京官话在 19 与 20 世纪交替之际取代南京官话，获得正统地位，成为学堂官话教本的标准。此间的欧美与日本学人所编撰的汉语辞书和汉语教材以及相关的国内文献所反映的正是这样的官话嬗变轨迹。

第一节　新教传教士所认知的汉语官话

19 世纪初，伦敦传道会（London Missionary Society）的马礼逊（Robert Morrison，1782—1834）、米怜（William Milne，1785—1822）等新教传教士随欧洲的殖民者前来亚洲，传播所谓的"福音"，以荣耀上帝的荣耀。由于中日朝东亚三国禁教和闭关锁国，他们只好滞留在巴达维亚、澳门等地，通过当地侨民和文献资料，学习和研究三国的语言文化，以伺机进入东亚地区传教。此间，马礼逊耗时十数年编写了多卷本汉英辞典 *A Dictionary of the Chinese Language in Three Parts*（三部汇编汉英辞典），三部分分别于 1815 年、1822 年和 1823 年在澳门正式出版。

马礼逊的这部汉英辞典以《康熙字典》为蓝本，完全按《康熙字典》部首顺序排列汉字，编译汉字词汇。在辞典的开篇，有一个长达 16 页的关于汉语言文字的导言，对汉语的文字、音韵和训诂作了比较详尽的介绍。他说：

官话（Kwan hwa）广泛使用于江南和河南的省份，因为两地都曾建有朝廷,所以那里的语言赢得了支配地位,优于其他省份的语言,成为宫廷语言的规范,是受教育者的标准语。现在,一种鞑靼汉语(Tartar-Chinese Dialect)正逐渐赢得地盘,如果这个朝代长久持续的话,它终将取胜。我们没有理由怀疑这么一句话:"皇家语言是专为区别于平民语言而特定的"(《大英百科全书》第 14 册第 52 页),语言间逐渐出现差别与技术或发明无关。①

根据马礼逊《汉英辞典》的解释,"Tartar Chinese"指的是"满洲人","the Tartar language"指的是"清话",所以,马礼逊在这里所言的"鞑靼汉语"指的应该就是通行于清廷的北京官话,他以《大英百科全书》关于"皇家语言"的定义为理据,预言"鞑靼汉语"终将取代其他官话成为官话标准,是有事实根据的,清人高静亭《正音撮要》的序言就从一个侧面印证了马礼逊的预言。1810 年,高静亭应乡邻亲友学官话之需,编就官话教材《正音撮要》,并于 1834 年付梓,内言:"正音者,俗所谓官话也。……语音不但南北相殊,即同郡亦各有别。故趋逐语音者,一县之中以县城为则,一府之中以府城为则,一省之中以省城为则,而天下之内又以皇都为则。故凡缙绅之家及官常出色者,无不趋仰京话,则京话为官话之道岸。"② 不过,这段话中的"趋逐"和"趋仰"两词表明,京话在当时也只是时髦而已,并未成为朝廷所颁布的官话标准,高静亭自己在《正音撮要》卷四即《千字文切字》所采用的注音也没有依据京话京音,正如日本学者高田时雄所指出的,"实际上,该千字文的音系存在入声,并不能视作单纯地依据了所谓的北京音。"③

19 世纪 30 年代,新教传教士终于进入广东等地传教。1832 年 5 月,美国传教士裨治文(Elijah Coleman Bridgman,1801—1861)在广州创办中国境内第一份英文期刊《中国丛报》(The Chinese Repository),刊载介绍中国以及东南亚等地政治经济、语言文化和历史地理等方面的文章信

---

① Robert Morrison, *A Dictionary of the Chinese Language in three parts*, Vol. I. -part I. East India Company's Press, 1815, p X.

② (清)高静亭:《明清俗语辞书集成》《正音撮要》(1834 年学华斋藏版),上海古籍出版社 1989 年版,第 1361 页。

③ 高田时雄:《清代官話の資料について》,《東方學會創立五十周年記念東方學論集》,1997 年,第 781 页。

息。1834年5月，裨治文在《中国丛报》上发表《汉话》（*The Chinese language*）和《汉文》（*The Chinese written language*）两篇长论，详细介绍了汉语言文字的特点、发展历史和学习方法，内中对官话（the mandarin dialect）介绍如下：

> 在帝国的北方省份，广泛通行纯真的汉话，这种汉话一般被称作官话。然而，即使在这些地方，如果不用当地的词和词汇，也不会被听懂。在中国北方，与鞑靼接壤的地区，满洲人统治所导致的语言变化非常明显。毫无疑问，此种影响遍及整个帝国的边境地区。在浙江和江南，纯真的汉话（那里大部分人所说的语言）与当地方言间的差别非常明显。在福建以及这个省的东部地区这种差别更加显著，对于一个只会标准汉话的人而言，当地常用的福建方言是绝对难懂的。在帝国的西南省份，较少偏离纯真的汉话，这个城市通用的语言非常类同于政府朝廷所通行的语言，一个人如果懂得其中一种，只要稍稍留意一下交谈的主题，就大致上能听懂另一种。①

从裨治文的介绍看，当时浙江省和江南省（今江苏和安徽）虽有地方方言，但大部人在说纯真的汉语，即官话。西南省份的汉语稍别于官话，北方省份虽通行官话，但间杂有当地乡言俚语，而北方少数民族密集的地区，汉语已经因清朝的统治而大为改变。

1842年，普鲁士籍新教传教士郭实猎（Karl Friedrich August Gützlaff, 1803—1851）和美国传教士卫三畏（Samuel Wells Williams, 1812—1884）分别编撰出版了《汉语语法书》（*Notices on Chinese Grammar*）和《汉语教科书》（*Easy Lessons in Chinese*）（《拾级大成》）。这两本书在介绍汉语音韵特点时虽然没有特别强调官话，但他们都引用了马礼逊对汉语音韵的论述，说汉语有平上去入四个声调之分。有入声的存在，说明他们介绍的汉语并不是以北京音为基准的。因为当时来华的西方士人已经非常清楚北京官话与南京官话最大的不同就在于有无入声调。1840年，英国人罗伯聃（Robert Thom）和被其称为蒙昧先生的中国人合作翻译出版了晚清第

---

① E. C. Bridgman, *The Chinese Repository*, Vol. Ⅲ-No. 1. 1834, p. 3.

一个伊索寓言汉译本《意拾喻言》。① 罗伯聃在这本《意拾喻言》的英文前言中对汉语有一个概论性的介绍。其中，他称汉语的口语为"言语"（*yén yü*, or Spoken Language），并将其划分为两大类，即"官话"（*kwan-hwa*, or Mandarin Language）与"乡谈"（*Heang-tan* or local dialects）。他说：

"官话"又可以分为：

第一类："北官话"，也被称作"京话"或"京腔"。简而言之就是北京城的语言。这种带有大量粗俗俚语的方言（idiom），以前首都在南京的时候，被认为是非常低俗的土话（patois），就犹如现今的广东话，然而当朝皇帝们一直住在北京，他们说话都带有北方口音，以至于那些不敢落伍时代的年轻人尽可能像北京那样说话。依他们的话说：那是皇帝的嘴巴，圣上难道还会有错吗？（这是中国人几乎无法辩驳的一个理据）。而且，由于北京人很少参与贸易，但他们主要跟随整个帝国的官吏们，这些官吏随处可见，所以所有官府都使用他们的语言。当普通百姓听到说话者的口音，他们立即会做出判断，言者是否是政府的雇员，是否需要敬畏地面对这些人。我们可以从《红楼梦》（24卷）、《金瓶梅》（20卷）、《正音撮要》（4卷）和《圣谕》（2卷）中找到最佳的北京方言的语料。

第二类："南官话"，又被称为"正音"（true pronunciation）和"通行的话"（language of universal circulation）。严格说来，这才是官话，或者说是南京城的话。我们知道现在的北京人将"正音"这个

---

① 内田慶市：《近代における東西言語文化接触の研究》，関西大学出版部2001年版，第64—67页。对于罗伯聃的语言才能，同样有语言天赋的德国商人、业余考古学家施利曼（Heinrich Schliemann，1822—1890）在其《今日之中国与日本》中有过非常生动的描写，曰："在那里（烟台），我有机会认识了大名鼎鼎的罗伯聃，他精通数国语言。我还数次听到他在讲广东话和上海话，除母语以外，他还能说得一口流利的俄语、罗曼语、德语、法语、西班牙语、葡萄牙语、意大利语、日语和中国的语言。作为一个圣职者，他受英国政府派遣来中国传教。对语言有着超乎常人天赋的他竟然在很短时间内学会了异常困难的汉语，深信他甚至能够用方言传播福音的英国政府确实没有看错他的语言禀赋。罗伯聃常常编辑一些小故事，订正后背诵下来，以此种方式不仅掌握了汉语的日常会话，而且还能对任何主题写出漂亮的汉文。这是其他外国人做梦都不可能做到的事情，他却在一年之内实现了。"（参见《シュリーマン日本中国旅行記》，藤川徹、伊藤尚武译，雄松堂书店，1982年版，第1—2页。）

词用来专指他们的方言，但其实是错误的，因为他们想发"入声"或者说"短促声"，然而又当然性地无法正确发这种音。要求这个国家的北方人和南方人说好官话，可能会让我们想起意大利的一句谚语："像一个土生的罗马人说托斯卡纳语"。南京话（The Nanking language）被用于舞台并或多或少地显现于他们的所有的小说之中。①

罗伯聃对于汉语官话的介绍显然肯定了南京话的正统性，但也指出了北京话在中国官场所呈现的强势。这在一定程度上进一步佐证了马礼逊在《汉英辞典》中的预言。

到了 19 世纪 50 年代，马礼逊的后继者伦敦会传教士艾约瑟·迪谨（Joseph Edkins，1823—1905）则明确指出了北京官话与南京官话的最大不同就在于有无入声调。1857 年，他在上海出版《汉语口语（官话）语法》（*A Grammar of the Chinese Colloquial Language, Commonly Called the Mandarin Dialect*）②，1864 年又出版了该书的修订本。在修订本的第二章中分 8 个条目详细介绍了官话的发音系统。指出："官话"通行于三分之二的中国，范围包括长江以北的各省、四川、云南、贵州以及湖南广西的一部分；由于地域广阔，各地的官话往往混杂着一些"乡谈"，带一些本土腔，所以"官话"又有不同的地域名称，如"山东官话"，就是山东通行的官话；"官话"大致上可以分为三类：南京、北京和北方各省、以及西部省份，其中南京官话有五个声调；北京官话也就是"京话"，只有四个声调，第四个声调分布入其他四个声调之中；③ 西部官话其范围至少有南京和北京官话那么广，它以四川的首府成都府为标准，也是四个声调，如果尾音"ng"跟在"i"后面，那么就变音为"n"，比如"sing"（姓）就与"sin"（信）发同一个音；区分这些官话的主要依据就是有"四个声调"还是"五个声调"、是否只有"n"和"ng"的尾辅音，以及在其声母中是否要用到字母 g，d，b，z，v 等语音特征；外国人记汉语的音通常依据中国各种辞典的正字法，

---

① Robert Thom, *ESOP'S FABLES WRITTEN IN CHINESE BY THE LEARNED MUN MOOY SEEN-SHANG, AND COMPILED IN THEIR PRESENT FORM*, The Canton Press Office, 1840, pⅦ.

② Alexander Wylie, *MEMORIALS OF PROTESTANT MISSIONARIES TO THE CHINESE*, CH'ENG-WEN PUBLISHING COMPANY, 1967, p. 190.

③ 在艾约瑟的这本《汉语口语（官话）语法》中，汉语声调的排列顺序为"上平"、"上声"、"去声"、"入声"和"下平"。第四个声调指的就是"入声"。

混合了南京和北京的发音。① 在谈及北京官话时，艾约瑟专门做了一个注释说：北京本地的学者认为首都方言有别于官话，例如，"I"、"you"发音 ngo、ni 是官话，发音 wo 和 nin、na 则是京话。另外，艾约瑟还特别指出：由于政治的以及临时性的安排，北京话因首都而成为官话的标准，但作为真实的语言学，必须包含对整个领土范围内语言的研究，包括它们的特征、所流行的口语等；那些想说帝国宫廷语言的人必须学习北京话，这种北京话已经净化了土音，被公认为"帝国官话"，不过，目前还没被选作拼写的唯一标准，因为它与这个国家南半部的同类语言差别较大。北京话虽然时髦，但南京话使用范围更广。

自此，来华外国人尤其是外交通商人员开始关注北京官话，并将学习官话的重心由南京官话转向北京官话。

第二节　西方外交通商官员开始重视北京官话

艾约瑟在《汉语口语（官话）语法》中对官话现状的介绍引起了英国外交官威妥玛（Thomas Francis Wade，1818—1895）的强烈共鸣，他于19世纪40年代起就开始关注和研究北京官话，并于1867年出版刊印了北京官话教材《语言自迩集》。在序言中，威妥玛引用艾约瑟关于官话的论述，说：

……然而，"*dielect*"这个词是令人误解的。"官话"（*kuan'hua*）不只是官吏和知识阶层的，而且还是近五分之四的帝国百姓的口语媒介。在这样辽阔的地域，势必有各种各样的方言（*dialects*）。艾约瑟先生，没有人像他那样努力去探究过这些不同方言的规则与界限，他将官话划分为三个主要系统：南方的（the southern）、北方的（the northern）和西部的（the western），并将南京、北京和四川省省会成都分别定作各个官话系统的标准。他认为南京官话（Nanking mandarin）比北京官话在更大的范围被理解，尽管后者更为时髦。不过他承认，"那些想说帝国宫廷语言的人必须学习北京话，这种北京话已经净化了土音，

---

① Joseph Edkins, *A Grammar of the Chinese Colloquial Language*, *Commonly Called the Mandarin Dialect*, Presbyterian Mission Press, 1864, pp. 7—10.

被公认为'帝国官话'（kuan'hua of the Empire）。"①

威妥玛不仅对艾约瑟的观点作了介绍，而且也谈了自己的看法。他说：

> 在这里引用这种观点是为了证实我自己很久以前的一个结论，即北京话（Pekingese）是官方译员应该学习的语言（dielect）。……据说北京话的特征正在逐渐侵入所有另外的官话语言。……
>
> 这一点，即选择并确定一种语言（a dialect）为对象，大约是20年前的事，接下来就是建立表音法。那时没有人把北京话作为表记对象，而各种表音法都声称表记的是南方官话（the southern mandarin）——诸如马礼逊博士（Dr. Morrison），即第一部汉英辞典的编纂者，麦都思博士（Dr. Medhurst）和卫三畏博士（Dr. Wells Williams）等人——他们对于土著话语系统的描写，远不是无懈可击的。有人认为马礼逊的表音法是官话表音法，但艾约瑟先生否定了这种观点。……②

此前，马礼逊、麦都思和卫三畏等传教士将南京官话视作汉语官话的正统，并以南京音为基准用罗马字注音建立了汉字声韵表。但是，作为外交官的威妥玛自"大约是20年前"的40年代起，独树一帜，视北京官话为外国人应该首选学习的官话，而艾约瑟的"那些想说帝国宫廷语言的人必须学习北京话"的论断给了威妥玛强有力的支持。③ 自此，西方传

---

① Thomas Francis Wade, *Yü-yen Tzŭerh Chi*（《語言自邇集》），TRÜBNER & CO., 1867, pⅵ.
② 同上。
③ 日本学者高田时雄先生指出：威妥玛在1859年出版于香港的《寻津录》（*The Hsin Ching Lu, or Book of Experiments; being the First of a Series of Contribution to the Study of Chinese*）之序言中就有曰："北京话至于中国就好比巴黎沙龙中的法语至于法国，马礼逊博士40年前曾预言北京话将会毁坏帝国的标准语言，现如今我们敢说，此预言已经成为巨大的现实。"不过，谁也难以否认，威妥玛在说此话时，实际上是在单向性地强调北京话，再说得明白一点，他所指的是"京话"，而非"官话"；根据赵元任在《赵元任早年自传》中的回忆，他小的时候说的是"一种北方话"，即老话所说的"官话"，在他们家里从来没有说过真正的"京话"，比他们年长的人说话时一定带着一点南方音，尤其是入声字较难改。赵元任还特意对"一种北方话"和"京话"加了英语注释，前者为 Guanhuah "official language", hence the English translation "Mandarin", recently spoken of as Gwoyeu, "National Language" and Puutonghuah "Ordinary Speech", 后者则为 Jinghuah "Capital Speech", better known, subsequently, as Beijing-huah or Beiipyng-huah. 所以，依照赵元任的理解，那个时候，南方出身的官员仍然在使用一种官话，北京话（京话）并没有像威妥玛所说的那么普及，对于当时的南方人而言，威妥玛所指的北京话可能还是比较难学的语言。（参见高田时雄"トマス・ウェイドと北京語の勝利"，《西洋近代文明と中華世界》，京都大学学術出版会2001年版，第127—142页。）

教士以及外交商贸人员对于官话的认识出现了分歧。从事外交和商贸的人员因为工作性质决定了他们更多地与来自北京朝廷的官员打交道，所以尤其倾向于将北京官话视作"帝国官话"。

那么，当时的清朝政府对于官话究竟有没有一个具体的标准规范呢？当代日本学者高田时雄对清代官话的相关史料有过梳理，发表有《关于清代官话的资料》一文，文中引用了《东华录》雍正六年（1728）七月上谕广东、福建两地籍贯的官员必须学会使用官话的记录，认为以此为契机，中国陆续出现了各种官话教科书，但由于是局限于广东、福建两地，所以无论是诏令学官话的效果，还是在那里诞生的官话教科书的质量都并不尽如人意。[①] 在这些官话教科书中，莎彝尊的《正音咀华》（1853年刊）当值得我们关注，因为他不仅在该书中给"正音"下了一个定义："遵依钦定《字典》、《音韵阐微》之字音即正音也"，而且还对官话南北音也作了解释，说："古在江南建都，即以江南省话为南音"，"今在北燕建都，即以北京城话为北音"。[②] 这说明无论南京话还是北京话，虽然都属官话，但都不等同于"正音"。不过，莎彝尊在卷一列了一张《正北音异表》，用45个汉字举例说明了"正音"与"北音"读音之别。"北、百、白、薄……"其中37个字实际上就是有无入声的区别，在"正音"为入声，在"北音"入声消失。莎彝尊在其另一本著作《正音切韵》中，同样也附了《正北音异表》，然而，此两部书都没有列《正南音异表》，可见，当时的"南音"与"正音"的差别并不像"北音"较于"正音"

---

　　① 高田时雄：《清代官话の资料について》，《東方學會創立五十周年記念東方學論集》，1997年，第771—784页。

《东华录》雍正六年（1728）七月条曰："甲申谕：内阁官员有莅民之责，其语言必使人人共晓，然后可以通达民情而办理无误。是以古者六书之例，必使谐声会意娴习语音，所以成遵道之风，著同文之治也。朕每引见大小臣工，凡陈奏履历之时，唯有福建广东两省之人仍系乡音，不可通晓。夫伊等以见登仕籍之人，经赴部演礼之后，其敷奏对扬尚有不可通晓之语，则赴任他省，又安能为宣读训谕、审断词讼皆历历清楚，使小民共知而共解乎？官民上下语言不通，必致吏胥从中代为传述，于是添饰假借，百弊丛生，而事理之贻误者多矣。且此两省之人其语言既皆不可通晓，不但伊等历任他省不能深悉下民之情，即伊等身为编氓亦必不能明白官长之意，是上下之情扞隔不通，其为不便实甚。但语言自幼习成，骤难改易，必徐加训导，庶几历久可通。应令福建广东两省督抚转饬所属各府州县及教官遍为传示，多方教导，务期语言明白，使人通晓，不得仍前习为乡言，则伊等将来引见殿陛，奏对可得详明，而出仕他方，民情亦易于通晓矣。"（见《续修四库全书》（371），上海古籍出版社2001年影印本，第303页。）

　　② 莎彝尊：《正音咀华·十问》，廛谈轩1853年版，第1页。

那么明显。① 这大概也正是马礼逊、麦都思、卫三畏和罗伯聃等人将南京官话认作官话正统的原因之所在。然而，莎彝尊毕竟也没有下结论说南京话更接近于官话"正音"。如此，所谓"正音"，实际上成了一种既没有实际参照体，又没有具体到音素的拼音体系可据，更没有声音媒质可资甄别的模糊性概念。难怪熟习音素文字的西方士人在以罗马字对汉字读音进行注音时陷入了两难的境地：学习汉语官话究竟应该选择北京话还是南京话，争议不断。

19世纪中叶，艾约瑟和威妥玛的"必须学习北京话"的观点似乎占了上风，威妥玛编写的《语言自迩集》不仅深受欧美人士欢迎，于1886年还出了第二版，而且还受到了日本外交人员的热捧，被东京外语学校等培养外语专门人才的机构采用为汉语教科书，以应付由传统的教授南京语向教授北京官话的急速转变。② 不过，这个时候，南京话并没有被轻视，仍然被认知为官话的正统。

1872年，美国公理会海外传道部（American Board of Commissioners for Foreign Missions）卢公明神父（Rev. Justus Doolittle）在福州、伦敦、纽约和旧金山同时出版《英华萃林韵府》（*A Vocabulary and Hand-book of the Chinese Language, Romanized in the Mandarin Dialect*）。他在该书的前言第三段中如此写道：

> 汉字已经依照威妥玛先生拼写北京官话（Peking Mandarin）音的系统进行罗马字转写。如此，书中的汉字究竟应该依据北方还是南方官话进行罗马字转写，是一个有争议的主题。我曾被认真地建议应该用南方官话转写，但由于我住在天津时已经学了北方官话，所以无法采纳和实施这个建议，从而导致了持续的混乱和不少的错误。那些喜

---

① 高田时雄先生依据刊印于万历乙未年（1595）的《训释南北正音》一书的书名指出：早在万历年间就有了"南北正音"的称谓，而"南北官话"之别，则晚见于嘉庆庚辰年（1820）重刊的张玉成《南北官话汇编大全》的书名。（参见高田时雄"トマス・ウェイドと北京語の勝利"，《西洋近代文明と中華世界》，京都大学学術出版会2001年版，第127页。）《训释南北正音》一书的全称为《翰林院校阅训释南北正音附相法官制算法》，蒋孟育（1558—1619）撰，李碧峰刊行，东京大学东洋文化研究所有藏。（见龙彼得《明刊戏曲弦管选集》，中国戏剧出版社2003年版，第10页）

② 六角恒广：《日本中国语教育史研究》，王顺洪译，北京语言学院出版社1992年版，第88—92页。

好南方官话的读者,我建议你们参看第二册中以那种语言(that dialect)写就的汉字音节。内中的介绍性评述,指出了北方官话与南方官话的最大的区别。熟悉一种官话的人有必要了解另一种官话的特性。①

美国传教士卫三畏(Samuel Wells Williams,1812—1884)于同治甲戌年(1874)以《五方元音》为蓝本编写出版了汉英字典《汉英韵府》(*A Syllabic Dictionary of the Chinese Language*)。在该书的"导言"中,他也引述了艾约瑟的关于官话的三大分类,说:

> 在此广阔的区域,大概被称作"南官话"和"正音"或"正确的发音"的"南京(话)"使用最广,它被描述为"通行的话",或"到处都明白的话"。然而,作为"北官话"或"京话"为众人所知的"北京(话)",现在最为时髦,最具宫廷色彩,就好像伦敦的英语,或者巴黎的法语,被看作公认的帝国的宫廷语言。②

但是,在他的《中国总论》(*The Middle Kindom*)修订本中,却出现了略有不同的介绍。《中国总论》初版于1847年,35年后,鉴于"这一段岁月里中国在政治上和思想上的发展可能超过先前历史的任何一个世纪",作者对该书作了修订,于1883年再次出版。修订版中,作者对"语言和文学两章作了大量改进"。③ 关于语言,作者指的就是第十章的"中国语言文字的结构",内中他这样介绍官话:"宫廷语言(the court language),也即官话(Kwan hwa),或'曼达林'语(mandarin dialect),与其说是一种方言(a dialect),还不如说是国家正式语言——即汉语(the Chinese language)。"④ 接着,作者介绍了在华欧美语言学家对汉语的

---

① Justus Doolittle, *A Vocabulary and Hand-book of the Chinese Language*, Romanized in the Mandarin Dialect, London: Trubner & Co. 1872, p. 1.

② Samuel Wells Williams, *A Syllabic Dictionary of the Chinese Language*, Shanghai: American Presbyterian Mission Press, 1896, p. xxxii.

③ [美]卫三畏:《中国总论·修订版序》,陈俱译,上海古籍出版社2005年版,第1—2页。

④ Samuel Wells Williams, *The Middle Kindom*, NY: Charles Scribners Sons, 1883, p. 613.

研究成果，其中也论及了马礼逊和威妥玛。不过，在这里，他认为马礼逊的汉语罗马字所撰写的是"宫廷语言"，而威妥玛的则是"北京话"。他说："在马礼逊的《字典》里，宫廷语言（the court dialect）中不同音的字有411个，若将送气音的字区别开，则有533个。同一作者的《音节字典》中，是532个。威妥玛的北京话（Peking dialect）表中只有397个，另一张表则增至420个。"① 由此看来，虽如威妥玛所言，北京话在中国各级官员以及知识分子间的语言生活中已经拥有很高的地位，但并没有被公认为官话之标准，它仍然只是一种"dialect"而已，并不等同于"the court dialect"。卫三畏自1833年起在中国的广州、北京等地居住长达43年，一度曾担任美国驻北京公使馆秘书，1874年还曾随美国公使觐见了同治皇帝。应该说，他亲历了当时近半个世纪的汉语官话的实际变迁。他对官话略显矛盾的介绍，恰恰真实地反映了当时中国人语言生活中南北官话并存通用的实际状况，而他个人从传教士到外交人员的角色转变也决定了他取舍南京官话和北京官话的态度，传教更需要使用范围较广的南京官话，外交则更需要朝廷流行的北京官话。

第三节 清政府定京音为国语标准

用途的不同，使得西方来华人士在对汉语官话的取舍上有所侧重，传教士往往选取使用范围较广，且他们认为是"正音"的南京官话，而外交通商人员则往往选取通行于朝廷的、更具实用价值的北京官话。此种情况也反映在日本的汉语教育中。

19世纪中叶以前，由于中日两国都处于闭关锁国时期，日本与中国的交流更多的是局限于长崎与中国南方的贸易往来以及由此顺带的文化交流，所以当时日本的汉语教育是"唐话教育"，教授的是南京话。② 但是，明治维新后，日本国家主体意识增强，开始重视与清政府外交往来，于是，汉语学所等日本的汉语教学机构便将汉语教育的重心由南京官话转向了北京官话。日本现代学者六角恒广对日本的近代汉语教育史有系统深入

---

① Samuel Wells Williams, *The Middle Kindom*, NY: Charles Scribners Sons, 1883, p.611.
② 六角恒广：《日本中国语教育史研究》，王顺洪译，北京语言学院出版社1992年版，第264—292页。

的研究。他在《日本中国语教育史研究》一书中指出：日本具有近代性质的中国语教育应从明治九年（1876）九月北京官话教育的实行算起。所谓具有近代性质的中国语教育，并不是指由语言学的汉语发展历史规定的近代汉语，而是指在日本近代化过程中起了作用的中国语教育。在19世纪70年代，为了适应外交的实际需要，从南京语开始的日本的中国语教育数年后便转换为北京官话教育。他认为："进入明治后，中国语教育之所以被重视，是外交上的需要，而带来向北京官话转变的契机，也是外交上的需要"。① 为适应急速转变的形势，日本在一方面只好使用当时仅有的北京官话教科书威妥玛的《语言自迩集》，另一方面分批向驻北京公使馆派驻专门学习北京官话的留学生。明治十四年（1881），长崎人吴启太和东京人郑永邦驻北京三年后，总结自己学习北京官话的经验，合作编就了实用性北京官话教本《官话指南》。在此本教科书"凡例"中，作者明确该书所指的官话是分"上平、下平、上声和去声"四声的北京官话，但他们还特别强调说："京话有二：一谓俗话；一谓官话。其词气之不容相混，犹泾渭之不容并流。是编分门别类，令学者视之井井有条，厘然不紊，庶因人因地而施之，可以知所适从。"② 这说明，当时的北京官话除语音外，遣词用句与北京方言是有很大区别的，延续了传统的官话语汇。③

其实，用途的不同，不仅对外国人取舍南京官话和北京官话起了决定性的作用，而且对中国文人自己也产生了同样的影响。卢戆章（1854—1928），青年时期赴新加坡学习英文，回国后帮助英国传教士麦嘉湖（John MacGowan，？—1922）编译《英华字典》，从中受启发，发明了一套拼读汉字用的切音字母，编成书刊印出版，取名《一目了然初阶》（1892年）。书中提出：欧美文明之国，之所以文盲极少，文风极盛，是

---

① 六角恒广：《日本中国语教育史研究》，王顺洪译，北京语言学院出版社1992年版，第77—87页。

② 吴启太、郑永邦：《官话指南》，杨龙太郎出版社1903年版，第1页。

③ 关于这一点，威妥玛在其编印于1860年的《问答篇》一书的序言中也有专门的提示，认为直隶的方言并不等同于官话。曰："论语子所雅言，旧说谓雅言，犹后世之官话。古者有瞽史大行人，听声音谕书名之掌。后世但以京师士大夫所习之语言为官话，直省之方言不得并焉。"（参见内田庆市《〈语言自迩集〉源流及其在日本的传播》，复旦大学历史地理研究中心编《跨越空间的文化 16—19世纪中西文化的相遇与调适》，上海市东方出版中心2010年版，第49页。）

因为"以切音为字，字话一律，字画简易故也"；日本也以四十七个简易字画的切音字（假名）兴盛文风。中国有切法，但无切音字，所以创制了这套切音字母，以帮助国人识读汉文。他还认为官话应以"南京腔为各腔主脑"，理由如下：

> 十九省之中，除广福台而外，其余十六省大概属官话。而官话之最通行者，莫如南腔。若以南京话为通行之正字，为各省之正音，则十九省语言文字既从一律，文话皆相通，中国虽大，犹如一家。非如向者之各守疆界，各操土音之对面而无言也。①

卢戆章的以上这段文字表明，直到19世纪末，中国大部分地区最为通行的仍然是南京官话，与17、18世纪时的状况并无多大改变。日本江户时代教授南京话的唐话教科书《小孩儿》就有类似的说明。说：

> 打起唐话来，凭你对什么人讲，也通得了，苏州、宁波、杭州、扬州、绍兴、云南、浙江、湖州这等的外江人，是不消说，对那福州人、漳州人讲也是相通的了。他们都晓得外江说话，况且我教导你的是官话了，官话是通天下，中华十三省，都通的。②

当卢戆章从中国当时语言的实际通行状况出发提出"字话一律"方案时，认为应该用南京话为正字、正音，然而当他的切音字为1898年戊戌变法的维新者们所采用时，他又转而改用了北京音，以京音官话设计了第二套切音字方案，著成《中国切音字母》。为配合1904年1月清廷颁布的《奏定学堂章程》所规定的《学务纲要》第二十四条，即："兹拟以官音统一天下之语言，故自师范以及高等小学堂，均于中国文一科内，附入官话一门。其练习官话，各学堂皆应用《圣谕广训直解》一书为准。将来各省学堂教员，凡授科学，均以官音讲解，虽不能遽如生长京师者之圆熟，但必须读字清真，音韵朗畅。"卢戆章又于1906年付梓《北京切

---

① 卢戆章：《一目了然初阶》，文字改革出版社1956年版，第6页。
② 六角恒广：《日本中国语教育史研究》，王顺洪译，北京语言学院出版社1992年版，第270页。

音教科书》（首集、二集），他提出："大清国统一天下，岂容各省言语互异"；"京音官话为通行国语，以统一天下之语言也"；如果能通过切音字让全国百姓学得京话，识得汉文，那么，"全国都能读书明理，国家何致贫弱？人民何致鱼肉？"① 此时的卢戆章一改原本提倡用最通行的南京话为正音的主张，接受张之洞等洋务运动领导人的近代教育思想，认京音官话为通行国语。可见，立场的不同，同样也左右了卢戆章对南京官话和北京官话的取舍。而张之洞等人拟就的《学务纲要》，终于让北京官话取代南京官话赢得了汉语的正统地位，且以朝廷典章制度形式得以确认，成为具有法律效用的语言规范。

北京官话之所以在19世纪末20世纪初最终超越南京官话而获得通行国语地位，笔者以为这与当时国人"夷夏之辨"观念的改变有很大关系。自第一次鸦片战争起半个多世纪，由于不断遭受帝国列强的侵略蹂躏，中国的洋务派、维新派等上层士人对传统的华夷观展开了反思。到了19世纪中后期，夷夏之辨的演变呈现出两种趋向："一种是在文化层面发挥夷夏之辨开放的一面，主张学习西方，但在政治层面仍然强调夷夏对立，主张制夷、御侮。这种强烈的族类认同为近代民族主义的兴起提供了重要思想基础；一种是依据夷夏之辨封闭的一面，盲目排外，反对学习西方。在维新派收拾西方学理构建民族主义理论后，无论主张学习西方者，还是反侵略者，都不再在'夷夏之辨'上做文章。"② 近代国家意识的形成，以及维新派强调满汉民族之间的融合与趋同，反对排满的思想等政治环境，促成语言学家改变了对北京话的偏见。③ 在《官话指南》中，无论是日本人田边太一还是中国人黄裕寿、金璞国，为该书作序时都指称北京为"燕京"，但在《学务纲要》中关于学习官话条目，指称北京则为"京师"，想见19世纪末北京城在中国士人心中的地位有了改变，而正是此

---

① 卢戆章：《北京切音教科书》，文字改革出版社1957年版，第2—3页。
② 贾小叶：《1840—1900年间国人"夷夏之辨"观念的演变》，《史学月刊》，2007年第10期，第62页。
③ 当时中国人对于北京话的偏见，最大的莫过于太平天国的领导者们。1852年，杨秀清、萧朝贵等人发布了一道《奉天讨胡檄布四方谕》，内曰："中国有中国之言语，今满洲造为京腔，更中国音，是欲以胡言胡语惑中国也。"（见龚书铎主编《中国通史参考资料近代部分》（修订本）上册，中华书局1980年版，第160页。）此与明代王世贞等人提出的"大江以北渐染胡语"的观点可以说是一脉相承的。

种改变为北京官话获得正统地位提供了政治基础。

综上所述，从19世纪中外士人有涉汉语官话的文献记载看，这个时期的中国，虽然朝廷强调官员必须学会使用官话，但官话实际上仍然没有一个统一的规范标准。各地通行的大抵只是"蓝青官话"，其中最主要的有北京官话、南京官话和西南官话三种。从使用范围看，南京官话最广，最为大多数中国人所认可，甚至被认同为"正音"。但由于北京的京城地位，使得北京官话越来越受士大夫们的青睐，尤其是19世纪中后期，随着国门的洞开，北京官话也日益受到西方及日本外交官员们的重视，外交事务的需要，促使他们纷纷由原本学习南京官话改为学习北京官话。传统华夷观的改变以及近代国家意识的确立，也使得经历洋务维新运动后的清朝政府实施近代化办学方针，在官学中开始推行以京音官话为标准的国语，北京官话终于在19与20世纪之交超越南京官话的地位，成为汉语口语之规范。

（本节内容作为阶段性研究成果原载于《浙江大学学报》2010年第6期，收入此处时有所修改。）

第三章 官话管窥三则

近年来，在收集和梳理泰西、海东相关文献的过程中，作为阶段性研究成果，除前两章内容以外，笔者还另外发表了一些综合性的或者是比较性的有关明清官话的论文和学术随笔，这些论文与随笔既不能单独归入泰西类的官话文献考论中，也不适合于归入朝鲜或日本的有关明清官话的文献考述中，只好另辟一章归并之。

第一节 朱元璋的"中原"观及其对汉语的影响

陈寅恪说："盖古人著书立说，皆有所而发。故其所处之环境，所受之背景，非完全明了，则其学说不易评论。"[1] 洪武八年，明太祖朱元璋诏刊《洪武正韵》，号称"壹以中原雅音为定"，为汉语音韵制定了规范标准。何谓"中原雅音"？要明了这一概念，首先得弄明白时人尤其是皇帝朱元璋对于"中原"一词的认识。朱元璋出生凤阳，称帝南京，凤阳与南京皆非传统地理概念上的所谓"中原"之地，但朱元璋为显示其统治中国的正统性与合法性，以恢复汉人的礼乐文物典章制度，他在立国前后对"中原"概念进行了新的阐释厘定，从而极大地影响了汉语的变化发展。

一 朱元璋对"中原"概念的阐释

"中原"一词既是地理名词，也是政治、文化概念。不过，据《辞海》等辞书的释义，这个词汇原本并不专指某一地区，它仅有"平原"、"原野"之意。《诗经·小雅·吉日》有句曰："瞻彼中原，其祁孔有。儦儦俟俟，或群或友"，意指原野上野兽颇多。又例如《诗经·小雅·小

---

[1] 陈寅恪：《陈寅恪文集之三 金明馆丛稿二编》，上海古籍出版社1980年版，第247页。

宛》:"中原有菽,庶民采之",意为百姓在平原上采摘豆菽。《诗经·小雅·北山》又云:"溥天之下,莫非王土,率土之滨,莫非王臣。"所以,其时的天下百姓不存在华夷高低贵贱之分,所谓"中原",也没有特定的政治文化含义。但自汉以降,儒学成为正统,儒家主张以"周礼"为核心。孔子说:"夷狄之有君,不如诸夏之亡也"。孟子进而说:"吾闻用夏变夷者,未闻变于夷者也。"《史记·周本纪》则说:"成王在丰,使召公复营洛邑,如武王之意。周公复卜申视,卒营筑,居九鼎焉。曰:'此天下之中,四方入贡道里均'。"① 于是河洛地区就成了中国人心目中天下之中心,"中原"一词便被赋予了地理、文化乃至政治的内涵。在地理概念上,"中原"专指以河洛为中心的黄河中下游地区;在文化概念上,华夏文化成了先进文化的代表;在政治概念上,"有夏服天命","中原"地区的汉人成了统御天下的正统,天子当出自这一地区。自周兴嗣编成《千字文》并被用于儿童启蒙,中国的读书人则从学字开始大脑中就被烙上了"都邑华夏,东西二京,背邙面洛,浮渭据泾"的烙印,以至于五代十国时期,吴越国虽然富甲天下,国王甚至以宗主国国君自居册封新罗等东夷之国,但从钱镠起,诸代国王始终不敢觊觎中原的天子地位,直至钱弘俶还秉承祖训:"凡中国之君,虽易异姓,宜善事之。""要度德量力而识时务,如遇真主,宜速归附。"②钱弘俶最后臣服北宋,以"纳土归宋"主动放弃了成为天子的机会。在这样的传统语境下,出生江淮,立国江左的朱元璋要想取得"君权神授"的地位,显然缺少足够的理据以服天下。怎么办?必须从源头上对"中原"这一概念加以重新阐释。

公元1367年,朱元璋以国号代年号,将此年定为吴元年。是年十月,命徐达、常遇春率兵北伐中原,北伐之前,他让宋濂起草颁布了一道诏谕,檄谕齐、鲁、河、洛、燕、蓟、秦、晋之人,篇名《谕中原檄》。③檄文首先肯定了传统的夷夏之辨,起句曰:"自古帝王临御天下,皆中国居内以制夷狄,夷狄居外以奉中国,未闻以夷狄居中国而制天下也。"不过,檄文紧接着说:"自宋祚倾移,元以北夷入主中国,四海以内,罔不臣服。此岂人力,实乃天授。"此句表面上是在帮蒙元说话,认为蒙元统

---

① (汉)司马迁:《史记》,中华书局1982年标点本,第133页。
② 钱文选辑:《钱氏家乘》,上海书店出版社1996年版,第141页。
③ 陈梧桐:《履痕集》,大象出版社2006年版,第100页。

治中原也是君权神授，但实质上是想说明，夷夏之辨并非千古定律，一成不变。是否能入主中原，与民族无关，与统治者的原出身地也无关，关键在于统治者是否以华夏文化的纲常伦理维规天下。他在另一篇题为《解夷狄有君章说》中曾明言："夷狄，禽兽也。故孔子贱之。以为彼国虽有君长，然不知君臣之礼、上下之分，争斗纷然。"① 蒙元的统治也正是因为统治者后嗣们后来乱了纲常，坏了礼乐，才气数耗尽，需要有新主代天行道，所以他在檄文中历数蒙元统治者渎乱父子、君臣、夫妇、长幼之伦后，接着说："当此之时，天运循环，中原气盛，亿兆之中，当降生圣人，驱除胡虏，恢复中华，立纲陈纪，救济斯民。"然而，方今盘踞在河洛关陕中原地区的数雄，"忘中国祖宗之姓，反就胡虏禽兽之名，以为美称，假元号以济私"，"反为生民之巨害，皆非华夏之主也。"于是，他这个原本出生淮右的布衣，现据金陵之地并安抚着大江以南百姓的吴王"恭承天命"，派兵北伐，"志在逐胡虏，除暴乱，使民皆得其所，雪中国之耻"。檄文文末，他再次强调："如蒙古、色目，虽非华夏族类，然同生天地之间，有能知礼义，愿为臣民者，与中夏之人抚养无异。"进一步说明，所谓夷夏之辨，其核心概念"中原"，并不存在地理、民族要素的严格限制，只要能以华夏文化、儒家文化的纲常伦理规范之，就可以成为"中原"之臣民百姓。

朱元璋派兵北伐，于洪武初年初夏四月平定河南后，并非没有产生过按传统观念建都中原的念头。据《明太祖实录》卷之三十四记载，"洪武元年八月己巳朔，诏以金陵为南京，大梁为北京。"诏书中说："顷幸大梁，询及父老，皆曰：'昔圣人居中国而治四夷，天下咸服。'朕观中原土壤，四方朝贡，道里适均。父老之言，乃合朕志，然立国之规模固大，而兴王之根本不轻，以金陵、大梁为南北京，朕于春秋往来巡狩，播告尔民，使知朕意。"② 洪武二年九月，朱元璋召集元朝老臣商议建都之地，有人建议关中、洛阳、汴梁等地，有人建议利用北平元都旧有宫室，也有人建议用建业这个六朝旧都。朱元璋听完后说："汝等所言诚善，然咸阳、洛阳、周秦汉魏隋唐亦尝定鼎于是，北京乃五代赵宋之京邑，诚皆可

---

① （明）朱元璋撰，胡士萼点校：《明太祖集》，黄山书社1991年版，第342—343页。
② 马蓉、陈抗、钟文等点校：《永乐大典方志辑佚 第1册》，中华书局2004年版，第461页。

都,但丧乱以来,各部义兵互相仇杀多历年所,中原生齿百不存一,若朕建都于彼,钱粮力役尽资江表,使江表人不堪命,朕奚忍为之?若就建业、北平见成宫室,虽曰暂省民力,然皆地非中土,亦非长治久安之道。朕谓临濠前江后淮,以险可恃,以水可漕,汝当为朕图之。"① 言下之意,建业、北平皆非"中土",但临濠是"中土"之地。朱元璋遂"诏以临濠为'中都'"②。相较于金陵为南京、大梁为北京,从方位上而言,临濠在金陵之西,从名称上而言,南京、北京都称"京",但朱元璋将临濠改名凤阳,不称"西京",而称为"中都","中都"又与"中土"谐音,足可见其用心良苦。自此后,朱元璋时常将临濠称为"中原",例如,洪武四年三月,为防止富者兼并土地盘剥贫民,下谕中书省以人口计亩授田,曰:"上以兵革之后,中原民多流亡,临濠地多闲弃,有力者遂得兼并焉。"③

不过,随着北伐形势的变化,为让黄河流域、江淮地区能够休养生息,朱元璋不仅放弃了建都开封的念头,而且也中止了"中都"的建设。洪武八年四月,朱元璋撰《中都告祭天地祝文》祭告天地,曰:

> 当大军初渡大江之时,臣每听儒言,皆曰:"有天下者,非都中原不能控制奸顽。"既听斯言,怀之不忘。忽尔上帝后土授命于臣,自洪武初,平定中原,臣急至汴梁,意在建都以安天下。及其至彼,民生凋敝,水陆转运艰辛,恐劳民之至甚,遂议群臣,人皆曰:"古钟离可。"因此两更郡名,今为凤阳,于此建都。土木之工既兴,役重伤人。当该有司叠生奸弊,愈觉尤甚。此臣之罪有不可免者。然今功将完成,戴罪谨告,惟上帝后土鉴之。④

与此同时,为避免劳民伤财,朱元璋还借口上苍托梦,下令停止了位于南京狮子山的阅江楼的建造。实际上,朱元璋在狮子山造阅江楼,原本

---

① 詹同等:《皇明宝训·皇明修文备史》(北京图书馆古籍珍本丛刊8·杂史类),书目文献出版社1990年版,第33—34页。
② 台湾中研院历史语言研究所校勘:《明太祖实录·明实录》,中研院历史语言研究所1962年版,第880页。
③ 同上书,第1198页。
④ (明)朱元璋撰,胡士萼点校:《明太祖集》,黄山书社1991年版,第399页。

就是醉翁之意不在酒，而是在于为定南京为京师打造舆论声势。洪武七年（1374）春，阅江楼工程才刚刚奠基，他就亲自撰写了一篇《阅江楼记》，并命文臣职事每人各写一篇附和，以扩大影响。他在《阅江楼记》开篇，首先叙述了传统华夷观，曰："朕闻三皇五帝下及唐宋，皆华夏之君，建都中土。"紧接着，进一步辨析说明：所谓的"中土"，其实也不是一成不变的，是一个因时而异的概念。曰："自禹之后，凡新兴之君，各因事而制宜，察形势以居之，故有伊洛陕右之京，虽所在之不同，亦不出乎中原，乃时君生长之乡，事成于彼，就而都焉，故所以美称中原者为此也。"他认为，并不是其他所有地方一定不如中原，只是时运未至而已，所以他又说："孰不知四方之形势，有齐中原者，有过中原者，何乃不京而不都？盖天地生人而未至，亦气运循环而未周故耳。"①这又为原来曾建都南京的六朝以及南唐未能统一中国找到了说辞，大学士宋濂所撰《阅江楼记》与之相呼应，首句即是："金陵为帝王之州。自六朝迄于南唐，类皆偏据一方，无以应山川之王气。逮我皇帝，定鼎于兹，始足以当之。"②朱元璋还在《阅江楼记》中自问自答，说明立足江淮统御天下的缘由，曰："朕生淮右，立业江左，何固执于父母之邦？"答案是："以古人都中原，会万国，当云道里适均，以今观之，非也。大概偏北而不居中，每劳民而不息，亦由人生于彼，气之使然也。朕本寒微，当天地循环之初气，创基于此。且西南有疆七千余里，东北亦然，西北五千之上，南亦如之，北际沙漠，与南相符，岂不道里之均？万邦之贡，皆下水而趋朝，公私不乏，利益大矣。"在他看来，古人是在哪里起家，便在哪里建都，与地理上是否绝对"居中"关系不大；要说"居中"，要论"道里之均"，南京恰恰地处东西南北之中心，才称得上是真正的所谓"中原"之地。

自此，朱元璋便在各种诏谕中将以凤阳、南京一带的江淮地区称为"中土"或者"中原"之地。洪武九年（1376）三月，朱元璋下《免山西陕右两省夏秋租税诏》，其开头曰："山西、陕右，地居西北，山河壮丽。昔我中国，历代圣君皆都此而号召万邦。曩因元主华夏，民无的主，

---

① （明）朱元璋撰，胡士萼点校：《明太祖集》，黄山书社1991年版，第277页。
② （明）宋濂：《阅江楼记·中华传世文献 明文衡》，吉林人民出版社1998年版，第277页。

已经百年矣。朕自丁未年复我中土，继我圣人之位，建都炎方，于今九年矣。"① 这里，他将历代圣君之都的"山西陕右"描述为地处西北，而将丁未年（1367）北伐前后其掌控并立都的江淮地区称作了"中土"。洪武十一年四月，朱元璋针对江苏省安东县、沭阳县郊野夜晚常有鬼火出现的奏报，撰《祭安东县沭阳县鬼火暮繁文》，分析原因说："夫中原之地，因有元失政，生民涂炭者多，死者非一而已。"② 可见，他将江淮一带视作了"中原之地"。洪武十三年，朱元璋下诏《谕王本等职四辅官》，内曰："朕本寒微，遇天更元运，偶与群雄并驱，逢多难，遇艰深，率英俊，自中土渡江东来造基。于是君天下，子庶民，十有三年。"③ 此处朱元璋将渡江建都南京之前的家乡凤阳一带称为"中土"，以至于后来一些文臣们为朱元璋编辑《御制文集》后，承事郎郭传写《御制文集后序》时也说："我太祖乘炎精之运，龙兴中土，以一旅取天下于群雄之手，不数年间，混一南北，溪蛮海夷，文身卉服，罔不来庭。"④ 洪武十五年，朱元璋又下了《免秋夏税粮诏》，其首段末句曰："其江西、浙西虽次归附，为首定中原民人，为我供给，越大江，入河、淮，抵北平，而漕河南，其劳甚矣。"⑤ 这里将江西、浙西地区称为首定的"中原"。在另一篇《谕举到人材》中，也有句曰："迩者中原、江西各布政司，皆以贞士至期，已有日矣。"⑥ 显然，该句中的"中原"是指靠近南京的地区，故称其为"迩者"。

如此，朱元璋通过《谕中原檄》和《阅江楼记》等诏谕，给"中原"这一概念进行了全新的阐释，从而为其实施一系列的礼乐文物制度的革新提供了理论基础。

二 从《洪武正韵》与《明太祖集》诗歌分韵的一致性看明初的"中原雅音"

洪武七年（1374）冬，为彰显朱元璋德比舜禹，文武兼济，其美胜

---

① （明）朱元璋撰，胡士萼点校：《明太祖集》，黄山书社1991年版，第11页。
② 同上书，第414页。
③ 同上书，第129页。
④ （明）郭传：《御制文集后序·明太祖集》，黄山书社1991年版，第473页。
⑤ （明）朱元璋撰，胡士萼点校：《明太祖集》，黄山书社1991年版，第34页。
⑥ 同上书，第137页。

于汉唐宋诸代帝王，翰林学士乐韶凤、宋濂等人为朱元璋编录刻印了《御制文集》（即《明太祖集》），并由刘基、郭传、宋濂各写了一篇跋文。[①] 在该文集中，收录了朱元璋御制108首律诗和17首古体诗。

就在朱元璋出生前四年的1324年，作为元代的官话韵书，周德清编写出版了一部《中原音韵》，"以为正语之本，变雅之端"[②]。按理说，朱元璋识字学文于元朝末年，其创作的诗歌分韵应该遵循《中原音韵》才符合当时的用韵规范。退一步讲，即便如周德清所言："世之泥古非今不达时变者众，呼吸之间动引《广韵》为证。"朱元璋的诗歌用韵也应符合宋之《广韵》或《平水韵》的分韵规范才对。然而，笔者仔细阅读了《明太祖集》中的全部诗歌，其用韵有很多既不符合《中原音韵》的19个韵谱分类，特别是没有将入声派入平上去三声，也不符合《广韵》、《平水韵》的分韵规范，除《设潘宗道送友人归山东》等个别诗以外，倒是完全吻合于乐韶凤、宋濂等人于洪武八年因诏编印的《洪武正韵》之分韵规则。择其典型者举例如下：

1. 《钟山赓吴沉韵》

嵯峨倚空碧，环山皆拱伏。
遥岑如剑戟，迩洞非茅屋。
青松秀紫崖，白石生玄谷。
岩畔毓灵芝，峰顶森神木。
时时风雨生，日日山林沐。
和鸣尽啼莺，善举皆飞鹄。
山中道者禅，陇头童子牧。
试问几经年，答云常辟谷。
白鹤日间朋，黄猿夜中仆。
万岁神仙荣，千秋凡人禄。
无知甲子寿，但觉年数福。
彩云出洞中，鸿濛山之麓。

[①] （明）朱元璋撰，胡士尊点校：《明太祖集》，黄山书社1991年版，第471—474页。
[②] （元）虞集：《中原音韵序·景印文渊阁四库全书》（第1496册），台北商务印书馆1975年影印本，第659页。

该诗的韵脚字"伏、屋、谷、木、沐、鹄、牧、谷、仆、禄、福、麓"都是入声字，显然不符合《中原音韵》入声派入三声的规则，在《平水韵》中，"鹄"字属入声"沃"韵，也与其他11个属入声"屋"韵的韵脚字有别，但在《洪武正韵》中，这12个韵脚字正好全部属于"屋"韵。

2. 《赓僧韵》

  天台五百尊，方寸皆明月。
  月影弥千江，何曾有暂歇。
  为斯妙用通，今古长不灭。
  昔当悬挂时，诚非凡可越。
  住世及应直，几度阿僧劫。
  假锡作梯航，泛海涛如雪。
  一旦杳无踪，暂与沙门别。
  倏忽群禅中，孰能为机泄。
  禅心旷无迹，如海亦何竭。
  僧本具他心，宗门常合辙。

该诗的10个韵脚字"月、歇、灭、越、劫、雪、别、泄、竭、辙"都是入声字，不符《中原音韵》分韵，在《平水韵》中，"月、歇、越、竭"归属入声"月"韵，"劫"归属入声"洽"韵，其余归属入声"屑"韵，但在《洪武正韵》中，这10个字全部归属入声"屑"韵。

3. 《又赓戴安韵》

  旭日射山岩，岚光如翠色。
  鸣凤在高柯，育雏傍崖侧。
  风来楸叶红，寒雁起塞北。
  江流护周回，天澄云影碧。
  磅礴气氤氲，鸿濛太古积。
  灵秀峙嵯峨，仰瞻常晨夕。
  倚天来何时，孰谓题名籍。
  朱湖洞中仙，蟠桃径一尺。

该诗中的 8 个韵脚字"色、侧、北、碧、积、夕、籍、尺"都是入声字，不符《中原音韵》派入"皆来"上声、"齐微"上声的分韵，在《平水韵》中，"北"字属入声"沃"韵，不同于其他 7 个字属"陌"韵，但在《洪武正韵》中则全部属于"陌"韵。

4.《钟山云》

> 踞蟠千古肇豪英，王气葱葱五色精。
> 岩虎镇山风偃草，潭龙嘘气水明星。
> 天开万载兴王处，地辟千秋永朕京。
> 咸以六朝兴替阅，前祯祯后后嘉祯。

该诗中的韵脚字"精、星、京、祯"在《中原音韵》中都属"庚青平声"，在《洪武正韵》中都属"庚"韵，但在《平水韵》中，"星"韵不同于"精、京、祯"属"下平庚"韵，而归入"下平青"韵。

5.《新春庚王鳌韵》

> 春到阳和万象舒，至阴深敛九泉居。
> 山川气霭坚冰泮，岳渎云生冷露除。
> 但向静中观造化，特专闲里运图书。
> 仁闻尧德兼天地，大洽苍生惟舜虞。

该诗中的韵脚字"居、除、书、虞"在《中原音韵》中都属"鱼模平声"，在《洪武正韵》中属"鱼"韵，但在《平水韵》中，"虞"字不同于"居、除、书"属"上平鱼"韵，而归属"上平虞"韵。

6.《暑霁遥岑》

> 蒸云敛尽远山青，万壑凉生宇宙明。
> 林影淡摇溪内水，崖光偏映洞边藤。
> 倚栏极目天开尽，凭槛吟诗纸耀星。
> 但把此时观畎亩，筋疲力倦始秋成。

该诗中的韵脚字"明、藤、星、成"在《中原音韵》中皆属"庚青平声",在《洪武正韵》中皆属"庚"韵,但在《平水韵》中,"明、成"属"下平庚"韵,"藤"属"下平蒸"韵,而"星"属"下平青"韵。

从以上这些朱元璋诗歌用韵中可以看出,他写诗并不依照元朝的《中原音韵》或者宋朝的《平水韵》,反而是与后于《御制文集》出版的《洪武正韵》之分韵规则相吻合。《洪武正韵》与《御制文集》的主编都是乐韶凤和宋濂,刘基都参与了这两本书的校阅质正工作。从时间顺序上,是先有朱元璋的诗作,然后有《御制文集》编纂,紧接着有《洪武正韵》的诏刊,所以,它们之间的关系应该是《洪武正韵》的分韵规则迁就了朱元璋的御制诗。朱元璋建立明朝后,一心想恢复汉人的文物礼乐制度,就近的参照朝代就是宋朝。宋朝政治家司马光有曰:"备万物之体用者,无过于字;包众字之形声者,无过于韵。"① 所以,剔除蒙元统治对汉语所造成的影响也列入了朱元璋的施政要务之中。其中最为重要的就是重新刊定汉语正音,宋濂在《洪武正韵序》中这样写道:

> 恭惟皇上,稽古右文,万机之暇,亲阅韵书,见其比类失伦,声音乖舛,召词臣谕之曰:韵学起于江左,殊失正音,有独用当并为通用者,如东冬清青之类;亦有一韵当析为二韵者,如虞模麻遮之属,如斯之类,不可枚举,卿等当广询通音韵者重刊定之。②

既然朱元璋的多种诏谕诗赋都认为其龙兴之地临濠(凤阳中都)才是真正的"中土",金陵南京是"道里之均"的"中原",那么,所谓的"中原雅音",要不是凤阳音,就是南京音,或者是近似两者的江淮方言。但朱元璋在考虑建都问题时曾经表示"建业、北平皆地非'中土'",且在诏谕编纂《洪武正韵》时明确指出:"韵学起于江左,殊失正音",那么作为"中原雅音"的基准语音其最大可能就是凤阳话了。对《洪武正韵》八十韵本有深入研究的宁忌浮先生曾指出:洪武中,大臣们与太祖对话,是要改用朱元璋耳熟能详的中原之音的。"他(朱元璋)是安徽凤

---

① (元)马端临:《文献通考经籍考》(上),华东师范大学出版社1985年版,第406页。
② (明)宋濂:《洪武正韵序》,载《文渊阁四库全书》(239),台湾商务印书馆1972年影印本,第5页。

阳人，他认为他的家乡地属中原。童年少年他都未走出自己的小村庄。到十七岁才作游方僧离开故乡，但足迹未出淮西。三年多他到过的地方，除合肥，口音跟他家乡没有太他的差异。同他一起起事的，如郭子兴、徐达、汤和、李善长、常遇春、沐英、李文忠以及他的原配夫人马氏，多是凤阳府人。朱元璋口耳所习即是中原之音。今凤阳话学术界归入中原官话。"① 生长于凤阳，读书不多，口音未变的朱元璋，既然自认为其家乡即是中原，可想而知，其所赋诗歌押韵也是依据其自己的口音而定的。宋濂所谓的"壹以中原雅音为定"，从逻辑上不难推断，也就是以皇帝的口音为定，最好的用韵实例就是朱元璋的御制诗。这也就是为何《洪武正韵》中一些特有的入声分韵与以上这些御制诗完全吻合的原因之所在。

《御制文集》的御制诗篇幅有限，而且古人写诗也并非绝对押韵，所以，我们不可能从中比对出《洪武正韵》中的所有韵类，但通过以上一些颇具代表性的韵脚分韵的比对，至少可以大致判定《洪武正韵》分韵是迎合了朱元璋的凤阳口音的。纪昀等《四库全书》的编纂官在将《洪武正韵》收入四库时写提要说："盖明太祖既欲重造此书以更古法，如不诬古人以罪，则改之无名。濂亦曲学阿世，强为舞文耳！"② 指责宋濂曲学阿世，不无道理。

三 偰长寿何以成为丽末鲜初与明朝交流的语言翘楚

据《明太祖实录》以及《高丽史》记载，朱元璋1368年立明以后，便于当年十二月遣使高丽，奉玺书赐高丽国王，以告自己已君临天下，得到了高丽国王很好的回应，翌年，高丽停止使用元朝年号，并遣使赴明，与明朝建立了正式的朝贡关系。然而，丽明关系经过最初几年的相对和谐后，由于朱元璋发现高丽暗地勾结北元，影响到了明军与北元残余纳哈出部在辽东的攻守进退，自洪武六年十月起，"开始对高丽百般苛责，或因进贡路线不合要求，或因表文规制有误，或因贡品数量不足，或因高丽国内政变后王位未得明承认等，拒绝高丽正常朝贡，直到洪武后期李朝建立

---

① 宁忌浮：《洪武正韵研究》，上海辞书出版社2003年版，第3页。
② （清）纪昀等：《文渊阁四库全书》（239）《洪武正韵提要》，台湾商务印书馆1972年影印本，第2页。

后两国关系才渐趋正常,其与以后二百年间友好互助恰成对照。"①

朱元璋对高丽的苛责还表现在对其使臣与通事的汉语能力上。

高丽辛禑王十三年（1387）二月至五月,为辽东在高丽的逃民和高丽官服等事宜,知密直事偰长寿出使南京,回国后带回朱元璋圣旨,内中曰：

> 先番几个通事小厮每来,那里说的明白？你却是故家子孙,不比别个来的宰相每,你的言语我知道,我的言语你知道,以此说与你,你把我这意思对管事宰相每说,大概则要至诚,倒不要许多小计量。②

朱元璋在表扬偰长寿的同时,不仅对此前的朝天使臣不会汉语提出了批评,而且还对专门担任翻译事务的"通事"们的汉语水平表达了不满。

戊辰年（1388）冬,高丽门下左侍中李穑作为贺正正使被遣往南京朝京,当时,高丽王朝的统治危在旦夕,李穑恐其回国时李成桂已经自立为王,所以带上了后来成为朝鲜第二代国王的李成桂次子李芳作为书状官同行。《朝鲜太祖实录总序》有以下一段记载：

> 至京师。天子素闻穑名,从容语曰："汝仕元为翰林,应解汉语。"穑遽以汉语对曰："请亲朝。"天子未晓曰："说甚么？"礼部官传奏之。穑久不入朝,语颇艰涩。天子笑曰："汝之汉语,正似纳哈出。"③

纳哈出（？—1388）,蒙古族,元太平路（治所今安徽当涂）万户,曾被朱元璋克太平时俘获并放归元朝。洪武二十年（1387）再次战败后降明,被朱元璋封为海西侯。李穑（1328—1396）,高丽文臣,据《牧隐先生年谱》记载,他曾于元至正八年（1348）至十年赴元朝国子监学习,精通朱子学,至正十四年参加殿试获第二甲第二名,授应奉翰林,历任国

---

① 李新峰：《恭愍王后期明高丽关系与明蒙战局》,载北京大学韩国研究中心编《韩国学论文集》（第七辑）,新华出版社1998年版,第306—312页。
② 韩国学文献研究所编：《高丽史》,亚细亚文化社1990年版,第939—940页。
③ 国史编纂委员会：《朝鲜王朝实录》（一）,探求堂1986年影印本,第13页。

史院编修官、吏部侍郎等职，于至正十六年弃官东归。按理说，在北京等地生活任职前后长达八年，李穑确实"应解汉语"，然而，大失朱元璋所望，评价其汉语"正似纳哈出"，可见高丽文人所学的汉语口语是深受蒙语影响的"汉儿言语"，与自视为生长于"中原"之地的朱元璋所操的汉语很有差异。

其实，高丽王朝早在洪武初年就已认识到了元明朝代鼎革后中国文物礼乐制度的变革，从洪武五年起就欲遣子弟留学南京，然而由于被朱元璋怀疑为派奸细到中国打探情报而只好作罢，为此，李穑还替高丽王起草了《陈情谢恩表》予以辩解，让洪武七年的贺正使进呈朱元璋。内曰："惟小国僻在荒陬，肇自古初，局于风气，文辞则仅达其所蕴，言语则必译而乃通，鼓箧升堂，尝欲遣六七人之童子，明经习律，何缘得二三百之儒生矧为窥觇之资，安敢应招来之命。""惟圣鉴之昭明，洞群臣之曲直，特颁睿训，俾臣自新。又凡敷奏之微，皆锡允俞之辱，降之雅乐，导以正音，子弟入学，则措置精深。"① 我们不能确定这里的"正音"一词是否指称汉语官话正音，但从后来朝鲜王朝实录的记载看，丽末鲜初屡次欲派子弟留学南京以及后来的北京，其主要目的就是让他们学习标准的汉语语音。世宗十五年（1433），朝鲜上奏遣子弟留学又一次被明皇所拒，世宗大王只好召集大臣商议对策，曰："今来敕书，不允子弟入学之请，自今入学中国之望则已绝。然汉音有关事大，不可不虑。予欲遣子弟于义州，使之来往辽东，传习汉语何如？"大臣们一致认为："辽东乃中国一方，语音不正。臣等以为，前所选子弟，使之仍仕司译院，常习汉音诸书。每于本国使臣赴京时，并差入送。如此循环不已，则汉音自然通晓。"②

一方面，朱元璋拒绝高丽和朝鲜遣子弟留学以培养精通汉语的人才，而另一方面，他依然苛求朝鲜必须派精通汉语的文臣出使中国。朝鲜太祖六年（1397）三月，权近等朝天使臣从南京回到汉城，带回了朱元璋的敕慰诏书和宣谕圣旨。圣旨赞许了权近，但指令朝鲜王曰："今后差使臣来时，要通汉人言语的来，不通汉人言语的不许来。"③ 权近（1352—1409）是高丽遗臣，精通汉文诗赋和儒学，曾于1389年和1391年两度作

---

① 李穑：《韩国文集丛刊5·牧隐集》，景仁文化社1996年影印本，第91、92页。
② 国史编纂委员会：《朝鲜王朝实录》（三），探求堂1986年影印本，第531页。
③ 国史编纂委员会：《朝鲜王朝实录》（一），探求堂1986年影印本，第101页。

为高丽使臣赴南京朝奉和谢恩，并多次负责接待明朝派赴朝鲜的使臣，但他也不会汉语口语，洪武二十九年（1396）夏，他随使赴南京，九月十一日入朝，因擅赋汉诗获皇帝敕留文渊阁，与中国翰林应酬三日，获御制诗三篇，赋应制诗二十四篇，然而囿于语言障碍，未能与中国的翰林学士作深入的交流，"予每欲抠衣受业，质问所疑，益学其所未知，言音殊异，又无象译，卒莫能成一。"① 可见，他也是全靠笔谈才得以与明朝的皇帝和官员进行交流和诗文酬唱的，不过，他已注意到了朱元璋为重整汉人统治秩序所采取的措施，其《阳村集》有诗曰："皇明四海车书同，驾驭济济皆英雄。""制册新颁周典礼，衣冠复见汉仪章。山河万国同文日，雨露三韩异姓王。"②

　　洪武年间，那么多高丽和朝鲜的使臣与通事，老被朱元璋苛责为不通汉语，连曾留学元朝国子监并担任元朝翰林多年的李穑其汉语也被评价为像蒙古人所说的汉语，为何单单偰长寿的汉语被称道呢？其实，我们可以从朱元璋表扬偰长寿的"你却是故家子孙"一句中找到答案线索。《高丽史》列传卷第二十五有偰长寿与其父亲偰逊的传记。偰长寿，回鹘人，祖父偰哲笃官至江西行省右丞，父亲偰逊是元朝进士，历任翰林、宣政院断事官、端本堂皇太子正字，与高丽恭愍王曾经共侍元朝皇太子，所以，恭愍王七年（1358），当他携家小避红巾之乱逃至高丽时，被恭愍王收留并先后赐封为高昌伯、富原侯。③ 另据《朝鲜王朝实录》定宗一年十月"判三司事偰长寿卒"条所记：至正己亥年（1359），偰长寿之父偰逊挈家避地高丽，壬寅年（1362），偰长寿"年二十二，中同进士科"；"建文元年（1399）十月，以疾卒，年五十九"。④ 则可知，偰长寿1341年生于中国，18岁后才随父移居高丽。又据《嘉庆溧阳县志》载，偰长寿的祖父偰哲笃，"江西龙兴籍，延祐二年进士，授高邮知州"，后因故"被劾罢，徙家溧阳买田宅，延师教子有法，为色目本族之首"。⑤ 偰逊（1319—1360）著有《近思斋集》，由于战乱，只有其"江左"时期的诗

---

① 权近：《韩国文集丛刊7·阳村集》，景仁文化社1996年影印本，第18页。
② 同上书，第47页。
③ 韩国学文献研究所编：《高丽史》，亚细亚文化社1990年版，第456页。
④ 国史编纂委员会：《朝鲜王朝实录》（三），探求堂1986年影印本，第158页。
⑤ 李景峄、陈鸿寿：《中国地方志集成32·嘉庆溧阳县志光绪溧阳县续志》，江苏古籍出版社1991年版，第261页。

集存世，名曰《近思斋逸稿》。"江左时期，是偰逊十七岁到二十七岁的十年间，也是以溧阳为中心的周围一带与许多文人交游并专心学问的时期。"①《近思斋逸稿》中有一首七言长诗《病歌行》，其后半段诗句曰："前岁金陵卧竹林，疟利三秋貌如漆。去年肺气常州馆，寒热奚翅过百日。……溧阳江边花蕊红，溧阳江上春光碧。"② 这些诗句说明，偰逊这十年的主要生活和活动地点在金陵、常州、溧阳等地，那么，偰长寿童年生活的地点有两种可能，一种是一直生活在老家溧阳，一种是跟随父亲游历于金陵、常州、溧阳之间。前者有可能导致偰长寿的母语为溧阳方言，后者有可能导致偰长寿学会了南京等地的江淮方言。现代溧阳方言虽然被归入吴方言，但历史上溧阳多属江宁府，当时隶属集庆路，即现在的南京，溧阳又紧邻句容，句容曾经是朱元璋祖父的居住地，以江淮方言为主，所以无论偰长寿所操汉语的口音是南京音还是溧阳音，与祖籍句容、生长地凤阳的朱元璋对话交流，势必不存在语言障碍，其汉语能为朱元璋所称道亦在情理之中。

偰长寿凭借其语言优势和外交才能，不仅七次使明，很好地完成了使命，逐渐理顺了朝鲜与明朝的两国关系，而且在朝鲜无法派子弟留学明朝的情况下，成了朝鲜司译院培养汉语人才不可或缺的支柱。朝鲜世宗二十三年（1441）八月，为举荐王廷录用偰长寿之子以褒奖偰长寿之功，曾有六十个朝鲜官员联名上书曰：

> 臣等窃见我国自三韩至于高丽，世世事大。高丽设汉语都监及司译尚书房，专习华语，其时汉人来寓本国者甚多。至国初，置司译院，如庞和、荆华、洪揖、唐城、曹正等相继训诲。由是亲炙习业，人才辈出。然学徒所读，不过《老乞大》、《朴通事》、前后汉等书而已，且其书所载，率皆俚近俗语，学者患之。判三司事偰长寿乃以华语解释《小学》，名曰《直解》，以传诸后。……教养之方，至矣尽矣，而无他师范，唯以《直解》一部为习。长寿之功，至此大矣。③

---

① 朴现圭：《回纥人偰逊的〈近思斋逸稿〉之发掘、分析》，《民族文学研究》1996年第2期，第89—93页。

② 杨镰：《元代江浙双语文学家族研究》，《江苏大学学报》（社会科学版）2009年第3期，第50页。

③ 国史编纂委员会：《朝鲜王朝实录》（四），探求堂1986年影印本，第355页。

这足以说明偰长寿的汉语造诣以及他对朝鲜一朝培养汉语翻译人才所做的巨大贡献。

四 《洪武正韵》的修订与实际应用

朱元璋坐定江山后，对胡俗变易中国之制，士庶甚至易姓氏为胡名，习胡语等胡俗化现象，心久厌之，洪武元年二月，"诏复衣冠如唐制。……胡服、胡语、胡姓一切禁止，斟酌损益，皆断自圣心，于是百有余年胡俗，悉复中国之旧矣。"① 这里面也包括了对于汉语音韵的拨乱反正。

明人过庭训（？—1628）《本朝京省人物考》浙江台州府卷有《陶凯传》，内言："戊申岁（1368年），太祖定鼎金陵，……凯见上，补翰林编修，与学士宋濂等分科修纂，所撰《元史》三十八卷，《志》五十三卷，《传》六十二卷，《目录》二卷，缮写成一百二十册，又撰《洪武广韵》若干卷以进，上称善，命教大本堂，授楚王经。洪武三年，升礼部尚书。"② 可见，在《洪武正韵》之前，已有若干卷《洪武广韵》撰成，由于不见刊印，所以其体例、内容至今不得而知。

《洪武正韵》刊印于洪武八年三月，《明太祖实录》记载："是月，《洪武正韵》成。初，上以旧韵起于江左，多失正音，乃命翰林侍讲学士乐韶凤与诸廷臣以中原雅音校正之。至是书成，赐名《洪武正韵》，诏刊行之。"③ 之后，先是宋濂等人于洪武八年夏五月对元延祐年间荟萃增益《书林》、《韵会》等书而成的《韵府群玉》依照《洪武正韵》的七十六韵次进行了重新排列编印，而后，于洪武九年九月，宋濂等人又奉敕对当时盛行的《广韵》也依照七十六韵进行了字序的重排，注释内容则不变。④

不过，初版《洪武正韵》并没有令朱元璋十分满意，洪武十二年，

---

① 台湾中研院历史语言研究所校勘：《明太祖实录·明实录》，中研院历史语言研究所1962年版，第525页。

② （明）过庭训：《本朝京省人物考一百十五卷（三）·四库禁毁书丛刊》，北京出版社2000年影印本，第3页。

③ 台湾中研院历史语言研究所校勘：《明太祖实录·明实录》，中研院历史语言研究所1962年版，第1678页。

④ 罗月霞主编：《宋濂全集》，浙江古籍出版社1999年版，第1096—1097页。

朱元璋重又敕命汪广洋牵头对其进行了修订,翰林待制奉训大夫吴沉作于洪武十二年冬的序言如是说:

> (皇上)万机之暇,翻阅观览,以其中尚有未谐协者,乃于洪武十二年秋复敕中书右丞相臣汪广洋总裁其事,中书舍人臣朱孟辩、臣宋璲、臣桂慎、翰林典籍臣刘仲质、重加校正,补前书之未备而益详焉。凡声相谐、韵相协,皆并而合之一。四方之声而悉归于华音之正。总一十六卷,计八十韵,共若干万言。
> ……华夏者,天地之中,阴阳和气之所会也,故形于人声者,得天地之正。蛮夷戎狄之邦,重译而不可解,语之以华夏之音,则无不能知。信乎中夏之音天地之正音也。皇上抚临万方,作之君师,治教斯民,使之无一字不出于正。①

重修本《洪武正韵》比原本《洪武正韵》多了平声"微"、上声"尾"、去声"未"和入声"术"四个韵。然而,《洪武正韵》八十韵本刊出后,韵书的修订并未完全了结。《太祖实录》洪武二十三年十月条曰:

> 戊寅,诏刊行《韵会定正》。时《洪武正韵》颁行已久,上以其字义音切未能尽当,命翰林院重加校正。学士刘三吾言:"前太常博士孙吾与所编韵书,本宋儒黄公绍《古今韵会》,凡字切必祖三十六母,音韵归一。"因以其书进。上览而善之,赐名曰《韵会定正》,命刊行焉。②

《韵会定正》早已不存,现今我们无法得览其详,明末清初版本学家钱曾(1629—1701)在其《读书敏求记》的"韵书"类中有介绍说:该书平上去声各二十五韵、入声十三韵,"反切不用沈约韵母,时露西江土

---

① (明)吴沉:《洪武正韵序·洪武正韵》,中国国家图书馆藏本,明初刻本,第1—2页。
② 台湾中研院历史语言研究所校勘:《明太祖实录·明实录》,中研院历史语言研究所1962年版,第3064—3065页。
《洪武正韵》四库全书提要引明代周宾所《识小编》文时,称朱元璋对孙吾与的《韵会定正》"览而善之,更名《洪武通韵》,命刊行焉"。(参见宁忌浮《洪武正韵研究》,第21页。)

音，余未之敢以为允也"。① 孙吾与是江西丰城人，其所编韵书中"时露西江土音"在所难免，朱元璋却"览而善之"，就像此前认可《洪武正韵》初本和重修本一样，下旨刊行。不过，《韵会定正》虽然是洪武年间得到皇上最终认可并诏刊的韵书，然而，其传播与影响却无法与《洪武正韵》七十六韵本相比拟，《韵会定正》其后似乎没有再版，而《洪武正韵》却是一版再版，据张志云统计，从中央到地方，甚至民间书坊，《洪武正韵》的刊行几乎贯穿了明王朝的始终，只不过，由于明朝政府放弃诗赋而以八股取士等原因，使其没能起到统一官韵的作用，反而是在正字规范上起了很大的实效。②

其实，《洪武正韵》的分韵在明朝初年还是颇受重视的，撇开《永乐大典》以《洪武正韵》韵部统字排序不谈，《四库全书洪武正韵提要》引了李东阳《怀麓堂诗话》中的一个案例说明明初朝廷亟欲推广《正韵》的状况，曰："国初，顾禄为宫词，有以为言者，朝廷欲治之。及观其诗集，乃用《洪武正韵》，遂释之。"③ 然而，至15世纪中叶前后，明人已经基本不依洪武韵，陆容（1436—1494）所撰《菽院杂记》卷十云："《洪武韵》分并唐韵，最近人情，然今惟奏本内依其笔画而已。至于作诗，无间朝野，仍用唐韵。"④ 至于明末崇正年间，杨时伟撰《洪武正韵笺》，诸多文人纷纷为其写序，在陈继儒的序言中有句云："沈韵不用之古诗，不用之骚赋，而独用于近体律，何也？《正韵》用之章奏，用之应制，而独不用之近体律，又何也？"在张世伟的序言中，首句便言："诗之舍《正韵》而从沈韵也，世皆习而不察也"；而钱谦益在序言中则叹曰："至于《洪武正韵》，高皇帝命儒臣纂修，一变沈约、毛晃之旧，实欲正音之中昭揭同文之义，而今惟章奏锁闱稍用正字，馆选一用叶韵而已，学士大夫束之高阁，不复省视，其稍留心者，则曰：圣祖固以此书为

---

① （清）钱曾：《读书敏求记》，书目文献出版社，1984年版，第22—23页。

② 张志云：《〈洪武正韵〉在明代的传播及其效用》，《中国文化研究》2006年夏之卷，第133—143页。

③ （清）纪昀等：《洪武正韵提要·文渊阁四库全书》（239），台湾商务印书馆1972年影印本，第3页。

④ （明）陆容：《菽园杂记二册》，中华书局1985年版，第111页。

未尽善，此未定之本也。噫，可叹哉！"①

崇祯年间，不唯《洪武正韵笺》有多人明言当时文人写诗都从沈韵，而"不复省视"《正韵》，耶稣会在华传教士金尼阁所编《西儒耳目资》也是对《洪武正韵》尊而不依，推崇沈韵，在《西儒耳目资·列边正谱》的每个罗马字注音下列出了《韵会小补》中的卷张之数，原因是因为"其数尚有可公用者。该《韵会小补》，依《沈韵》排字，《沈韵》诸卷，母母俱同。故知《韵会》之母，并知《沈韵》诸卷之母也"。② 曾经帮助编写《西儒耳目资》的吕维祺本人于崇祯六年（1633年）也编印《音韵日月灯》一书，其序言也感叹世人只从沈韵的现实，曰："我圣祖制为《洪武正韵》，如日月之中天，亦鲜有从者。独斤斤沈韵，尺寸不敢逾。即有疑其非者，亦固曰：姑尔尔。嗟乎，孰正之哉！"③ 金尼阁与吕维祺所言的沈韵实质上就是宋末刘渊之平水韵或曰黄公绍、熊忠《古今韵会举要》的分韵，《西儒耳目资》附有《韵会小补字母目录》，其所列107个韵部与《平水韵》、《韵会》完全相同。金尼阁的前辈利玛窦所编《葡汉辞典》显示，"正音"也即"官话"，金尼阁编纂《西儒耳目资》是为入华的西方传教士学习汉语官话所用，而与金尼阁同期在南京学得汉语官话的耶稣会士曾德昭则认为："如果能像在南京的日常生活中那样完全使用'官话'的话，听起来会非常悦耳舒心。"④

朱元璋下谕编纂《洪武正韵》时曾指责沈约是汉语韵学失正的罪魁祸首，曰："韵学起于江左，殊失正音。"而宋濂则认为："沈约拘以四声八病，始分为平上去入，号曰'类韵'，大抵多吴音也。""江左制韵之初，但知纵有四声而不知衡有七音，故经纬不交而失立韵之原，往往拘碍不相为用。""沈韵以区区吴音欲一天下之音，难矣。"⑤ 然而，到了明末，这种基于江左之音的沈韵却是实实在在地成了官话正音，而相合于明朝开

---

① 四库全书存目丛书编纂委员会编：《洪武正韵四卷》，齐鲁书社1997年影印本，第3—11页。

② 同上书，第600页。

③ （明）吕维祺：《音韵日月灯》，志清堂藏板，1633年版，第5、6页。

④ Álvaro Semedo, *Impero de la China*, Madrid, 1642, pp. 49—50。转译自高田时雄《清代官话の资料について》，《東方學會創立五十周年記念東方學論集》，1997年，第771页。

⑤ （明）宋濂：《洪武正韵序》，载《文渊阁四库全书》（239），台湾商务印书馆1972年影印本，第4页。

国皇帝朱元璋口音的《洪武正韵》则成了被尊而不依，敬而不从的摆设。

五 余论

如前所述，朱元璋在《谕中原檄》和《阅江楼记》等文章中以皇帝之尊对"中原"概念进行了新的阐释，但毕竟传统的观念不是一朝一夕可以轻易改之的，就连他自己也常常沿用"中原"的传统含义遣文造句。洪武九年秋八月，他写了一篇《黄河说》，内曰："尝云：'君天下，非都中原不可。'今中原既平，必躬亲至彼，仰观俯察，择地以居之。遂于当年夏四月，率禁兵四万往视之。"① 又例如，洪武十三年十二月，朱元璋诏谕日本国王，内曰：

> 曩宋失驭，中土受殃。金元入主二百余年，移风易俗，华夏腥膻。凡志君子，孰不兴忿。及元将终，英雄鼎峙，声教纷然。时朕控弦三十万，砺刃以观。未几，命大将军律九伐之征。不逾五载，戡定中原。……②

由此看来，朱元璋的"中原"观也并不是坚定明晰的，单就建都一事而言，诚如张竹梅女士研读《明太祖实录》、《皇明泳化类编》等文献后所指出的那样，直到洪武二十五年，朱元璋才真正停建凤阳城，彻底放弃迁都长安、洛阳等地的打算。③ 是故，朱元璋虽然认为他的家乡就是中原之地，南京是天下的"道里之均"，但他从来都没有明言凤阳话或者南京话就是"中原雅音"，不过，京都的选择势必会影响朝廷相关词臣甚至朱元璋本人对"正音"的指向，这可以从《洪武正韵》初版到重修的时间与朱元璋放弃"中都"定"南京"为京师的时间巧合上看出端倪。洪武八年以前，朱元璋欲以自己的家乡临濠为都，所以将临濠更名为凤阳，并在那里建立"中都"，而合乎朱元璋御制诗分韵的《洪武正韵》即诏刊于这一时期。朱元璋欲以凤阳为都的意愿随《阅江楼记》问世而开始淡漠，并以洪武八年四月《中都告祭天地祝文》宣告终止，洪武十一年，

---

① （明）朱元璋撰，胡士尊点校：《明太祖集》，黄山书社1991年版，第320页。
② （明）朱元璋：《明太祖御制文集》，台湾学生书局1965年版，第85页。
③ 张竹梅：《试论明代前期南京话的语言地位》，载耿振生主编《近代官话语音研究》，语文出版社2007年版，第190—193页。

他正式下诏改南京为京师，并罢去"北京"开封，改回开封府。① 一年后，他下旨修订刊行《洪武正韵》八十韵。宁忌浮先生曾经将《洪武正韵》特别是八十韵本与苏州、南京等吴方言和江淮方言做过专门的比较研究，他认为这种比较研究虽然不是很科学，但大体能得出一个初浅的印象：《正韵》不能代表明初的江淮方言，不能代表明初的南京话，苏州话与《正韵》的相同点比江淮方言还多些。② 这说明《正韵》八十韵本似乎更靠近于被宋濂斥为吴音的沈韵，因为沈韵基于江左之音，且多吴音。随着在南京做皇帝时间的增加，朱元璋势必对南京话变得越来越熟悉，这在洪武二十年他与从小生长于江左地区的朝鲜使臣偰长寿的毫无障碍的语言交流史实中可以印证。于是，洪武二十三年，朱元璋又"以其字义音切未能尽当，命翰林院重加校正"，刊行了《韵会定正》。虽然《韵会定正》"时露西江土音"，但毕竟有八十八韵，至少在韵部数目上更接近了107韵部的平水韵以及《韵会》的分韵。

总之，以上所引相关文献说明，从《洪武广韵》的撰进，到《洪武正韵》的刊印，再到重修并出刊八十韵本，直至另择《韵会定正》替代之，每次都得到了皇上的认可，体现的实际上都是皇上的意志。然而，皇上的意志却也是随着时势的变化而变化的，从拟建凤阳为中都，到定南京为京师，并最终放弃迁都传统中原地区的念头，使得实际的官话正音又回到了基于江左之音的沈韵，而最初基于凤阳音的《洪武正韵》则失去了正韵的功能，只在正字规范上贯穿整个明朝一直发生着效用。明末文人冯玄润问得好，"夫《正韵》之作，裁自圣心，不曰旧音失正，宜重刊定乎？故宋文宪成书作序亦云：洗千古之陋习，定昭代之同文。乃两百年来，犹借口唐律一途以倍同趋陋，何居？"③ 笔者以为，其根本原因就在于朱元璋本人从"建业非中土"到"江左乃道里之均"的观念与意志的转变，至于明成祖迁都北京，则使得官话分离出了南京官话与北京官话的差异，而韵书则只好存古，更以沈韵为则。

近日，笔者有幸读到韩国西江大学图书馆所藏明天顺三年（1459）刻本《月印释谱》卷首所录谚解本《世宗御制训民正音》，其首句"国之

---

① （清）张廷玉等：《明史》，中华书局1974年点校本，第910、978页。
② 宁忌浮：《洪武正韵研究》，上海辞书出版社2003年版，第155页。
③ 四库全书存目丛书编纂委员会编：《洪武正韵四卷》，齐鲁书社1997年影印本，第4页。

语音异乎中国"竟然以谚文注解曰:"中国是皇帝所在之国家,我们'常谈'中所言之'江南'是也"。①《月印释谱》是朝鲜刊印《洪武正韵译训》(1455年)后又一本用谚文注解的汉文谚解著作,当时的中国皇帝已经在北京,但它却以"江南(音)"指代"中国(语音)"与"(朝鲜)国之语音"相比较,这岂不正好说明在朝鲜人看来江左之音就是汉语官话正音?笔者的此一发现尚待另文详考,但足可以为本小文画上一个较为圆满的句号了。

(本节内容作为阶段性研究成果原载于《浙江大学学报》2012年第5期)

第二节 《老乞大谚解》和《无罪获胜》比较研究

1670年,朝鲜司译院为顺应汉语教学的需要,刊印了《老乞大谚解》,内中用韩字(即"训民正音"或曰"谚文")对每个汉字音作了"正音"和"俗音"两种注音。无独有偶,1671年,在华耶稣会刊印了"康熙历案"卷宗《无罪获胜》,内中汉字几乎全部有罗马字注音。韩字和罗马字皆为音素文字,两份几乎刊印于同一时间的汉语注音文献,为我们用它们相互印证当时的汉语官话语音特征,提供了极佳的对音素材。

一 《老乞大谚解》和《无罪获胜》的刊印缘由

《老乞大谚解》,无论是在韩国语言学界,还是中国汉语史界,以及在中韩关系史领域,都是一份备受关注的文献史料。有很多学者从不同的视角对其进行过深入的研究,成果斐然。

目前,学界普遍认为,《老乞大谚解》最早的刊本是首尔大学奎章阁所藏"奎2044号"古籍,印于1670年,其依据是《通文馆志》卷八"书籍条"记载的"内赐《老乞大谚解》(二本,康熙庚戌阳坡郑相国启令芸阁铸字印行)"一句。②然而,该刊本并无序跋和刊记等内容,无从

---

① [朝鲜]李祹等:《月印释谱》(卷一、二),韩国西江大学人文科学研究所1972年影印本,第1页。

② 金指南、金庆门:《通文馆志·国译通文馆志2》,韩国世宗大王纪念事业会1998年版,第19页。

直接了解其刊印缘由。好在其姐妹篇——1677年出刊的《朴通事谚解》（奎1810号，边暹等编）有李聃命所撰序言，文中涉及《老乞大》，曰：

> 世宗（"中宗"之误）朝有曰：崔世珍者，取《朴通事》一册，谚以释之，俾象鞮肄业者，皆得以易知而易学，其于译学实有指南之功。龙蛇之变，书籍尽灰，而崔氏之释从而失其传。学译者多病之。近有宣川译学周仲者，于闾阎旧藏偶得一卷书，曰《老朴辑览》，其下又有《单字解》，亦世珍所撰也。盖汉语之行于国中者，有《老乞大》，有《朴通事》。所谓《辑览》，即汇二册要语而注解者。自得是本，窒者通，疑者解，不啻若醒之呼寐，烛之遇幽。时则左议政臣权大运实提调是院，以译学之未明，华语之未熟为慨然。使舌官边暹、朴世华等十二人，就《辑览》考较证订，作《朴通事谚解》。辛勤致志，过一年始成。①

所谓"龙蛇之变"，应该是指明清鼎革，清人入主中原。从该序言看，崔世珍编著的《翻译老乞大》和《翻译朴通事》当时一度被认为已毁于兵燹而失传，朝鲜司译院急须重新对《老乞大》和《朴通事》注音谚解，以作汉语教材之用。此为刊印《老乞大谚解》的最直接原因。

1745年，司译院重刊了《老乞大谚解》，即现奎章阁所藏"奎2303号"平安监营本。据韩国学者张基槿介绍，该刊本有校正官、前司译院正卞𤊟所写的序言。其序曰：

> ……而《老乞大》是汉语之指南也。字有全清全浊次清次浊之辨，音有正舌正齿半舌半齿之分，非释之以谚则莫得以晓解，此《老乞大谚解》之所以作也。旧有活字印布，而岁月寖久，若干印本几近散佚，又或有古今声音之差殊，学译者病之。今我都提举虚舟金相国课以本业，励以制述，诱掖奖劝，靡不庸极。提举华山洪侍郎亦惓惓于讲明成就，而念谚解之校整重刊为急务。相国既侍郎后生陈达自上，又以关西是译舌所通之地，命印于关西。于是院之惯汉音者相

---

① 李聃命：《朴通事谚解序》，转引自刘荫柏《西游记研究资料》，上海古籍出版社1990年版，第253页。

与辨明字音，考校文义，不数月而工告讫。庶几窒者通，疑者释，七音四声之清浊经纬粗得发明，九州八荒之同文异言亦可类推，其于大小交聘之际辞令之责，必能绰乎有有余矣。……窃惟是解也，收取烂简作为完书获成于积年未遑之余，自今以往，中华正音赖是书而大行于吾东，岂曰小补之哉。①

另据《朝鲜王朝实录·英祖实录》英祖二十一年乙丑六月初四条，以及《承正院日记》英祖二十一年十一月初六日的记载，此刊本于1745年农历六月在平安道（即序言中的"关西"）开刊，当年十一月印毕。从卞煜的序言看，除了原有《老乞大》的谚解印本"几近散佚"以外，汉语"有古今声音之差殊"也是重刊《老乞大谚解》的主要原因。推而言之，此也应该是1670年年初印《老乞大谚解》的主要原因。因为，从崔世珍《翻译老乞大》（1517）至《老乞大谚解》，期间经历了150多年，而且汉满皇朝更替，汉语中汉字读音产生变化，当在情理之中。事实上，根据汪维辉、竹越孝等学者的比对研究，1745年重刊本《老乞大谚解》与1670年刊《老乞大谚解》，以及崔世珍《翻译老乞大》的汉文内容"基本一样，只有少量用字上的差异"，② 它们的主要差别在汉字的音注和谚解上。③ 因此，汉语语音的变化也是促使朝鲜司译院编印《老乞大谚解》的主要原因。

关于《无罪获胜》，以往多为中外关系史学者所关注，虽然罗常培先生曾从语言学的视角对其做过专门研究，只可惜由于当时的政治形势不允许学者研究基督教的相关文献，其论文《"耶稣会士在音韵学上的贡献"补》被临时从已经印就的北京大学《国学季刊》第七卷第二号（1951年7月）上撤下，未得公开发表。④

《无罪获胜》原书名：*Innocentia Victrix*，拉丁文全称 *Innocentia Victrix*

---

① 张基槿：《奎章閣所藏 漢語老乞大및諺解本에對하여》，《亞細亞學報》第一輯，亞細亞學術研究會，1965年，第63页。

② 汪维辉：《朝鲜时代汉语教科书丛刊》，中华书局2005年版，第54页。

③ 竹越孝：《二種の『老乞大諺解』における漢字部分の異同》，古代文字资料馆《KOTONOHA》第28号（2005年3月），第1—8页。

④ 陈辉：《〈无罪获胜〉语言学探微》，《浙江大学学报》（人文社会科学版）2009年第1期，第85—91页。

sive Sententia Comitiorum Imperii Sinici pro Innocentia Christianae Religionis Lata Juridice per Annum 1669，意为"无辜者必胜或曰 1669 年中国大臣会议司法判决天主教无罪"，是来华传教士何大化（R. P. Antonius de Gouvea）等人编写的"康熙历案"卷宗汇编。天主教传入中国后，由于其教义及礼拜聚会等对中国的封建统治造成了威胁，所以屡遭明清政府的禁令和镇压，"康熙历案"就为其中一例。

康熙三年七月（1664 年 9 月），极力反对天主教的士人杨光先（1597—1669，字长公）第三次上呈《请诛邪教状》排教，获康熙帝批准，使得汤若望（Jean Adam Schall Von Bell，1591—1666）等在京耶稣会士被捕入牢，5 名中国奉教官员获罪问斩，其他散居中国各地的传教士也相继被传京城，而后，其中 25 人被遣送广州羁押五年有余，直至康熙十年（1671）得以平反。史称"杨光先教案"，也称"康熙历狱"或"康熙历案"。这 25 名传教士在广州期间，因无法继续传教，只好将时间用于学习汉语和翻译汉籍经典，他们除合作翻译刻印了《中庸》（*Sinarum scientiapolitico-moralis*）和《西文四书直解》（*Confucius Sinarum Philosophus*）等著作以外，"鲁日满等人奉何大化之命写成 *Innocentia Victrix*（《无罪获胜》）"，由中国教徒万其渊在广州刻印成书。①

《无罪获胜》全书共收集了 12 篇"康熙历案"的相关文书，每一篇汉文原文在先，拉丁文译文附后对照，每页双幅，共 44 页，根据文案性质的不同，适用"篆、隶、真、草"四种汉字字体印刷；这 12 篇汉语文卷每个汉字旁都有罗马字注音，包括"上主赫临宣义于世"这一扉页题记在内共用字 2696 个，663 个不同的汉字，447 个不同的汉语语音，其中 9 个汉字有两种读音。据笔者研究，虽然《无罪获胜》的记音方法基本沿用了利玛窦《西字奇迹》（1606 年）的记音体系，但没有表记"义"、"仪"、"拟"、"议"等疑母字的硬颚鼻音 n 或 nh，诸如此类的注音差异说明，清人入主中原后，使北方方系对官话语音产生了更大的影响，这也促使何大化等人利用被羁押于广州的空余时间，编印了这本兼具汉语教科书性质的"康熙历案"案宗《无罪获胜》。②

---

① 赵殿红：《"康熙历狱"中被拘押传教士在广州的活动（1662—1671）》，《澳门研究》第十九期，澳门基金会，2003 年，第 283—287 页。

② 陈辉：《〈无罪获胜〉语言学探微》，《浙江大学学报》（人文社会科学版）2009 年第 1 期，第 85—91 页。

是故，朝鲜司译院和在华耶稣会于1670年、1671年相继刊印《老乞大谚解》和《无罪获胜》，绝非偶然巧合，清人入主中原，导致汉语官话备受北方音系影响，产生变异，此为这两本书籍问世的主要原因。康熙五十四年（1715），敕命李光地等人编撰《音韵阐微》，钦定"正音"，亦当与汉语官话语音产生了变化有关。

二 《老乞大谚解》、《无罪获胜》所记汉语语音的特征

《老乞大谚解》有左右两种谚文注音，但因为没有具体的凡例说明，所以无法直接辨明其左右音具体指代什么语音，不过，根据崔世珍《翻译老乞大》的体例，谚音分左右两种，"在左者即《通考》所制之字，在右者今以汉音依国俗撰字之法而作字者也"；"凡字有正音而又有俗音者，故《通考》先著正音于上，次著俗音于下。今见汉人之呼，以一字而或从俗音，或从正音，或一字之呼，有两三俗音，而《通考》所不录者多焉。今之反译，书正音于右，书俗音于左。"① 以此类推，《老乞大谚解》中的右音应该也是当时汉语的"正音"。至于其左音，胡明扬先生通过比对和分析《四声通考凡例》、《四声通解凡例》以及《老乞大谚解》左音的具体谚文，得出结论：《老乞大谚解》的左音"不合《通考》正音体例，但完全符合《通考》俗音体例"，② 说明《老乞大谚解》的左音实际上就是《翻译老乞大》的左音所标注的《通考》俗音。关于《通考》的俗音，崔世珍在其《四声通解·凡例》中直言："《四声通考》所著俗音或同蒙韵之音者多矣。故今撰《通解》，必参以蒙音，以证其正俗音之同异。"③ 韩亦琦先生通过音韵学的具体比对分析后认为，《老乞大谚解》的左音体系"是14、15世纪（元末明初）流行于北京一带的我国官话音系"④。韩亦琦先生的这一结论与崔世珍自己的陈述，以及胡明扬先生的研究结果吻合一致。因此，我们通过对《老乞大谚解》"右音"与《无罪获胜》的罗马字注音加以互证，并与《老乞大谚解》"左音"、《翻译老

---

① 崔世珍：《翻译老乞大朴通事凡例·原本国语国文学丛林》，大提阁1985年影印本，第625、627页。
② 胡明扬：《胡明扬语言学论文集》，商务印书馆2003年版，第137页。
③ 崔世珍：《四声通解》，载《原本国语国文学丛林》，大提阁1985年影印本，第353页。
④ 韩亦琦：《朝鲜〈老乞大谚解〉研究》，载《语言研究集刊》（1988年第2期），江苏教育出版社1988年版，第205—229页。

乞大》以及利玛窦《葡汉辞典》（1585年）、《西字奇迹》（1606年）等文献的汉字注音加以比较，就能找出17世纪后半叶汉语官话的一些语音特征。

通过这样的比对研究，笔者发现《老乞大谚解》"右音"与《无罪获胜》注音有以下几大声母与声调方面的异同点。

声母的共同点：

1. 硬颚鼻音［ɲ］消失

在《老乞大谚解》中，有"疑"、"验"等疑母字，其左音声母是表示疑母的"ȯ"，音值［ɲ］，但其右音的声母用的是表示喻母的"ㅇ"，是零声母；有"宜"、"迎"等字，左声母有时标注"ȯ"，有时标注"ㅇ"，其右声母皆为"ㅇ"；在《无罪获胜》中，有"义"、"仪"、"拟"、"议"、"仰"等疑母字，除"仰 niâm"字以外，全都用字母 y 注音。这说明，疑母在齐齿呼条件下当时已经基本消失为零声母，与现今的普通话读音一致。

在《老乞大谚解》中，有"月"、"语"、"鱼"、"院"、"悞"、"五"等疑母撮口呼汉字，它们的左音声母是表示疑母的"ȯ"，但右音的声母用的是表示喻母的"ㅇ"；有"远"、"玉"等疑母字，左音声母有时标注"ȯ"，有时标注"ㅇ"，但右声母皆为"ㅇ"；在《无罪获胜》中，有"月 yuě、語 yù、院 yuén、遠 yuèn"和"五 ù"等疑母撮口呼的字，都没有声母。根据黄笑山先生的研究，除了"吾"标注"gu"，或"u"以外，利玛窦所注汉字合口呼前的疑母字都没有辅音字父，"疑母字在撮口呼前，明代官话显然已经混同影喻母而读成零声母了"。[①] 从《老乞大谚解》右音和《无罪获胜》注音看，到了17世纪后半叶，则彻底变成了零声母。

值得注意的是，在《西字奇迹》中，"义"、"仪"、"拟"、"议"等字的注音为 nhi，或 ni 或 i；在金尼阁的《西儒耳目资》中，这些字的注音为 ni 或 i，硬颚鼻音［ɲ］皆时有时无，说明17世纪初，也就是明清

[①] 黄笑山：《利玛窦所记的明末官话声母系统》，《新疆大学学报》（哲学社会科学版）1996年第3期，第100—107页。

更替之际，正是该声母逐渐消失的阶段。①

2. 一些日母字儿［ər］音化

在《老乞大谚解》中，"二"、"耳"、"儿"、"而"等日母字的右音为쉬，而《朴通事谚解》中的右音干脆将声母△改为零声母○，音值［ʌl］；在《无罪获胜》中，"二"、"尔"、"而"等字的注音为"二 l'h"、"尔 lh'"、"而 lĥ"，"lh"是葡语中的一个辅音字母，音值为［ɹ］。这说明，当时这些日母字的声母正在或者已经消失，并且儿音化。

韩国的姜信沆先生在《翻译老乞大》、《翻译朴通事》、《老乞大谚解》和《朴通事谚解》的比对研究中，得出过类似的结论。②

3. 微母字基本消失

在《老乞大谚解》中，有"文、晚、物、问、望、袜、无、亡、万、务"和"微"等传统音韵学上所说的微声母字，其左音的声母都标为"ᄝ"，音值［m̩］，但其右音，这些字的声母"ᄝ"全部变成了表示喻母的"○"，零声母；在《无罪获胜》中，有"文 vên、物 vě、望 vám、无 vû、未 ví、亡 vâm、万 ván、務 vú、聞 vên、微 vî"等字，声母都用"v"表示，与疑母字"外 vái"、云母字"往 vàm"和喻母字"汪 vām"相同，音值［v］。可见，当时的微声母基本上已变成了零声母。

黄笑山先生对利玛窦所撰文献中出现过的汉字注音研究后认为，"就利氏所记的语音而言，微母应该仍是独立的声母。利氏文章中 v 字父的字大部分源自微母，如'望物勿文汶闻问未无'等，而影、云、以、疑声母（后来都变为零声母）的字除了'外'、'往'特殊外，再没有写作 v 字父的了。"③这说明微母字变零声母在明末清初有一个渐变的过程。关于这个变化过程，金基石先生对朝鲜的汉语对音文献进行过专门的比对研究，指出：《洪武正韵译训》（1455）到《四声通解》（1517）时期是微母从半元音向零声母演变的过渡期，《翻老朴》（16 世纪初）时期则是微母

---

① 陈辉：《〈无罪获胜〉语言学探微》，《浙江大学学报》（人文社会科学版）2009 年第 1 期，第 85—91 页。

② 姜信沆：《老乞大・朴通事諺解？ 内字音音系》，《東方學志》（第 18 輯），韓國延世大學校出版部，1978 年，第 61—86 页。

③ 黄笑山：《利玛窦所记的明末官话声母系统》，《新疆大学学报》（哲学社会科学版）1996 年第 3 期，第 100—107 页。

从半元音过渡到元音的完成期。①

声母的相异点：

1. 疑影喻母字的开口呼声母

在《老乞大谚解》中，疑影喻母字的右音都是零声母，除"外"字有时标"ㆁ"，有时标"ㅇ"以外，"我、熬、牙、鹅"等疑母字都从左音的"ㆁ"变成了右音的"ㅇ"；"安、鞍、押、嗳、委、恶"等影母字也从左音的"ㆆ"变成了右音的"ㅇ"；"危、为、爱"等喻母字右音则保留左音的零声母不变。然而，在《无罪获胜》中，除了"外 vái"以外，有"爱 ngái、安 ngān、敖 ngáo、恶 ngǒ、我 ngò、恩 nghēn、额 nghě、偶 ngheù"等字都带有"ng"，音值为软颚鼻音［ŋ］；有"為 guêi、、危 guêi、惟 guêi"等字都带有"g"声母，音值[g]，与利玛窦文献中的罗马字注音几乎一样。这说明当时的朝鲜汉学家所认知的汉语疑影喻皆是零声母，已如现今的普通话；但耶稣会传教士所认知的汉语疑影母字在 a，o，e 等开口音前带有软颚鼻音，喻母字有浊音声母，类似现今的吴越方言。

2. 清浊平声母

按照朝鲜司译院的汉语教科书惯例，汉语全清和不浊不音的声母用单个韩字声母表示，次清用送气韩字声母表示，全浊用双写的紧音声母表示。(如下图所示"洪武韵三十一字母之图")

尽管在 15 世纪中叶，汉语的浊音已经有清音化趋势，《四声通考·凡例》言："全浊上去入三声之字，今汉人所用初声与清声相近，而亦各有清浊之别；独平声之字，初声与次清相近，然次清则其声清，故音终直低，浊声则其声浊，故音终稍厉。"② 不过，《通考》俗音，也即《老乞大谚解》左音仍然用单音声母、送气声母和紧音声母分别表示清、次清和浊音声母，但是，《老乞大谚解》的右音谚文紧音字母全部消失，变成了单写的声母，也就是说浊音清音化了。

与此不同，《无罪获胜》的罗马字注音却仍然保留利玛窦、金尼阁注音体系中的浊平符号"ˆ"，虽说所谓的"清平"、"浊平"实际上是指"阴平"和"阳平"之别，但既然用了"浊"字，让人感觉平声字依然

---

① 金基石：《朝鲜对音文献中的微母字》，《语言研究》2000 年第 2 期，第 30—38 页。
② 申叔舟：《四声通考凡例·原本国语国文学丛林》，大提阁 1985 年影印本，第 623 页。

全濁	全清	不清不濁	全濁	次清	全清	七音	五行	五音
		疑ㆁ이	群ㄲ끈	溪ㅋ키	見ㄱ견	牙音	木	角
		泥ㄴ니	定ㄸ뗭	透ㅌ틈	端ㄷ둰	舌頭音	火	徵
						舌上音		羽
		明ㅁ밍	並ㅃ뼝	滂ㅍ팡	幫ㅂ방	重唇音	水	
		微ㅱ뮝	奉ㅹ뽕	非ㆄ핑	輕唇音			
邪ㅿ쌰	心ㅅ심		從ㅉ쭝	清ㅊ칭	精ㅈ징	齒頭音	金	商
禪ㅿ쎤	審ㅅ심		牀ㅉ쌍	穿ㅊ촨	照ㅈ쟐	正齒音		
		喻ㅇ유	匣ㆅ햡	曉ㅎ햘	影ㆆ힁	喉音	土	宮
		來ㄹ래				半舌	半火	半徵
		日ㅿ싱				半齒	半金	半商

○洪武韻三十一字母之圖

時用漢音以知併於照徹併於穿澄併於牀孃併於泥敷併於非而不用故今亦去之

（该图引自高丽大学出版部1974年所刊《洪武正韵译训》第353页。）

还未彻底摆脱清浊之分。

入声的有和无：

在申叔舟的时代，汉语的入声已经逐渐喉音化，所以《四声通考凡例》说："入声诸韵终声，今南音伤于太白，北音流于缓驰，蒙古韵亦因北音故不用终声"，于是，《通考》俗音即《老乞大谚解》左音"终声于诸韵用喉音全清ㆆ，药韵用唇轻全清ㅸ以别之"。[①] 然而，在《老乞大谚解》的右音中，终声辅音字母ㆆ、ㅸ都消失殆尽，说明此时朝鲜汉学家们所认知的汉语已经没有入声。但是，在《无罪获胜》中，依然保留了利玛窦、金尼阁注音体系中的入声符号"ˇ"，如"法 fǎ、赫 hě、若 jǒ、革 kě"等等，音值 [ʔ]，说明此时耶稣会士们所认知的汉语有入声，不过，已不分 k, t, p 而喉音化。

通过以上对《老乞大谚解》右音与《无罪获胜》罗马字注音的汉语辅音、声调等方面的比较，我们大致可以获知，在17世纪后半叶，官话语音进一步受北音影响而产生变化，如硬颚鼻音、微母字基本消失等；不

[①] 申叔舟：《四声通考凡例·原本国语国文学丛林》，大提阁1985年影印本，第624页。

过，朝鲜汉学家和耶稣会士所记官话有别，朝鲜汉学家记录的官话接近如今的普通话，软腭鼻音、浊音和入声消失，耶稣会士记录的官话则保留了浊平以及入声，接近吴越方言。

三 从《老乞大谚解》、《无罪获胜》注音看清初官话的使用状况

朝鲜司译院为了更好地学习了解汉语的实际使用状况，从15世纪40年代起，就不断地派遣汉学家到北京实地考察汉语官话语音，同时也千方百计寻机求教明清赴朝使团中精通音韵学的中国文人，所以，从《洪武正韵译训》、《四声通考》、到《四声通解》、《翻译老乞大》、《翻译朴通事》，再到《老乞大谚解》、《朴通事谚解》，司译院所编写的汉语教材一直是与时俱进。他们既注重《洪武正韵》等中国韵书所反映的所谓正音，又不忘用于外交沟通的汉语的实用性，记录了北京通行的"时音"和"俗音"。对此，朝鲜弘文馆提学洪启禧在其《老乞大新释序》中写得极为明白，内曰：

> 五方之民，言语不通，先王设四官以通其不通：东曰寄，西曰鞮，南曰象，北曰译。类皆察其风气之高下，齿舌之缓急，适乎时而便于俗而已。天下之生久矣，言语之随方变易、与时异同，固如水之益下，况中州之与外国，其龃龉不合，差毫厘而谬千里者，尤不胜其月异而岁不同矣。……我国古置质正官，每岁以辨质华语为任，故东人之于华语，较之他外国最称娴习。
>
> ……今此新释，以便于通话为主，故往往有旧用正音而今反从俗者，亦不得已也。欲辨正音，则有《洪武正韵》、《四声通解》诸书在，可以考据，此亦不可不知也。……①

无怪乎，胡明扬、韩亦琦等现代学者的《〈老乞大谚解〉和〈朴通事谚解〉中所见的汉语、朝鲜语对音》、《〈老乞大谚解〉和〈朴通事谚解〉中所见的〈通考〉之音》、《朝鲜〈老乞大谚解〉研究》等研究文章得出结论说：《老乞大谚解》的左音是14、15世纪元末明初流行于北京的官

---

① 洪启禧：《老乞大新释序》，载《朝鲜时代汉语教科书丛刊》（一），中华书局2005年版，第105—106页。

话语音,《老乞大谚解》的右音反映的是 16 世纪的北京语音。而金基石、汪维辉等学者则认为朝鲜汉学家们所著录的是当时的北方音,①《老乞大新释》应该是清代前期北京口语的实录。② 而在笔者看来,既然司译院汉学家以通话为主,"适乎时而便于俗"地记录了汉语语音,那么《老乞大谚解》的右音所反映的应该是明清更替后,17 世纪中后期的北京官话语音。

再说耶稣会士所学的汉语官话。耶稣会传教士们为便于在中国、日本、越南等汉字文化圈国家传教,自罗明坚入住澳门起就重视对汉语官话的学习。在罗明坚和利玛窦合编的《葡汉辞典》中,将"官话"和"正音"作为同义词对译"Fallar Mãdarin",并且对每一个汉语词汇都进行了罗马字转写。利玛窦还认为:"官话现在在受过教育的阶级当中很流行,并且在外省人和他们所要访问的那个省份的居民之间使用。懂得这种通用的语言,我们耶稣会的会友就的确没有必要再去学他们工作所在的那个省份的方言了。"③ 根据鲁国尧、杨福绵等学者的研究,利玛窦所学的官话是南京官话,④ 其所注的官话语音有很多南方音系的特征,"很有可能是明朝南京地区所讲的官话"。⑤ 所以,选取南京地区的官话作为汉语学习的对象后来几乎成了在华耶稣会的传统,他们所留下的汉语注音文献基本是南京地区的官话语音。

继《西字奇迹》(1606 年刊)后,耶稣会士所撰的重要汉语文献是金尼阁的《西儒耳目资》(1626 年刊),在《西儒耳目资》中,金尼阁将"洪武韵"放在表面上作摆设,自序言其书"一禀《正韵》",⑥ 但其注音所依从的实际上是当时的南京地区的官话语音。他在该书的"列边正谱

---

① 金基石:《朝鲜对音文献中的微母字》,《语言研究》2000 年第 2 期,第 30—38 页。
② 汪维辉:《朝鲜时代汉语教科书丛刊》(一),中华书局 2005 年版,第 104 页。
③ [意]利玛窦、[比]金尼阁:《利玛窦中国札记》,何高济、王遵仲、李申译,广西师范大学出版社 2001 年版,第 30 页。
④ 鲁国尧:《研究明末清初官话基础方言的廿三年历程》,《语言科学》2007 年第 2 期,第 3—22 页。
⑤ 杨福绵:《葡汉辞典·罗明坚和利玛窦的〈葡汉辞典〉——历史语言学导论》,《葡汉辞典》,旧金山大学利玛窦中西文化研究所、葡萄牙国家图书馆、东方葡萄牙学会 2001 年版,第 129 页。
⑥ [比]金尼阁:《四库全书存目丛书·西儒耳目资三卷》,齐鲁书社 1997 年版,第 549 页。

问答"中答"中士"之问"先生边正之列从何能治音韵之乱乎"时，说："盖《洪武正韵》者，天下通用之书也。《韵会小补》者，译义较诸家独详。旅人宝之，以发我蒙。但其表以'小补'，谦也。余尝谓其书称谓大全可矣。""该《韵会小补》，依《沈韵》排字，《沈韵》诸卷，母母俱同。故知《韵会》之母，并知《沈韵》诸卷之母也。"① 金尼阁在每个汉字的罗马字注音下注明该字在《韵会小补》的卷张和页码，目的是为了让读者明白该字"沈韵"的读音。"沈韵"者，江左之音也，也可以说是南京地区的汉语语音。

与金尼阁一起在南京学过汉语的另一位耶稣会士曾德昭（Alvaro Semedo，1585—1658）在其《大中国志》中对官话作了专门的介绍，说："如能像在南京日常生活中那样完全使用'官话'的话，听起来会非常悦耳舒心。"② 后来，西班牙多明我会修士万济国（Francisco Varo）的《华语官话语法》（1682年完稿、1703年刊印）、耶稣会士李明（Louis-Daniel le Comte）的《中国近事报道（1687—1692）》（1696年刊）都有类似的介绍。万济国认为"要想说好汉语，我们必须观察中国人如何发音，说出每个词。当我在此说到中国人的时候。我指的是那些熟通南京话的人；南京话是官话，也是中国所有其他方言的始祖……而北京和山东的方言略有不同。我们的词表完全是根据南京话来编的。"③ 李明认为："（在整个王朝通用的，并普遍在各处都听得懂的官话）说话的声音相当悦耳，尤其在南京省，那里的声调比任何其他地方都好听，许多声调在那里发为不同的声，差别十分细微，外国人是难以觉察的。"④ 因此，笔者以为，耶

---

① ［比］金尼阁：《四库全书存目丛书·西儒耳目资三卷》，齐鲁书社1997年版，第600页。

② Álvaro Semedo：*Impero de la China*，Madrid，1642，pp. 49—50. 转引自高田时雄《清代官話の資料について》，《東方學會創立五十周年記念東方學論集》，1997年，第771—784页。

③ ［西］弗朗西斯科·瓦罗：《华语官话语法》，姚小平、马又清译，外语教学与研究出版社2003年版，第181页。

据日本学者古屋昭弘的研究，《官话文典》（即《华语官话语法》）文末所附"Brevis Methodus Confessionis Instituendac"（听解神父之例文集）所用罗马字表记与金尼阁《西儒耳目资》之罗马字注音大同小异。（参见古屋昭弘《清代官話の一資料ヴァロ·グレモナの〈聴解神父の例文集〉》，《中國文學研究》第17期，1991年12月。）

④ ［法］李明：《中国近事报道（1687—1692）》，郭强等译，大象出版社2004年版，第168—169页。

稣会士们所认知的汉语官话是南京官话,《无罪获胜》罗马字注音所反映的应该是明清更替后,17世纪中后期的南京官话音。

综合以上朝鲜司译院的汉语教材和来华耶稣会士所编汉语注音文献所反映的官话语音,我们不难得出一个结论,当时的汉语官话应该有三个标准。一个是理论上的,两个是具体应用性的。理论上的就是《洪武正韵》的读音,但是,正如崔世珍所言:"逮我皇明一以中原雅音厘正字音,刊定《洪武正韵》。然后,字体始正,而音学亦明矣。然而,词家声律之用一皆归重于《礼部韵略》而不从《正韵》者,何哉?今见宋朝黄公绍始袪诸韵讹舛之袭,作《韵会》一书,循三十六字之母以为入字之次,又类异韵同声之字,归之一音,不更加切?览者便之。"① 当代音韵学家们已基本公认《洪武正韵》是一部理论与实践相脱离的韵书,即便在明朝都鲜有从者,更何况明清更替后的17世纪后半叶。两个应用性的标准或曰样板则是朝鲜司译院所推崇的北京官话和耶稣会士们所推崇的南京官话。朝鲜司译院注重北京官话是因为"事大"外交的实用性,而来华耶稣会注重南京官话则是因为传教所需的广泛性和通用性。18世纪中叶,精通汉语音韵学的日本僧人无相文雄曾经撰写刊印《三音正讹》(1752年刊),内中有曰:"其中原所用之音有二类,官话之与俗话也。俗话者,平常言语音也。官话者,读书音此之用。其官话亦有二,一立四声,唯更全浊为清音者是;一不立入声,不立浊声,唯平上去,唯清音者,谓之中州韵,用为歌曲音。二种通称中原雅音,支那人以为正音。"② 无相文雄所描述的两种官话正音特征正好就是《老乞大谚解》和《无罪获胜》分别反映的官话正音特征,可见无相文雄所介绍的官话状况也是17世纪中后叶中国的官话使用状况。

至于南京官话和北京官话地位孰高孰低的问题,许明龙、何九盈等先生都注意到了远赴法国的中国人天主教徒黄嘉略(教名Arcadio,1679—1716)与另两位法国汉学家弗雷莱(Nicolas Fréret,1688—1749)、傅尔蒙(Etienne Fourmont,1683—1745)合编的《汉语语法》(1716年完稿)。限于篇幅,笔者在此不再展开讨论。该部《汉语语法》书稿明确指出:官话又称正音,是一种全国通用的口头语言;最佳的官话发音是南

---

① 崔世珍:《韵会玉篇》,韩国国立中央图书馆藏本,1536年版,第1页。
② 无相文雄:《三音正讹》,出版者不详,1752年版,第22页。

京，北京也还可以，但两地的发音略有差异。同时黄嘉略还认为，中国的官话形成于明朝，由于南京是明朝首都，所以，官话是以南京话为基础，吸收其他北方方言而形成的。后来，弗雷莱又撰文指出：官话的中心是南京，北京宫廷里的人虽然逐渐习惯了北京话，但是文人们认为北京话有较多的粗鲁成分，因而不予好评。[①]

总之，通过对17世纪70年代初《老乞大谚解》和《无罪获胜》这两篇东西方汉语对音文献的比对研究，并结合当时朝鲜汉学家和西方耶稣会来华传教士关于汉语的论述，我们大致可以得出结论：明清更替后，北方音系对汉语官话产生了更大的影响，除理论上的《洪武正韵》标准以外，在中国人的实际生活中，有两个通行的官话标准或者说官话样板。一个是流行于北京地区的北京官话，有全浊变清、入声派入三声等特点；一个是通行于以南京为中心的更广大的地区，有保留浊平、入声喉音化等语音特征。

（本节内容作为阶段性研究成果原载于2010年"《老乞大》、《朴通事》的语言"国际学术研讨会论文集）

第三节　徽班何以进京成国剧

相对于来自西洋的话剧、歌剧而言，中国人常将京剧称为国剧。京剧者，并非真的是英语所说的Peking Opera——北京之戏剧，它是由二百多年前徽班进京后发展而来的剧种，原本只是活跃在安徽、江浙一带的地方戏罢了。这大概算是中国人的常识。其实，在徽班进京之前，早就有秦腔和京腔占领着京城的演艺舞台。秦腔传承自古都长安，京腔则是融入了北京方言的弋阳戏。然而，自从1790年乾隆皇帝八十寿庆，"三庆"、"四喜"、"和春"与"春台"这四大徽班应召入京为皇帝祝寿演出后，秦腔和京腔便被"鹊巢鸠占"，徽班逐渐融合二簧、昆曲以及京秦二腔，日益壮大，发展成了后来的所谓京剧。

南方的徽班为什么能被召入京城并进而发展成为中国的第一大剧种，乃至被称为国剧呢？

[①] 许明龙：《黄嘉略与早期法国汉学》，中华书局2004年版，第134、150、151、233页。

有人说，是因为徽班艺人有包容性，善于汲取融合其他剧种之长，磨炼出了一种占了大半个中国和五十多个剧种的戏曲声腔——皮黄；有人说，是因为乾隆皇帝偏好江南的经济与文化的发达，尤其是偏好扬州，他六下江南，都驻跸扬州，而扬州乃南方戏曲演艺之中心，地方官员、盐商和显贵都喜欢组织徽班、昆腔等演出，迎驾款待皇上，深得皇上的欢心，所以乾隆八十寿辰时，徽班被召入京城贺寿演艺，这便有了发展成京剧的机遇。我觉得这些说法都有一定道理，但都没能根本性地回答问题。因为，徽班之所以能被乾隆皇帝及其周围大臣官员所青睐，在其被召入京城之前，肯定已经有某种东西契合了皇帝和士大夫们的内心需求，迎合了皇城根百姓的某种需要，这样才有可能被召京城，立足京城，发展壮大。

明清之际，朝鲜每年都派遣使臣到中国朝贡，这些使臣被称为"朝天使"，后来又改称为"燕行使"，意即出使燕京的使臣。他们中有许多文人都留下了出使北京的见闻录，人称《燕行录》。在这些《燕行录》中，不乏关于当时北京城戏曲演艺之描写和介绍。最近，复旦大学葛兆光先生梳理了清代道光年间朝鲜燕行使对北京演戏的记载，撰文《不意于胡京复见汉威仪》，发表于《北京大学学报》。文中指出：朝鲜使者"仔细观察并加以想象，发现梨园戏曲的妙处，竟然是大清帝国里汉族人保存的族群历史记忆，按照他们的想象，保存历史记忆的一个途径，就是在满清帝都的戏台上公然穿大明衣冠招摇过市"；他们"更愿意同情地相信，戏台上的衣冠是汉族人保存族群记忆的迂曲方式"。依照朝鲜使臣的这种观察与想象，清代乾隆道光年间，穿戴传统汉人衣冠的汉人戏曲之所以能在北京兴盛，是因为迎合了汉人怀旧的情结，江山被清人所占，京城的汉人官僚和百姓只好通过这种戏曲的方式来慰藉失落的记忆。不可否认，朝鲜使臣的这种推测很是在理。不过，葛兆光先生在文末提出了一个疑问：大兴文字狱的清廷为何能够容忍戏台上的"汉威仪"，并且，清朝王公贵族还热衷于观看呈现了"胡汉冲突"的各种戏剧？而笔者则进而要问：为何当时北京有那么多汉人的戏曲，诸如秦腔、京腔之类，但唯有徽班独大，发展成了京师之戏剧——京剧呢？

笔者的推测是因为语言问题。因为徽戏的唱词和道白其发音接近南京官话，而南京官话远比北京话更接近于当时的韵书所规定的正音标准，这刚好迎合了清廷想要推广官话正音的需要。在具体展开笔者的推测之前，我们不妨先来看看满清皇朝入主中原后，他们是如何对待汉人的文化礼乐制度的。

　　朱元璋为推翻元朝的统治，曾经发布过一个北伐宣言《谕中原檄》，内中托古人之口说了一句当时坊间传诵的话："胡虏无百年之运。"最近，袁腾飞先生在其《历史是个什么玩意儿》（上海锦绣文章出版社，2009）上引用了此话，并解读说：少数民族如果入主中原，就势必面临两个选择：汉化或不汉化，但其结果都是完蛋。比如像匈奴、鲜卑、羯、氐、羌一入中原都汉化了，隋唐王朝都有这鲜卑的血统，鲜卑民族就没有了；满洲人实际上汉化了，还有几个满族人会说满语，认得满文的？蒙古人不汉化，90多年后回草原放羊去了，那么落后的经济文化没法统治这个人口众多、经济和文化发达的地方。袁先生的此番解读虽然有大汉沙文主义之嫌，但也不无道理。清人入主中原后，吸取蒙古人的教训，除了服饰和发辫外，确实学习了很多汉人的理念，承袭了许多明代的文物典章制度，其中包括语言政策。司马光说："备万物之体用者，无过于字；包众字之形声者，无过于韵。"所以，在明朝，朱元璋于洪武八年颁布了一部《洪武正韵》，其子永乐皇帝则非常重视官员能否说官话。有个出生于福建的进士林廷美虽然仪表堂堂，满腹经纶，但因不会说官话，被永乐皇帝打发到山东某地去做了知州。与此相映成趣的是，清朝的康熙皇帝坐稳龙椅后，同样也让翰林们编纂了一部作为正音标准的韵书《音韵阐微》，而他的儿子雍正皇帝也嫌来自广东、福建两省的官员不谙官话，专门下谕要求此两省籍贯的官员认真学习官话正音，以利于上能奏对朝廷，下能通晓民情。

　　那么，什么是康熙乾隆年间的官话正音呢？毋庸说，理论标准当然是《音韵阐微》，莎彝尊在编写官话教科书《正音咀华》（1853年）时说："遵依钦定《字典》、《音韵阐微》之字音即正音也。"也就是说，《康熙字典》和《音韵阐微》所标定的语音就是官话正音。不过，他又说："古在江南建都，即以江南省话为南音"，"今在北燕建都，即以北京城话为北音"，官话有"南音"和"北音"之分。现今学界对明清官话以什么地方的方言为标准的问题，颇有争议。有人认为是以北京话为基础方言或标准音，有人认为是以南京话为基础方言或标准音，也有人认为根本就没有过具体的基础方言。但有一点却是不争的事实，朝鲜王朝为了与明、清皇朝打交道，编印过汉语教科书《老乞大》和《朴通事》的许多种谚解（即用朝鲜谚文字母注音和注释）的版本，这些谚解本基本上都有左侧注音和右侧注音。左音代表《洪武正韵》等韵书中汉字的读音，右音代表当时官话的实际语音。左音的特点是声母分清浊、声调有入声，而右音则不分清浊、没有入声。乾隆年间朝鲜司译院刊印过《朴通事新释谚解》（1765年）和《重刊老乞大谚解》（1795年），都是这种体例。日本江户时代的汉学家、僧人无相文雄在其《磨光韵镜》（1744年）和《三音正讹》（1752年）中也说：官话有二种，通称中原雅音，中国人认为就是正音，一种"更浊音悉为清，更入声作或平或上去者"，另一种"虽清浊混，存入声"。如此，以当时中朝日三国的汉语音韵学家之文献记载看，清朝乾隆道光年间，官话正音有两个或者说三个标准。一个是理论上的，见诸于韵书；一个是实际生活中所通行的样板，分南京音和北京音，南京音有入声韵，比北京音近似韵书音。

"正音"居然有两三个标准，那岂不混乱？不会，因为它们各有分工，各司其职，就好比京剧中的念白，"京白"和"韵白"在同一舞台上并存，并不影响观众的欣赏。"京白"，接近于北京话，多用于花旦、小花脸等扮演的社会底层人物和反面角色。"韵白"则是所谓的"湖广楚语"，也就是安徽中西部与皖鄂交界太湖、广济一带的语言，接近于南京官话，主要用于小生、老生、老旦、青衣等扮演的上层社会人物和正面角色。笔者认为，乾隆年间，在中国人的实际语言生活中，包括帝王和朝廷命官在内的上流社会崇尚的应该是南京官话。有一例可以为证，那就是乾隆皇帝到杭州后为下天竺寺和中天竺寺赐名并题匾额。据有关史料记载，乾隆二十七年（1762），乾隆皇帝到杭州游览下天竺寺，亲题匾额"法镜寺"，三年后，他游览中天竺寺，赐名并题匾额"法净寺"。原名为下天竺寺和中天竺寺的两个寺刹紧密相邻，都位于天竺山下，根据地势的高低，人们原本很容易区别称呼。然而，乾隆将它们改名"法镜寺"和"法净寺"后，如果以当时的北京音或现在的普通话，"法镜寺"和"法净寺"发音完全相同，根本就无法区别。不过，如果以当时的南京官话念"法镜寺"和"法净寺"，则能够很清楚地区别之，因为"镜"是"见"声母，发音[kiŋ]，而"净"是"从"声母，发音[ts'iŋ]。显而易见，乾隆皇帝以及与其一同下江南的大臣，包括陪同他游览杭州天竺寺的地方官员，使用的都是南京官话。否则，乾隆皇帝即便极端专制和愚昧，也不太可能将相处同一个山脚下的两座寺院改名为发音完全相同的寺名，人为地导致称呼上的混乱与不便。

乾隆的儿子嘉庆皇帝也是个戏迷，反映嘉庆年间宫内戏剧事务的档案史料南府《旨意档》有一些嘉庆皇帝关于演戏声腔和道白的口谕记录。嘉庆七年八月十六日旨："《快活林》马双喜嘴里又说西话，久已传过，不许说山东、山西等话，今日为何又说？本当治安宁、约勒巴拉斯、马双喜不是，孤念尔等差事承应的吉祥，故饶过尔等，吉吉祥祥回去，若再要故犯，必重重治罪"；十一月二十三日旨："于得麟胆大，罚月银一个月，旨意下在先，不许学侉戏，今《双麒麟》又是侉，不治罪你们，以后都要学昆弋，不许侉戏"（见王政尧《清代戏剧文化史论》，北京大学出版社，2005）。正如王政尧先生在书中所言："侉戏"又称"侉腔"，也称"乱弹"，"泛指时剧、吹腔、梆子、西皮、二黄等"异乡的地方戏。明末清初的小说《醒世姻缘传》中有句曰："口里说着蛮不蛮侉不侉的官话，做作那道学的狭腔。""蛮"者即"南"，"侉"者即"北"，也就是"南腔北调的官话"。然而，嘉庆皇帝鼓励演员们"都要学昆弋"，但不许他们在戏台上演秦腔戏以及使用山东、山西等本属北方官话方言区的语言，这同样也有助于我们发现清朝宫廷官话的端倪。

　　北京大学的何九盈先生在其《汉语三论》（语文出版社，2007）中论述明清时代南京官话和北京官话问题时，分析说：直到道光年间，南京话仍然风头颇健，南京话比北京话受重视的关键是文化问题，文化问题后面是经济问题，在经济和文化上，处于江南要地的南京胜于北京，"南京官话能不赛过北京官话吗！"由此笔者以为，这也正是康熙和乾隆多次下江南，并喜欢观看扬州的昆曲和徽戏演出的主要原因，同样也是徽班被召入北京献演，深得上至皇帝下至百姓喜欢的主要原因。因为，徽戏所使用的道白和唱词发音最接近于当时上层社会实际通行的官话语音，能为大部分观众所接受。也正是因为南京官话的地位要高于北京官话的缘故，所以，在京剧的念白中，上等人和正面人物使用接近南京官话的"韵白"，而下等人和反面人物则使用接近北京自然语言的"京白"。那些远离南京，生活于北京的官僚士大夫们身处的是北京话的语言环境，尤其是清朝的王公贵族们更是"胡言乱语"，在没有录音机、收音机和电视机等音像传媒介质的时代，欣赏徽戏及后来的京剧便成了他们学习和掌握官话正音的最佳手段和途径，其作用相当于现今的人们听广播和看电视，电台和电视台字正腔圆的普通话播音无疑是学习普通话的最好摹本。事实上，如果将一些京剧名段录音与乾隆年间朝鲜的汉语教科书汉字注音进行比较，就能发现京剧中的韵白非常近似这些教科书中的左音，即汉语的韵书音。可见，京剧就是活生生的官话样本，且包括了南京、北京两种官话。可能就是这个原因，大兴文字狱的清廷容忍了戏台上的"汉威仪"，而徽班则因此得以进京，合流秦腔汉调与昆曲，壮大成了京剧，独领风骚于京城和大江南北，甚至"京剧"一词，还成了福建某些地方方言中官话"正音"的代名词。复旦大学周振鹤先生写过一篇名为《正音与正音书院》的文章（《逸言殊语》，上海人民出版社，2008），文章不长，仅两段，第一段如下：

> "正音"一词如果用厦门方言来念，是京剧的意思。当然现在的厦门青年已经不知道有这层意思，他们称京剧就叫京剧，只不过将普通话的发音改成厦门话的发音就是。但是在我小时候，也就是四五十年代之际，大人们是将京剧称作正音的。原因恐怕不是别的，就是因为京剧的唱与白用的都是京腔，京腔音正，故称正音。所以"正音"的原意是指标准音，以与方言的发音（方音）相区别。

20 世纪 40 年代，乃民国时期，全国通用语已经以北京音为标准，称为"国语"、"国音"，而首都则在南京（陪都重庆），所以，那时的厦门方言还用"正音"代指"京剧"，说明"正音"一词还残留着清代的词义。周先生写这篇文章的目的其实也是为了叙述清朝雍正年间的事情。他说：雍正六年，皇帝下令创办正音书院，让广东、福建等地的官员学习官话正音。福建省几乎各县都设立了正音书院，但到雍正死后，正音书院逐渐失去了其原初的功能，被改作他用，至道光年间，各县专教官话的正音书院均已相继停办。

道光年间，恰恰正是徽班发展成京剧的壮大时期，也流行于福建、广东两省，被称为"正音戏"和"外江戏"，而在这个时候，福建各地专教官话的正音书院却相继停办了，这难道仅仅是一种巧合吗？会不会是因为"正音书院"有了"京剧"这个替代品，从而完成了其历史使命呢？徽班入京发展为京剧，并风行于大江南北，似乎成了普及官话的一种有效媒介。

（本节主要内容曾以《巧借官话：徽班"变脸"京剧》为题发表于《中国社会科学报》2011 年 2 月 1 日第 8 版语言学专栏。为保留原文随笔的风格，引文出处直接写于其后，不出脚注）

下 篇

第一章　朝鲜与汉语官话

朝鲜因其文化渊源、地理位置等原因，在处理与其周边国家和民族的关系时，秉承孟子的"交邻之道"，"事大"中国，"交邻"日本等周边小国，以图国家的安定与发展。李成桂在还未自立为王时就认为："以小事大，保国之道。我国家统三以来，事大以勤。"① 他在1392年7月推翻高丽自立为朝鲜国王后，便立即派使臣到南京，征得明太祖朱元璋认可，建立了朝鲜朝；次年9月，他沿袭高丽朝通文馆的体制，"置司译院，以习华言"，② 后又在司译院中分设汉蒙倭清四学，通过科举中的汉吏科等科考选举，配置六百多名文官职员，以"专掌事大交邻之事"。③ 太宗九年（1409），朝鲜又将"掌事大交邻文书"的"文书应奉司"改制扩员，并在第二年进一步更名为"承文院"，不仅让其负责处理与中国的往来文书，而且陆续增设汉吏学官、实学官等官职，负责王廷文官们的汉语吏文之培训学习事务。④ 司译院和承文院为培养汉学人才，做好"事大"工作，可谓与时俱进，密切跟踪汉语的变化发展，编撰和修订了大量汉语教材、辞典、韵书以及汉文典籍谚解本，为我们今天研究明清官话的发展史留下了一大批丰富翔实的文献史料。

第一节　朝鲜人学习汉语的与时俱变

对于汉语的学习掌握，朝鲜人是颇为自负的。朝鲜英祖三十七年（1761），弘文馆提学洪启禧在其为《老乞大新释》所写的序言中有曰：

---

① 国史编纂委员会：《朝鲜王朝实录》（一），探求堂1986年影印本，第11页。
② 同上书，第50页。
③ 金指南、金庆门：《通文馆志·国译通文馆志1》，韩国世宗大王纪念事业会1998年版，第1页。
④ 洪凤汉等：《增补文献备考》，韩国明文堂1985年影印本，第586页。

"我国古置质正官，每岁以辨质华语为任，故东人之于华语，较之他外国最称娴习。"① 除了由司译院和承文院的官吏们专门负责研习汉语以完成"事大"中国的任务以外，朝鲜王廷每年还在向中国派遣的使行队伍中安排质正官随行，负责向中国的士大夫咨询汉籍经典的训诂和汉语音韵的变化。不仅如此，当中国赴朝使节中有精通训诂音韵的官吏时，他们也会抓住机会请求帮助校读汉字音韵，修订汉语教科书。朝鲜世宗三十二年（1450），明朝翰林侍讲倪谦（1415—1479）出使朝鲜，朝鲜王廷相关文臣向他求教正音，《世宗实录》闰一月三日如是记载：

> 命直集贤殿成三问、应教申叔舟、奉礼郎孙寿山，问韵书于使臣。三问等因馆伴以见，使臣曰："是何官也？"金何曰："皆承文院官员，职则副知承文院事也。"指寿山曰："此通事也。"郑麟趾曰："小邦远在海外，欲质正音，无师可学。本国之音，初学于双冀学士，冀亦福建州人也。"使臣曰："福建之音，正与此国同，良以此也。"何曰："此二子，欲从大人学正音，愿大人教之。"三问、叔舟将《洪武韵》，讲论良久。②

《世宗实录》闰一月十三日又记载：

> 成三问等质问韵书，至"茄"字，使臣曰："此国茄结子何似？……"③

---

① 洪启禧：《老乞大新释序》，载汪维辉《朝鲜时代汉语教科书丛刊（一）》，中华书局2005年版，第105页。

根据金指南、金庆门的《通文馆志》记载，朝鲜每年除向中国京师派遣冬至使、正朝使、圣节使、千秋使四节使行外，还不定期地派遣谢恩使、奏请使、进贺使、陈慰使、进香使等使行，每次使行一般都配质正官一名。所谓"质正官"，全称"质问从事官"，是"教诲中次第居先者。按《稗官杂记》，旧例别差文官一员随去，谓之'朝天官'，后改曰'质正官'，令承政院抄给吏语方言之未解者注释。而违其官号，填以'押物'。嘉靖乙未始以'质正'填批文。丁酉以后改以'院官'，名曰质问，而随其职为第几从事官。"（参见《通文馆志·国译通文馆志1》，韩国世宗大王纪念事业会1998年版，第20页）

② 国史编纂委员会：《朝鲜王朝实录》（五），探求堂1986年影印本，第165页。

③ 同上书，第168页。

朝鲜成宗十四年（1483）九月，朝鲜国王请明朝副使下令给使节团中的葛贵，要求校正《老乞大》、《朴通事》和《直解小学》的字韵和谚文注释，说："我国至诚事大，但语音不同，必学得字音正，然后语音亦正。"葛贵校正完《老乞大》、《朴通事》后，在阅读《直解小学》时评价说："反译甚好，而间有古语不合时用，且不是官话，无人认听。右《小学》一件，送副使处，令我改正，则我当赍还燕京，质问以送。"① 可见，朝鲜朝上自国王下至司译院官员都非常重视汉语正音官话的语音语汇问题，其各代汉学家们所用的汉语教材是紧随汉语的变化发展而修订改编的，较为忠实地记录了明清官话的变化发展史。

司译院最常用的汉语教材有三种，《老乞大》、《朴通事》和《直解小学》，它们不仅是司译院通事们必读的教科书，被要求能够全文背诵讲解，② 而且，也是质正官们必须掌握的汉语工具书。朝鲜成宗时，司宪府持平李承宁奏请朝鲜国王下令质正官们认真学习这三本书，曰："我国至诚事大，令承文院择年少文臣为质正官学汉语，其法可谓至矣。然为质正官者，不读《老乞大》、《朴通事》、《直解小学》等书，将何以质正乎？请令预读其书，精熟然后赴京。"③

正如朝鲜弘文官提学洪启禧 1761 年在《老乞大新释序》中所言："《老乞大》不知何时所创，而原其所录，亦甚草草。"④ 《老乞大》和《朴通事》最早编写于何时，已无从可考，不过，一般认为，《老乞大》和《朴通事》是高丽时代通文馆所编写使用的汉语教科书，朝鲜初期没做什么改动，就直接被沿用为司译院的汉语会话课本。现今能查到的刊印《老乞大》、《朴通事》的最早记录是朝鲜世宗五年（1423），其六月二十三日（壬申）条曰："礼曹据司译院牒呈启：'《老乞大》、《朴通事》、《前、后汉》、《直解》、《孝经》等书，缘无板本，读者传写诵习，请令

---

① 国史编纂委员会：《朝鲜王朝实录》（十），探求堂 1986 年影印本，第 521、526 页。
② 司译院通过汉吏科科举选拔官吏，有指定考试内容。《通文馆志》记曰："汉学八册：《老乞大》、《朴通事》、《伍伦全备》（以上三册背讲，初用《直解小学》，中间代以《伍伦全备》）、《论语》、《孟子》、《中庸》、《大学》、《翻经国大典》（训导传语，以上五册临讲）。"（参见《通文馆志·国译通文馆志 1》，韩国世宗大王纪念事业会 1998 年版，第 11—12 页。）
③ 国史编纂委员会：《朝鲜王朝实录》（十一），探求堂 1986 年影印本，第 539 页。
④ 汪维辉：《朝鲜时代汉语教科书丛刊》（一），中华书局 2005 年版，第 105 页。

铸字所印出.'从之。"① 从此条记录看，此前的《老乞大》、《朴通事》大约都是抄本。1998年，韩国学者南权熙在大邱发现了一本被认为是迄今发现的最早的古本《老乞大》，南权熙、郑光和梁伍镇等教授认为此书大约刊印于朝鲜世宗朝（1418—1450）。② 此本《老乞大》正如书名所示，用Kitan的蒙语译音"乞大"即"契丹"指称中国，内中的语言明显带有元代北方汉语口语的特征，也就是所谓的"汉儿言语"或"汉儿话"。

朝鲜世宗朝离朱元璋立明已经半个多世纪，离《洪武正韵》颁布也已近五十年，为何司译院还在继续使用并刊印高丽朝通文馆所编的汉语会话教科书呢？笔者以为，要探究其中的缘由，就必须注意当时的时代背景——中国和朝鲜都刚刚经历朝代鼎革。1368年元明更替，定都南京，但在1421年，明成祖又迁都北京；1392年高丽朝鲜更替，不过其王廷官员大多是拥戴李成桂的高丽旧臣。根据《明史》、《高丽史》的相关记载，朱元璋1368年在金陵即位建明后，即派使臣赴日本、高丽、安南、占城四国颁发诏书，诏告该四国君主他已经君临中华，建立大明皇朝。朱元璋的使臣在日本遇到了麻烦，但在高丽，得到了很好的回应。1369年4月，高丽停止使用元朝年号，5月遣使赴明，与明朝建立正式通交关系。其后虽然因铁岭卫领土之争，高丽欲派兵与大明一战，但右军都统使李成桂等将领抗命回师，并借机推翻了高丽王朝，于1392年自立为王，改国号为朝鲜，并立即遣使南京，请求明朝认可。自此，朝鲜与明朝确立朝贡关系，每年使节往来频繁。据统计，仅朝鲜太祖、定宗和太宗前三代国王在位27年间，就向明朝派遣各种使节共计有201次之多。③ 也就是说，在明成祖迁都北京之前，有上百次朝鲜朝贡使到过南京，从理论上而言，应

---

① 国史编纂委员会：《朝鲜王朝实录》（二），探求堂1986年影印本，第546页。
② 汪维辉：《朝鲜时代汉语教科书丛刊》（一），中华书局2005年版，第4页。
关于这本古刊本《老乞大》，日本的金文京等学者合著有日文译著本《老乞大——朝鲜中世の中国語会話》（平凡社2002年版）。在郑光、佐藤晴彦和金文京等三人为日文译著本合写的《解说》中，认为1998年发现于大邱的原本《老乞大》，"从版式、纸质等状况判断，大约刊印于太宗年间（1401—1418）"。笔者以为，从《朝鲜王朝世宗实录》世宗五年（1423）六月壬申条的记载内容看，太宗年间还没有《老乞大》、《朴通事》的刊印本，而世宗十六年（1434）六月丙寅条记载："颁铸字所印《老乞大》、《朴通事》于承文院、司译院。此二书，译中国语之书也。"所以，在大邱发现的原本《老乞大》应该是世宗年间的印本，刊印时间介于1423—1434年间。
③ 杨昭全、韩俊光：《中朝关系简史》，辽宁民族出版社1992年版，第228页。

该对南京的风土人情和语言状况有所了解。遗憾的是，由于当时朝鲜立国不久，朝天使臣又多为擅长与元朝打交道的高丽遗臣，他们在南京也仅仅是短暂的停留而已，所以他们似乎没有十分留意诸如朱元璋钦定颁布《洪武正韵》等明朝初年的语言新政，世宗朝之前的朝鲜前三代国王的王朝实录也没有任何此方面的直接记录，反而倒是有朱元璋责怪朝天使臣不通汉语的记载。

1388年，高丽朝门下左侍中李穑作为贺正正使被遣往南京朝京，李穑恐其回国时李成桂已经自立为王，所以带上了后来成为朝鲜第二代国王的李成桂次子李㬓作为书状官同行。《朝鲜太祖实录总序》有曰：

> 至京师。天子素闻穑名，从容语曰："汝仕元为翰林，应解汉语。"穑遽以汉语对曰："请亲朝。"天子未晓，曰："说甚么？"礼部官传奏之。穑久不入朝，语颇艰涩。天子笑曰："汝之汉语，正似纳哈出。"①

纳哈出（？—1388），蒙古族，元太平路（治所今安徽当涂）万户，曾被朱元璋克太平时俘获并放归元朝。洪武二十年（1387）再次战败后降明，被朱元璋封为海西侯。李穑（1328—1396），曾赴元国子监学习，精通朱子学。朱元璋说李穑的汉语"正似"纳哈出，可见高丽朝鲜更迭前后，朝鲜文人们所学的汉语口语是深受蒙语影响的"汉儿语"。而且，即便是"汉儿语"，在朝天使中精通者亦不多见。

朝鲜太祖六年（1397）三月，权近等朝天使臣从南京回到汉城，带回了朱元璋的敕慰诏书和宣谕圣旨。圣旨赞许了权近，但指令朝鲜国王曰："今后差使臣来时，要通汉人言语的来，不通汉人言语的不许来。"②权近（1352—1409）是高丽遗臣，精通汉文诗赋和儒学，曾于1389年和1391年两度作为高丽使臣赴南京朝奉和谢恩，并多次负责接待明朝派赴朝鲜的使臣，但他也不会汉语口语。洪武二十九年（1396）夏，他随使赴南京，九月十一日入朝，因擅赋汉诗获皇帝敕留文渊阁，与中国翰林应酬三日，获御制诗三篇，赋应制诗二十四篇，然而囿于语言障碍，未能与

---

① 国史编纂委员会：《朝鲜王朝实录》（一），探求堂1986年影印本，第13页。
② 同上书，第101页。

中国的翰林学士作深入的交流，"予每欲抠衣受业，质问所疑，益学其所未知，言音殊异，又无象译，卒莫能成一"。① 这就表明，他也是全靠笔谈才得以与明朝的皇帝和官员进行交流和诗文酬唱的，不过，他已经注意到了朱元璋为重整汉人统治秩序所采取的措施，其《阳村集》有诗曰："皇明四海车书同，驾驭济济皆英雄。""制册新颁周典礼，衣冠复见汉仪章。山河万国同文日，雨露三韩异姓王。"② 有鉴于此，朝鲜文臣曾经建议朝鲜太宗王派遣医、乐、译三学的留学生赴南京留学。太宗不允，曰："今帝多疑虑，本朝人至，必令内竖暗察，不可与元朝混一时比也。"③ 明朝皇帝之所以对朝鲜人颇为警惕，大约与明太祖朱元璋曾经多次下达对高丽人不信任的谕敕有关，《明太祖御制文集》中有连续三篇下给辽东都司官员的谕敕，都论述了对高丽人的不良印象。其一有曰：

朕观高丽之为东夷，余书未详，其性俗备载汉隋唐宋诸史，诚可验也。其巧诈多端，叛服不常，以其轻薄也。当汉隋唐宋大治之时，其高丽未尝不为边患，以招兵伐。今高丽逆贼弑其君，又诡杀朝使及内官人等，不久，遣使饰非，可谓信乎？④

及至朝鲜世宗王时，向明朝皇帝奏请遣朝鲜子弟到中国留学，曰：

仍奏请遣子弟入学曰：小邦僻在海东，人才鲜少，文学一节，传讹承谬，未能精通，深为未便。谨按史册，新罗、高丽自东汉以来至于唐、宋请遣子弟入学隶业。又于洪武五年间，高丽亦尝奏请，钦奉太祖高皇帝圣旨："高丽国王欲令子弟来国学读书，我曾闻唐太宗时，高丽国亦尝教子弟来入学，这是盛事。又想子弟远来习学，或住半年，或住一年，或住年半，要回去，交他回去。虽然听从其便，但为本国远处海东，比至京师，水路经涉，海洋陆路不下一万余里，隔离乡土，为父母必怀其子，为人子必思其亲，此人之常情。恁中书省回文书去，交高丽国王与他臣下每好生熟议。若是那为父母的愿令子

---

① 权近：《韩国文集丛刊7·阳村集》，景仁文化社1996年影印本，第18页。
② 同上书，第47页。
③ 国史编纂委员会：《朝鲜王朝实录》（一），探求堂1986年影印本，第653页。
④ 朱元璋：《明太祖御制文集》，台湾学生书局1965年版，第310页。

弟入学，为子的听受父母之命来学者，交高丽国王差人好生送将来。钦此。"乃因本国，比至南京，经涉海洋，来往艰辛，未曾发遣。臣今窃详北京国子监，或辽东乡学，道路颇近，愿遣子弟读书，未敢擅便，谨具奏闻。①

然而，世宗王的此次奏请仍然未能如愿，据世宗十五年（1433）十二月壬戌条记载，明朝皇帝所给的答复是："欲遣子弟诣北京国学或辽东乡学读书，且见务善求道之心，朕甚嘉之。但念山川修远，气候不同，子弟之来或不能久安客外，或父子思忆之情两不能已，不若就本国中务学之便也。今赐王《五经四书大全》一部、《性理大全》一部、《通鉴纲目》二部，以为教子弟之用。"无奈之下，世宗大王只好召集议政府六曹议商议对策，曰："今来敕书，不允子弟入学之请，自今入学中国之望则已绝。然汉音有关事大，不可不虑。予欲遣子弟于义州，使之来往辽东，传习汉语何如？"世宗大王的提议遭到大臣们的一致反对，他们认为："辽东乃中国一方，语音不正。臣等以为，前所选子弟，使之仍仕司译院，常习汉音诸书。每于本国使臣赴京时，并差入送。如此循环不已，则汉音自然通晓。"②

朝鲜国王及其文臣之所以如此重视汉语语音，笔者以为，与中国当时官方通行的汉语口语的语音发生了变化有很大关系。朱元璋在见李稿时说李稿的汉语"正似纳哈出"，应该不是指其汉语的文法和用辞，而是指语音问题。因为从语法和词汇角度看，当时即便是朱元璋的圣旨，也明显带有深受元代"硬译公牍文体"影响的"汉儿言语"之特征，这在1397年他让权近带回朝鲜的宣谕圣旨中可见一斑，圣旨全文如下：

朝鲜国王，我上出气力。洪武二十一年，尔小国军马到鸭绿江，起将来打这中国。那时节，李（讳）一发回去。如今得了王高丽国，改号朝鲜，自然天道。朝鲜国王至诚。如今两国之间，秀才每戏弄，不直不正。以小事大，事事都要至诚直直正正。日头那里起那里落，天下只是一个日头，慢不得日头。尔那里使臣再来时，汉儿话省的着他来，一发不省的不要来。我这里孙儿，朝鲜国王孙儿做亲肯的时

---

① 国史编纂委员会：《朝鲜王朝实录》（三），探求堂1986年影印本，第513页。
② 同上书，第531页。

节，着他汉儿话省得宰相来。我这里说归他：先来的四个秀才里头，权近看的老实，放回去。这话朝鲜国王说与他。那三个新来的一个饶不得。尔这几个都回去，留下的四个行力，一发都将去。①

读到圣旨中"汉儿话省的着他来，一发不省的不要来"。"着他汉儿话省得宰相来"等句子，不免让笔者联想到原本《老乞大》开场中的一段对白。问："恁是高丽人，却怎么汉儿言语说的好有？"答："俺汉儿人学文书来的上头，些小汉儿言语省的有。"②

具有此类语言特征的朱元璋的诏谕圣旨其实并不在少数，不仅在《朝鲜王朝实录》中可以查到许多零散的朱元璋、朱棣的此类口语圣旨，③而且，在朝鲜司译院为官吏们编写的汉文公文格式教科书《吏文》第一卷中，专门收集了此类明朝皇帝的口语圣旨。崔世珍在其《吏文辑览》（1539年初刊）之《凡例》中说："旧抄《吏文》初卷宣谕圣旨皆汉语，于习吏文无关，故不着辑览，欲习者宜考谚解汉语诸书。"④ 在他看来，《吏文》第一卷的宣谕圣旨是汉语，而非汉文，其语法句型等特征与《老乞大》、《朴通事》等汉语教科书中的相同，所以在编辑《吏文辑览》时将其略去了。也许正是这个原因，现如今已不见《吏文》初卷存世。其实，即便是在《吏文》卷二至卷四以及《吏文续集》中的公文样本里面，也都充满了"汉儿言语"式的词汇和语句，崔世珍的《吏文辑览》除了

---

① 国史编纂委员会：《朝鲜王朝实录》（一），探求堂1986年影印本，第101页。
② 汪维辉编：《朝鲜时代汉语教科书丛刊》（一），中华书局2005年版，第6页。
③ 在《朝鲜王朝实录》中，有很多明初皇帝们的口语圣旨记录，这些口语圣旨都明显带有元末明初"汉儿言语"的特征。例如：世宗二十一年（1439）三月六日（甲寅）条中明太祖宣谕圣旨："我听得女真每在恁地面东北。他每自古豪杰，不是守分的人。有恁去国王根底说，着用心提防者。钦此。"；太宗文皇帝宣谕圣旨："吾良哈这厮每真个无礼呵，我这里调辽东军马去。尔那里也调军马来，把这厮每两下里杀得干净了，抢去的东西尽数还。恁知道了。这已后还这般无礼呵，不要饶了。再后不来打搅呵，两家和亲了罢。钦此。"又如：太宗十七年（1417）十二月二十日（辛丑）条有（永乐）帝曰："难得国王至诚，送来韩氏女儿，好生聪俐。尔回还对国王根底说了。"世祖六年（1460）八月十九日（壬戌）条有永乐帝宣谕圣旨："垒高丽吃他手里着道儿了，恁杀得正好。料着尔那里拾个人敌他一个人，也杀的干净了。这已后还这般无礼呵，不要饶了。""恁回家去和国王说，这野人他的模样是人一般，熊、狼、虎、豹心肠，着好军马，绰他一绰，务要杀了。钦此。"等。
④ 崔世珍：《吏文辑览》，朝鲜司译院，韩国国立中央图书馆藏本"古3116号"木板本和笔写本，刊印年代和地点不详，第1页。

对《吏文》各篇范文中的行文格式、专有名词等作注释以外，有很大一部分就是正对这些"汉儿言语"词汇和语句用汉文作了解释。例如：

根底：犹根前也。

干净了：即净尽也。了，语辞。

东西：方言，凡对象皆谓之东西。

勾当：皆去声，事也。又掌管也。

我上出气力：犹云于我之前用其心力也。

做甚么来了这里：做，成也。甚么，何也。言欲成何事而来。

……

朱元璋不仅给朝鲜国王下达了许多口语圣旨，而且在处理国内事务时也下达过不少口语圣旨。例如，洪武三年（1370）十一月二十六日，朱元璋下了一个关于户籍管理的圣旨，这个圣旨被刊印在了第二年户部下发的户贴上，内容如下：

> 说与户部官知道，如今天下太平了也。止是户口不明白俚。教中书省置天下户口的勘合文簿户帖。你每户部家出榜，去教那有司官，将他所管的应有百姓都教入官，附名字，写着他家人口多少，写得真着，与那百姓一个户帖。上用半印勘合，都取勘来了。我这大军如今不出征了，都教去各州县里下着绕地里去点户比勘合。比着的，便是好百姓，比不着的，便拏来做军，比到其间有司官吏隐瞒了的，将那有司官吏处斩。百姓每自躲避了的，依律要了罪过，拏来做军。钦此。①

洪武六年（1373）九月二十九日，孔子第五十五代孙衍圣公孔克坚记录了他于洪武元年（1368）十一月十四日和二十日两次面奉明太祖朱元璋的经过，内中有朱元璋与他的道白。内容如下：②

明太祖："老秀才，近前来。您多少年纪也？"

孔克坚："五十三。"

明太祖："我看您是个有福快活的人，不委付您勾当，您常常写书与您的孩儿，我看他资质也温厚，是成家的人。您祖宗留下三纲五常垂宪万

---

① （明）汤齐、李日华等：《（崇祯）嘉兴县志》，书目文献出版社1991年版，第351页。

② （明）叶盛：《水东日记》，花山文艺出版社1986年版，第223页。

世的好法度，如何中用？您老也常写书教训者，休怠惰了。于我朝代里，您家里再出一个好人呵不好？"

孔克坚："曲阜进表的回去，臣将主上十四日戒谕的圣旨，备细写将去了。"

明太祖："道与他，少吃酒，多读书，钦此。"

以上这段朱元璋口谕明显呈现元代汉语口语的特征。

又例如，洪武十年（1377）六月廿四日，朱元璋给西番罕东毕里等下了个硬译公牍文体的诏谕，全文如下：

奉天承运的皇帝教说与西番地面里应有的土官每知道者：俺将一切强歹的人都拏了。俺大位子里坐地有。为这般上头，诸处里人都来我行拜见了。俺与了赏赐名分，教他依旧本地面里快活去了。似这般呵，已自十年了也。止有西番罕东毕里、巴一撒他每这火人，为甚么不将差发来，又不与俺马匹牛羊。今便差人将俺的言语去，开与西番每知道。若将合纳的差发认了送将来时，便不征也。若不差人将差发来呵，俺着人马往那里行也者。教西番每知道，俺听得说，你每释迦佛根前、和尚每根前好生多与布施么？道那的是十分好勾当，你每作了者，那的便是修那再生底福有。俺如今掌管着眼前的祸福俚，你西番每怕也那不怕？你若怕时节呵，将俺每礼拜着。将差发敬将来者，俺便教你每快活者，不着军马往你地面里来。你众西番每知道者。①

从以上这些朱元璋的口谕以及硬译公牍文体圣旨不难看出，其语法特征、遣词造句风格等，与《老乞大》的对白基本一致，这说明明代初期白话汉语在文法和用辞上延续了元末的状况，并没多大改变。韩日学者郑光、佐藤晴彦、金文京等也注意到了"汉儿言语"在元代末期的影响力，在他们所写的日译本《老乞大·解说》中，用《新编事文类要启札青钱》中的会话范文举例说明了"汉儿言语"的使用范围之广。《新编事文类要启札青钱》重刊于元代泰定元年（1324）福建的建安刘氏日新书堂，"是中国最古的日用百科全书"。② 内容包括书信文书及人际交往的范文集，

---

① （明）朱元璋：《明太祖御制文集》，台湾学生书局1965年版，第56—58页。
② 《新编事文类要启札青钱》，大化书局1980年版，第1页。

内中《通叙门·问答绮谈》对话中出现的"敢问哥的高姓"、"那般者"、"官人根底"、"久闻哥的名听"等语词同原本《老乞大》没什么两样。①在福建这样的方言比较特殊的南方汉族地区都用原本《老乞大》式的汉儿言语作应酬会话的范本，可以想见，"汉儿言语"在当时的影响力，也难怪朱元璋的许多白话圣旨也是此种风格，尤其是对朝鲜和西南番王们的圣旨采用了"硬译公牍文体"，即朝鲜人所说的"吏文"。目前，语言学家关于此种"汉儿言语"究竟是元代的"共同语"还是中介性的"共通语"，观点不一，不过，以上这些文献史料表明，明朝初年，朝廷至少在一定范围沿用了"汉儿言语"，而这也就是为何朝鲜司译院在1423年还继续使用并刊印原本《老乞大》的原因之所在。当然，朝鲜长达半个世纪没能向明朝派遣留学生，以至于缺少精通汉语口语的人才，无力修订新的汉语教材也是不可忽略的客观原因。有意思的是，《新编事文类要启札青钱》由福建建安的刘氏日新书堂出刊，而朝鲜朝初期至世宗大王时期，朝鲜人自认为他们的汉字读音用的就是福建省音训。朝鲜《世宗实录》录有1439年司谏院的一则上疏，称"我国之人，当其年幼舌本未强之时，皆学福建省音训，迨其年长舌本既强之后，欲同华语，入于承文司译院初终异习，成效为难。今后京中衣冠子弟，八岁以上，皆聚中央一部，自幼至长，皆学正音何如？"② 汉字读音虽然有反切法，有音韵分类的书籍可以参照，然而，汉字音训同若中国福建音的朝鲜既不能派人赴中国实地学习汉语正音，又没有现成的详解汉语官话音韵的书籍可资，于是，发明一种可以注写汉字读音的符号便被提上了议事日程，"训民正音"就此应运而生。

第二节 "训民正音"与《洪武正韵译训》

近一个世纪以来，关于"训民正音"创制的背景、动机、目的、过程和作用的研究，学界尤其是韩国学者已经有非常详尽和系统的研究，发表的论文和出版的著作不计其数，近年尤以郑光的《训民正音的人们》

---

① 郑光、佐藤晴彦、金文京：《老乞大——朝鲜中世の中国語会話》，平凡社2002年版，第374页。

② 国史编纂委员会：《朝鲜王朝实录》（四），探求堂1986年影印本，第238页。

(jnc 株式会社，2006)、姜信沆的《训民正音创制与研究史》（kyungjin-munhwa 图书出版，2010）以及金瑟翁（김슬옹音译）的《世宗大王和训民正音学》（知识产业社，2010）等专著较为系统详尽。金瑟翁先生认为，"训民正音"的问世有政治社会和语言文化两方面的背景、动机和目的性，三纲五常的儒家伦理、国家法令以及农事知识等教化政策的有效性问题是政治社会方面的主要动因，朝鲜王朝初期政局的混乱是次要动因，作为教化以及宣传王朝统治正当性的工具，世宗大王考虑创制了训民正音；而由汉文和吏读所导致的言文不一致的矛盾是语言文化方面的动因，汉文和吏读障碍了朝鲜国内文书的普及，阻碍了朝鲜王廷与下层民众的沟通，加之汉字在朝鲜语中读音混乱也有必要加以整理规范，这样，创制易认易写的字母文字便提上了朝鲜王庭的议事日程，二十八个谚文字母既可以解决民情和政策的上陈下达问题，又使统一汉字的读音成为了可能。[①]

据《朝鲜王朝实录·世宗实录》记载，"训民正音"是由世宗大王亲自创制的，世宗二十五年十二月三十日记曰："是月，上亲制谚文二十八字。其字仿古篆，分为初、中、终声，合之然后乃成字，凡干文字及本国俚语，皆可得而书。字虽简要，转换无穷，是谓'训民正音'。"[②] 其实，关于"训民正音"的创制目的和作用在世宗二十八年（1446）九月颁布《训民正音》时其开篇就写得明白，曰："国之语音，异乎中国，与文字不相流通，故愚民有所欲言，而终不得伸其情者多矣。予为此悯然，新制二十八字，欲使人易习，便于日用耳。"[③] 紧接着，礼曹判书郑麟趾的序言进一步说明如下：

> 有天地自然之声，则必有天地自然之文，所以古人因声制字，以通万物之情，以载三才之道，而后世不能易也。然四方风土区别，声气亦随而异焉。盖外国之语，有其声而无其字，假中国之字，以通其用，是犹枘凿之龃龉也。岂能达而无碍乎？要皆各随所处而安，不可强之使同也。吾东方礼乐文物，侔拟华夏，但方言俚语，不与之同，学书者患其旨趣之难晓，治狱者病其曲折之难通。昔新罗薛聪始作吏读，官府民间，至今行之，然皆假字而用，或涩或窒，非但鄙陋无稽而已，至于言语之

[①] 金瑟翁（音译）:《世宗大王与训民正音学》，韩国知识产业社2010年版，第48页。
[②] 国史编纂委员会:《朝鲜王朝实录》（四），探求堂1986年影印本，第533页。
[③] 同上书，第702页。

间,则不能达其万一焉。癸亥冬,我殿下创制正音二十八字,略揭例义以示之,名曰"训民正音"。象形而字仿古篆,因声而音叶七调,三极之义,二气之妙,莫不该括。以二十八字而转换无穷,简而要,精而通,故智者不崇朝而会,愚者可浃旬而学。以是解书,可以知其义;以是听讼,可以得其情。字韵则清浊之能卞,乐歌则律吕之克谐,无所用而不备,无所往而不达,虽风声鹤唳,鸡鸣狗吠,皆可得而书矣。遂命详加解释,以喻诸人。于是,臣与集贤殿应教崔恒、副校理朴彭年、申叔舟、修撰成三问、敦宁注簿姜希颜、行集贤殿副修撰李垲、李善老等谨作诸解及例,以叙其梗概,庶使观者不师而自悟。[1]

笔者以为,这段文字至少包含了两层意思,第一是说朝鲜语与汉语口语不同,语音不同,很难借用中国的汉字来完美地记写朝鲜口语;第二是说朝鲜虽然礼乐文物等同华夏,应用汉文作为书面语文,但由于言文不一致,对于朝鲜人而言,学习使用汉文以作社交往来的工具并非易事,世宗大王体恤民情,因之而创制了二十八个谚文字母。也就是说,当时的朝鲜,交际的语言工具有两种,一种是朝鲜语,用于口头交流,一种是书面语文汉文,用于文书往来和官方公务之中,这二十八个谚文字母因而也有了两种功能,一是记写朝鲜语,二是给汉文注解音训,即所谓的"谚解"。参与创制"训民正音"的朝鲜文臣成三问认为,有了"训民正音"之后,作为"畏天保国"、"事大中国"的重要手段,学习"训民正音"以及《直解童子习》等汉语教科书后,"则浃旬之间,汉语可通,韵学可明,而事大之能事毕矣。"[2] 可见,创制这二十八个谚文字母的其中一大目的就是用以注释汉文音训以帮助朝鲜人学习汉文之用。事实上,世宗大王创制"训民正音"后所做的第一件事就是命令相关文臣译注中国的韵书《韵会》。世宗二十六年(1444)二月十六日即"训民正音"创制后次月,"命集贤殿校理崔恒、副校理朴彭年、副修撰申叔舟、李善老、李垲、敦宁府注簿姜希颜等诣议事厅,以谚文译《韵会》,东宫与晋阳大君瑈、安平大君瑢监掌其事。皆禀睿断,赏赐稠重,供亿优厚矣。"[3] 我们不得而知后来《韵会》是否译成,

---

[1] 国史编纂委员会:《朝鲜王朝实录》(四),探求堂1986年影印本,第702页。

[2] 成三问:《成谨甫集·直解童子习序》,载《韩国文集丛刊10》,景仁文化社1996年影印本,第191页。

[3] 国史编纂委员会:《朝鲜王朝实录》(四),探求堂1986年影印本,第542页。

但以"训民正音"注写和谚解而成的主要著作即是《东国正韵》和《洪武正韵译训》,前者刊行于1447年,以规范统一朝鲜语中的汉字读音,后者则完全是汉语中的汉字音训,完成于1451年,刊印于1455年。《洪武正韵译训》还被用于朝鲜的科举考试中,世祖二年(1456),礼曹启曰:"译语,事大先务,关系非轻……本曹与议政府、司译院提调,更选年少文臣及衣冠子弟以充元额。所习汉音字样,请以增入'谚文'《洪武正韵》为宗肄习。"① 世祖六年(1460),礼曹又启曰:"《训民正音》先王御制之书,《东国正韵》、《洪武正韵》皆先王撰定之书,吏文又切于事大,请自今文科初场试讲三书,依四书五经例给分,终场并试吏文,依对策例给分。"② 世祖八年(1462),礼曹再启曰:"在先科举时,只用《礼部韵》,请自今兼用《洪武正韵》,译科并试《童子习》。"③ 对于礼曹的这三次提议,朝鲜世祖皆批准"从之"实行。

《训民正音》除了"略揭例义"的《训民正音解例》单行本(现藏韩国涧松美术馆,1962年被韩国政府指定为第70号国宝,1997年被联合国教科文组织认定为世界文化遗产)以外,还有谚解本《训民正音》,最早刊印于1448年,即在申叔舟等为"训民正音"解例之后,但在完成谚解《洪武正韵》之前。④ 现存世的最早的谚解本《训民正音》印于天顺三

---

① 国史编纂委员会:《朝鲜王朝实录》(七),探求堂1986年影印本,第126页。

② 同上书,第400页。

③ 同上书,第539页。

④ 据韩国西江大学国文科郑然粲教授研究整理,谚解本《训民正音》现存的有世祖五年(1459)刊《月印释谱》卷头的《世宗御制训民正音》,现存于西江大学图书馆;有宣祖五年(1572)庆尚北道喜方寺复刻本,内容与西江大学藏本相同;有朴胜彬捐赠高丽大学亚细亚问题研究所六堂文库所藏单行本《训民正音》,除第一张为手抄以外,其余基本与西江大学《月音释谱》卷头本相同;另外,还有日本宫内厅书陵部藏本和金泽庄三郎藏本,日本的两个藏本均为朴胜彬藏本的抄本。(参见西江大学人文科学研究所所编《月印释谱》〈卷一、二〉1972年影印本,第373—389页。)另据该校安秉禧教授研究,朴胜彬藏本补抄的第1张盖有南鹤鸣(1654—1722)的藏书印,依内中韩文语法特征和书写方式,以及藏书人南鹤鸣本人的文学修养,抄写人当是南鹤鸣本人。(参见安秉禧"训民正音之异本"《震檀学报》第42期,1976年8月,第191—198页。)最近,韩国国民大学金主笔(音译)教授研究朴氏藏本第一张的每一句语法特征和古谚文字母书写特征后也认为,南鹤鸣补抄的可能性极大,而且由于夹注、谚解等不同于《月印释谱》卷头本,是对汉文《训民正音》的又一种解译方式,具有重要的学术价值。(参见金主笔(音译)"高丽大学所藏谚解本训民正音的特征与意义",韩国《语文学论丛》第30辑第1号,国民大学语言文学研究所,2011年2月第1—20页。)而韩国高丽大学郑光教授则认为,在西江大学藏本《月印释谱》(1459年)之前,应该还有一个世宗三十年(1448)《月印释谱》的旧卷,内也附有谚解本《训民正音》,因为世宗大王在世,所以没有"世宗御制"这四个字,"世宗"是朝鲜庄宪大王的庙号,朴氏藏本应是与《月印释谱》旧卷主体脱落后的卷头本部本。(参见郑光《训民正音的人们》,韩国jnc株式会社2006年版,第24—28页。)

年（1459）《月印释谱》卷头，它有两个引人注目的特点，一是明确指出了汉语的代表语音；二是在文末专门对汉音的注音谚文作了解释。如下图所示，谚解本《训民正音》第一张对"国之语音异乎中国，与文字不相流通"这一句除了用谚文注音、翻译以外，还对大部分词汇作了解释。

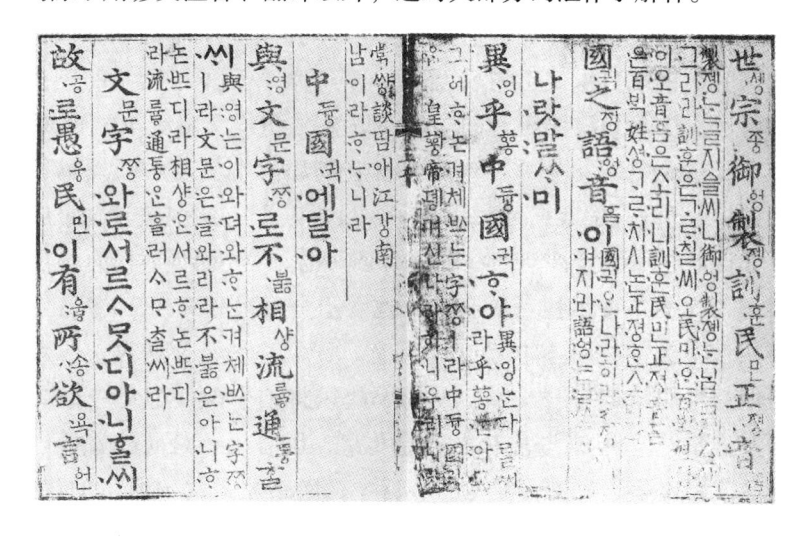

（谚解本《训民正音》第 1 张，西江大学人文科学研究所编《月印释谱》1972 年影印本〈卷一、二〉。）

"国之语音，异乎中国，与文字不相同流通"这一《训民正音》的首句，它的谚解含义为："（我们）国家的话语不同于中国，与文字不能完全相通。"令人称奇的是，在汉文"异乎中国"四个字的后面，对"中国"一词专门作了以下解释："中国"是皇帝所在的国家，我们平常所言的"江南"是也。① 显然，在当时的朝鲜人看来，"江南话"是中国的官

---

① 在当时朝鲜人的日常谈论中，将皇帝所在的国家中国以"江南"一词代称，并不奇怪。据《明史》记载：朱棣于永乐十九年（1421）正月改北京为京师，没过几年，其孙子朱瞻基即皇位后，便欲还都南京，将北京又改称为"行在"，"洪熙初，仍称行在。正统六年十一月，罢称行在，定为京师。"（参见张廷玉等《明史》，吉林人民出版社 1995 年点校本，第 582 页。）《大清一统志》"京师"条，同样记载曰："永乐元年，建北京，称行在。十九年，称京师。洪熙初，复称行在。正统中，始定为京师。"（参见清人穆彰阿、潘锡恩等纂修《大清一统志1》，上海古籍出版社 2008 年版，第 46 页。）也就是说，晚至1441 年，北京才终于被正式认定为皇帝的日常起居地，惯性所然，15 世纪四五十年代的朝鲜人仍将"皇帝"、"南京"、"江南"等概念与大明皇朝相关联代称"中国"，应在情理之中。同时也说明，朱元璋《阅江楼记》中对"中国"、"中原"概念的新解也获得了朝鲜人的认同。

方话语，所以拿它作为汉语的代表与"（朝鲜）国之语音"相比较。无怪乎，申叔舟的《洪武正韵译训》序言说："天子之使至国而儒者，则又取正焉。"根据《朝鲜王朝实录》记载，编译《洪武正韵》时，明朝派赴朝鲜并被申叔舟、成三问一干人请教《洪武正韵》汉字正音的实际上就是南京土生土长的翰林侍讲倪谦。倪谦在朝期间，申叔舟等在陪伴倪谦诗文酬唱的同时，携带《洪武正韵》，逐字向其请教并记下了汉字的正音，倪谦的发音几乎被奉为汉语正音的圭臬，以至《朝鲜文宗实录》1450年十月十日条记载云："司宪掌令申叔舟赍音韵质问事目及中朝教场形制以启。上曰：'音韵，倪谦来时已令质问。虽中朝罕有如倪谦者，今成三问入朝，如遇胜于倪谦者，问之，否则不必问也。'"① 而且，作为《洪武正韵》谚解工作的主要承担者申叔舟，他曾于癸亥（1443年）冬，作为通信使书状官受派前往日本联系交聘事宜，回国途中，遭遇风浪，众人皆惊，但他却反而镇定自若，说："倘因此风得泊金陵，饱见中原文物之盛，不亦快乎？"② 申叔舟常有机会赴北京，但心里还是向往着能赴南京以睹中原文物之盛，可见，在他的心目中，南京才是"中原"的代表地。那么，在他谚译《洪武正韵》时，他会怎样理解序言中"壹以中原雅音为定"中的所谓"中原雅音"呢？《洪武正韵译训》中所标注的汉字正音的性质也就不言自明了。

在谚解本《训民正音》末尾，有别于解例本《训民正音》，专门增加了对汉音齿头音和正齿音谚文区别注写方式：汉音齿声有齿头与正齿之别，ᅎ ᅔ ᅏ ᄼ ᄽ 用于注写齿头音，ᅐ ᅕ ᅑ ᄾ ᄿ 用于正齿音。此外，还指出：牙舌唇喉之字通用于汉音。③ 这说明此本《训民正音》的设计除了

---

① 国史编纂委员会：《朝鲜王朝实录》（六），探求堂1986年影印本，第297页。
其实，在倪谦赴朝被申叔舟、成三问质问汉语音韵之前后，成三问等曾多次随朝天使臣赴北京请教汉韵，倪谦在离开朝鲜回国给成三问赋诗《留别成谨甫》以作纪念时专门附注了一段小文，曰："乙丑，先生赴燕。丁卯，庚午，先生考总管公连，以副使朝天，先生皆随行。似为质汉韵，有朝命也。"（参见成三文《韩国文集丛刊10·成谨甫集》，景仁文化社1996年影印本，第188页。）这说明，倪谦在汉字正音方面的权威性已经完全获得了成三问等《洪武正韵译训》编纂者的认可。
② 申叔舟：《韩国文集丛刊10·保闲斋集》，景仁文化社1996年影印本，第156、163、167页。
③ ［朝鲜］李洵等：《月印释谱》（卷一、二），韩国西江大学人文科学研究所1972年影印本，第28—30页。

为注写《东国正韵》、《月印释谱》等文献的朝鲜语中的汉字读音以外，还兼及了《洪武正韵译训》等汉语中的汉字读音。谚解本《训民正音》与《洪武正韵译训》的关系由此可见一斑。

近代最早研究涉及《洪武正韵译训》的是有着朝鲜语学科先驱者之誉的小仓进平先生，他先后于1920年和1940年撰写出版了《朝鲜语学史》和《增订朝鲜语学史》，内中有一节专门对《洪武正韵译训》以及《四声通考》作了介绍，只可惜当时小仓先生并不知道《洪武正韵译训》是否存世，只能从收录在申叔舟《保闲斋集》中的"洪武正韵译训序"和《海东杂录》、《东国舆地胜览》、《朝鲜王朝实录》等文献的记载中推测出了《洪武正韵译训》的大致结构与内容。不过，与断言《四声通考》"本书早就失传"不同，他对《洪武正韵译训》存世抱有希望，说："从'洪武正韵译训序'那样的珍贵资料中可以了解到该书的由来，只是我们现在还未能接触到其实物性的东西。"[①]

正如小仓先生所望，1959年韩国某个书店老板发现并收藏了《洪武正韵译训》（残缺卷一、二）[②]，使得韩国语言学家李崇宁教授兴奋不已，旋即对其展开研究并抄录了每个声母下首个汉字读音的韩文注音，还用国际音标转写了注音的音值，撰文发表在当年《震檀学报》第20号上，并呼吁影印公开此本《洪武正韵译训》，坚信它一定会引起包括中、日学者在内的韩国国内外音韵学家们的高度重视。[③] 由此，学界对《洪武正韵译训》的研究全面展开。

《洪武正韵译训》原本应该是八册十六卷，但现存世的《洪武正韵译训》不仅缺佚了卷一和卷二，卷三、卷七和卷八的部分谚文注音也被人为抹消。李崇宁教授认为这些谚文注音之所以被抹消，可能是因为朝鲜中期现实的汉字读音与《洪武正韵译训》中的注音已经有很大的差异，大人们为防止在教学过程中给儿童学习汉字音造成混乱和误解，而涂抹了谚

---

① 小仓进平：《朝鲜语学史（增订补注）》，韩国大提阁1986年版，第522—531页。

② 当时，发现者不愿公开自己的姓名和书店名，后来，高丽大学出版部影印出版时，朴炳采教授在《解题》文首写明是已故华山书房主李圣仪先生，他在1972年将该古籍赠送给了高丽大学图书馆收藏。（参见申叔舟等《洪武正韵译训》，韩国高丽大学校出版部1974年版，第411页。）

③ 李崇宁：《洪武正韵译训研究》，《震檀学报》第20号，乙西文化社1959年版，第115—179页。

文注音。① 而笔者则认为，因为不能确定谚文注音被抹消的具体年代，所以还存在另外一种可能，就是当时这本书的拥有者为增强自己的记忆，在学习与记忆过程中"背水一战"，故意涂抹了一些注音。否则就很难解释其他大部分卷册依然完整地保留着注音，难道其他卷册的汉字读音就没有任何变化？不会给儿童的学习造成混乱？更何况如果涂抹是在这本《译训》刊印后没多久发生的，那么，根本就不存在汉字变音和给儿童学习汉音造成混乱的可能。不管具体原因如何，我们要感谢西江大学郑然粲教授，是他通过"声部对译与反切上字"和"韵部对译与切韵指掌图"的研究方法，最早具体地复原了这部残缺的《洪武正韵译训》之卷一、卷二、卷三、卷七和卷八的全部谚文注音，作为西江大学人文科学研究所人文研究专刊第6辑，于1972年正式出版了《洪武正韵译训研究》一书。②紧接着，高丽大学朴炳采教授根据申叔舟的序言、译训凡例等他处遗存文献，全本复原补阙了《洪武正韵译训》，并在书末附加了"洪武正韵译训解题"、"洪武正韵译训缺本复原概说"二文后，作为高丽大学影印丛书第二辑于1974年由同校出版部影印出版，为当代学者研究15世纪中叶汉字读音提供了一本十分宝贵的音韵学文献。之后，包括朴炳采教授本人的《洪武正韵译训之新研究》在内，对于《译训》的研究论文与专著如雨后春笋，在韩国、日本、中国不断涌现。学者们普遍认为，《洪武正韵译训》依据的是洪武八年初刊的《洪武正韵》七十六韵本，其注写的汉字读音音系与《洪武正韵》音系相同，所注正音是汉字韵书音，俗音为当时实际使用的汉语官话标准音。如韩国的成元庆先生在其《十五世纪韩国字音与中国声韵之关系》③、中国的叶宝奎先生在其《明清官话音系》等专著中皆持此种观点。④ 自中国学者宁忌浮先生在北京图书馆发现洪武十二年《洪武正韵》八十韵刊本后，一些学者自然又注意到了《洪武正韵译训》与八十韵本的比对研究，认为"申叔舟没有见过也未必知道还有八十韵本。他们奉《正韵》若圭臬，不敢有丝毫更动，七十六韵本的

---

① 李崇宁：《洪武正韵译训研究》，《震檀学报》第20号，乙酉文化社1959年版，第118页。

② 郑然粲：《洪武正韵译训의研究》，一潮阁1972年版。

③ 成元庆：《十五世纪韩国字音与中国声韵之关系》，中国文学出版社1994年版，第223、299页。

④ 叶宝奎：《明清官话音系》，厦门大学出版社2001年版，第104页。

疏失讹误一仍其旧"。① 不过，《译训》所辑"俗音"多与八十韵本改动七十六韵本的地方相同。② 韩国（朝鲜时代）历来仅有七十六韵本《洪武正韵》，崔世珍的《四声通解》虽然有别于《洪武正韵译训》、《四声通考》、《续添洪武正韵》等书，韵部分成八十部，但并不等同于《洪武正韵》八十韵本的韵部分类，仍然没有脱离七十六韵本的范畴。③

笔者则认为，虽然《洪武正韵译训》在声韵分类和所收汉字以及字数等表象上依据了《洪武正韵》七十六韵本，但申叔舟等实际上对《洪武正韵》采取的是"尊而不依，敬而不从"的策略，借用谚文字母是音素文字的优势，根据自己的审音结果，记录的是汉语的实际官话语音，与《洪武正韵》初刊本和八十韵本的韵部分类有关联性但并不相同，有很多字的注音也不完全套用《洪武正韵》中所写的反切上下字，有很多在《洪武正韵》中不同小韵的字却有相同的谚文注音。它与15世纪末16世纪初来华的利玛窦、金尼阁等西方传教士用罗马字注写《西字奇迹》、《西儒耳目资》有着异曲同工之妙。《洪武正韵译训》谚文注写分46个韵母元音，平、上、去、入四个声调，而《西字奇迹》、《西儒耳目资》的汉字注音分别是48个和50个韵母，也分平、上、去、入四个声调，两者基本相似，但皆与《洪武正韵》七十六韵本或八十韵本的分韵法相去甚远，这就说明申叔舟等与利玛窦等都只是将《洪武正韵》作了摆设，或者说当作了一种索引工具，实质上则是不约而同地记录了同一个语言对象——以南京音为基准的汉语官话，它们之间有细微差别，而这些差别却正好反映了相隔一个半世纪后汉语官话受北音体系影响所产生的变化。④我们不能忘记，无论是朝鲜汉学家编译《洪武正韵译训》，还是西方来华传教士编纂《西儒耳目资》，他们的目的是为了借此学习和掌握汉语，即所谓"资耳目"以解决听不懂、读不明白和不能言说汉语的问题。前者

---

① 宁忌浮：《汉语韵书史》（明代卷），上海人民出版社2009年版，第58页。
② 宁忌浮：《洪武正韵研究》，上海辞书出版社2003年版，第80—82页。
③ 裴银汉：《〈洪武正韵〉两种版本以及〈四声通解〉之韵部体系》，载严翼相、远藤光晓主编《韩国的中国语言学资料研究》，学古房2005年版，第321页。宁忌浮：《汉语韵书史》（明代卷），上海人民出版社2009年版，第61页。
④ 陈辉：《论早期东亚与欧洲的语言接触》，中国社会科学出版社2007年版，第191—222页。
陈辉：《泰西、海东文献所见洪武韵以及明清官话》，《浙江社会科学》2011年第1期，第128—134页。

掌握汉语以"事大中国"为动机，后者则以在华传播天主教为目标，所以，他们学习汉语皆以实用为原则。而《洪武正韵》对于当时的中国人而言，就如陆容所言："今惟奏本内依其笔画而已。至于作诗，无间朝野，仍用唐韵。"① 它只剩下了文字书写的规范功能，怎还能依其学习官话正音？其时，朝鲜与明朝互派使臣，尤其是来华朝天的使行极其频繁，与中国士大夫交流甚多，焉能不知《洪武正韵》在中国的此种实际境遇？在《东国正韵》、《洪武正韵译训》刊印之前，朝鲜科举用的是礼部韵，《朝鲜端宗实录》壬申年（1452）十二月记载："曾奉教旨，于科举用《东国正韵》，然时未印颁，请依旧用《礼部韵》。"②《洪武正韵译训》刊印后，朝鲜科举依然没有放弃使用"礼部韵"，而对于《洪武正韵》文字规范的作用，朝鲜王廷则十分重视。1459年农历四月十一日，朝鲜世祖在接待明使陈嘉猷时，请陈嘉猷把关他给明皇的奏本草稿，"陈嘉猷读了，改数字云：'朝廷一体，不敢不尔。'朴元亨、金何问曰：'本国事大文书字体，自古用《毛晃韵》，今欲用《洪武正韵》，难可遽改。'嘉猷云：'《洪武正韵》时皆通用，字画楷正，则虽非《正韵》亦无妨。'"③两年后的四月，朝鲜谢恩使金处礼咨请明朝礼部能否正式为朝鲜印制一册正官本《洪武正韵》，其咨曰："本国僻在遐陬，字样偏旁，点画未能分晓。间有所得《洪武正韵》，书肆印本，不免差讹，遇有奏启文书，恐致舛误。揩正官本一件，烦为闻奏，颁降施行。"④ 结果，礼部在金处礼回国时答复说："看得朝鲜国递年所晋表、笺、章奏，中间字样别无错讹。今乞讨《洪武正韵》一节，查得印板，原在南京国子监收贮，即今不曾印有见在，无从给与。"⑤ 以此看来，朝鲜将《洪武正韵》奉为圭臬，不是因为该书的汉字读音，而是因为该书汉字的书写规范。这也许正是朝鲜创制"训民正音"后，次月便着手谚解《韵会》，但实际完成的却是《洪武正韵译训》的原因。既利用了《洪武正韵》的书写规范，又以该书体例作为索引工具为汉字读音标注了谚文，达到了一箭双雕的目的。

韩国学者郑然粲先生认为，《洪武正韵》中第七条凡例是导致《洪武

---

① （明）陆容：《菽园杂记二册》，中华书局1985年版，第111页。
② 国史编纂委员会：《朝鲜王朝实录》（六），探求堂1986年影印本，第558页。
③ 国史编纂委员会：《朝鲜王朝实录》（七），探求堂1986年影印本，第320页。
④ 同上书，第457页。
⑤ 同上书，第482页。

正韵》在中国受到冷遇,也是给朝鲜汉学家用谚文注写汉字读音带来困难的重要原因之一。该凡例曰:翻切之法,率用一字相摩,上字为声,下字为韵,声韵苟叶,则无有不通,今但取其声,归于韵母,不拘泥古也。这实际上等于说《洪武正韵》中反切上下字中的下字失去了存在的实际意义,申叔舟等凭借自己的智慧,推导出了《洪武正韵》中实际有效的三十一个声母,韵母则完全靠自己审音归类所得。而中国一直晚至民国时代,才由学者刘文锦先生在其《〈洪武正韵〉声类考》中究明《洪武正韵》的三十一个声母,这不得不说既是世宗时代朝鲜韵学之骄傲,也是一件非常有趣的史实。[1]

就如谚解本《训民正音》首句的注释中"中国은皇帝계신나라이니우리나라常谈애江南이라하느니라"之"常谈애",在现代韩语中已经变成了"常谈에",即애音变成了에音一样,时隔近六百年,谚文字母的音值已经发生了较大的变化,更何况申叔舟等在用谚文注写汉字的汉音与朝鲜音时,对于谚文的音值定义是有区别的。除了如前所述的汉字齿头音与正齿音谚文书写有别外,《洪武正韵译训·凡例》第七条说明:"大抵本国之音轻而浅,中国之音重而深。今训民正音出于本国之音,若用于汉音,则必变而通之,乃得无碍。如中声ㅏㅑㅓㅕ张口之字,则初声所发之口不变;ㅗㅛㅜㅠ缩口之字则初声所发之舌不变,故中声为ㅏ之字则读如ㅏ、、之间;为ㅑ之字,则读如ㅑ、、之间;ㅓ则ㅓㅡ之间;ㅕ则ㅕㅡ之间;ㅗ则ㅗ、、之间;ㅛ则ㅛ、、之间;ㅜ则ㅜㅡ之间;ㅠ则ㅠㅡ之间;、则、ㅡ之间;ㅡ则ㅡ、之间;ㅣ则ㅣㅡ之间;然后庶合中国之音矣。今中声变者,逐韵同中声首字之下论释之。"第八条对于入声的谚文注写也作了说明:"今以ㄱㄷㅂ为终声,然直呼以ㄱㄷㅂ,则又似所谓南音,但微用而急终之,不至太白可也。且今俗音虽不用终声,而不至如平上去之缓弛,故俗音终声于诸韵用喉音全清ㆆ;药韵用唇轻全清ㅸ以别之。"所以,要用音韵学的方法推出当时注写《洪武正韵》汉字读音的每一个谚文之音值并非易事,笔者在此只能根据《训民正音·制字解》、《洪武正韵译训·凡例》的说明以及现代韩语拟定一个大致的音值供参考,并以《洪武正韵译训》的31个声母为经

---

[1] 郑然粲:《洪武正韵译训의研究》,一潮阁1972年版,序第4—5、6—8页。

度，46个韵母元音及平上去入四声为纬度，列出《译训》汉字正音音节表及例字（基本上是每一个小韵的第一个汉字）如下：

1 韵

声母\韵母	东 웅 uŋ 늉 juŋ	董 :웅 ŋ: 늉 uŋ	送 ·웅 uŋ ·늉 juŋ	屋 ·욱 uk 육 juk
见 ㄱ k	公 弓	拱	贡 供	谷 掬
溪 ㅋ kʻ	空 穹	孔 恐	控 恐	酷 曲
群 ㄲ g	穷		共	局
疑 ㆁ ŋ	顒			玉
端 ㄷ t	东	董	冻	笃
透 ㅌ tʻ	通	统	痛	秃
定 ㄸ d	同	动	洞	牘
泥 ㄴ n	农	㺜	齈	朒
帮 ㅂ p		琫		卜
滂 ㅍ pʻ				扑
并 ㅃ b	蓬			
明 ㅁ m	蒙	蠓	梦	木
非 ㅸ f	风	捧	諷	福
奉 ㅹ v	冯		凤	伏
微 ㅱ ɱ				
精 ㅈ ts	宗 纵	总 㧾	糭 纵	蔟 㗱
清 ㅊ tsʻ	匆		謥	
从 ㅉ dz	丛 从		从	族
心 ㅅ s	松	竦	送	速 夙
邪 ㅆ z			颂	续
照 ᅎ tʂ	中	肿		祝
穿 ᅕ tʂʻ	充	宠	憃	柷
床 ᅏ dʐ	崇 虫	重	仲	逐
审 ᄼ ʂ	春		缩	叔
禅 ᄽ ʐ				孰
影 ㆆ ʔ	翁 邕	蓊	瓮 雍	屋 郁
晓 ㅎ h	烘 胸	凶	烘 焾	熇 畜
匣 ㆅ ɦ	洪 雄	澒	哄	縠
喻 ㅇ ʔ	融	勇	用	育
来 ㄹ l	龙	曨	弄	禄
日 ㅿ ʐ	戎	冗		肉

2 韵

韵母 声母	支 ㅇɯ ㅣi	纸 :ㅇɯ :ㅣi	寘 ·ㅇɯ ·ㅣi
见 ㄱ k			
溪 ㅋ k'			
群 ㄲ g	奇	技	芰
疑 ㅇ ŋ			
端 ㄷ t			
透 ㅌ t'			
定 ㄸ d			
泥 ㄴ n			
帮 ㅂ p	悲	彼	秘
滂 ㅍ p'	纰	庀	譬
并 ㅃ b	皮	陛	避
明 ㅁ m	麋		
非 ㅸ f	霏	斐	费
奉 ㅹ v	肥		
微 ㅱ ɱ	微	尾	未
精 ㅈ ts	赀	子	恣
清 ㅊ ts'	雌	此	次
从 ㅉ dz	疵		自
心 ㅅ s	斯	死	四
邪 ㅆ z	词	似	
照 ㅈ tʂ	支	纸	寘
穿 ㅊ tʂ'	差 摛	齿	翅 眙
床 ㅉ dʐ	驰	豸	治
审 ㅅ ʂ	施	始	试
禅 ㅆ ʒ	时	市	侍
影 ㆆ ʔ	伊	倚	意
晓 ㅎ h	羲		戏
匣 ㆅ ɦ			
喻 ㅇ ʔ'	夷	以	异
来 ㄹ l			
日 ㅿ ʐ	儿	耳	二

3 韵

韵母 声母	齐 예 je	荠 ：예 je	霁 예 je
见 ㄱ k	鸡	己	计
溪 ㅋ kʻ	溪	起	器
群 ㄲ g			
疑 ㆁ ŋ			
端 ㄷ t	氐	邸	帝
透 ㅌ tʻ	梯	体	替
定 ㄸ d		弟	第
泥 ㄴ n	泥	你	泥
帮 ㅂ p	篦		
滂 ㅍ pʻ			
并 ㅃ b			
明 ㅁ m	迷	米	寐
非 ㅸ f			
奉 ㅹ v			
微 ㅱ ɱ			
精 ㅈ ts	赍	济	霁
清 ㅊ tsʻ	妻	泚	剂
从 ㅉ dz	齐	荠	剂
心 ㅅ s	西	徙	细
邪 ㅆ z			
照 ㅈ tʂ			
穿 ㅊ tʂʻ			
床 ㅉ dʐ			滞
审 ㅅ ʂ			
禅 ㅆ ʐ			
影 ㆆ ʔ			
晓 ㅎ h			
匣 ㆅ ɦ	兮	徯	系
喻 ㅇ ʔʻ	倪		
来 ㄹ l	离	里	利
日 ㅿ ʐ			

第一章 朝鲜与汉语官话

4 韵

韵母 声母	鱼 ㅠ ju	语 :ㅠ ju	御 ·ㅠ ju
见 ㄱ k	居	举	据
溪 ㅋ k'	区	去	去
群 ㄲ g	渠	巨	瞿
疑 ㆁ ŋ	鱼	语	御
端 ㄷ t			
透 ㅌ t'			
定 ㄸ d			
泥 ㄴ n	袽	女	女
帮 ㅂ p			
滂 ㅍ p'			
并 ㅃ b			
明 ㅁ m			
非 ㅸ f			
奉 ㅹ v			
微 ㅱ ɱ			
精 ㅈ ts	疽	沮	怚
清 ㅊ ts'		取	覻
从 ㅉ dz		聚	聚
心 ㅅ s	胥	胥	絮
邪 ㅆ z	徐	叙	
照 ᅎ tʂ	诸	主	著
穿 ᅕ tʂ'	枢	杵	处
床 ᅏ dʐ	除		筯
审 ᄼ ʂ	书	暑	恕
禅 ᄽ ʒ	殊	墅	树
影 ㆆ ʔ	於	伛	饫
晓 ㅎ h		许	嘘
匣 ㆅ ɦ			
喻 ㅇ ʔ'	于	与	豫
来 ㄹ l	闾	吕	虑
日 ㅿ ʐ	如	汝	孺

5 韵

韵母 声母	模 ㅜ u	姥 :ㅜ u	暮 ·ㅜ u
见 ㄱ k	孤	古	顾
溪 ㅋ k'	枯	苦	库
群 ㄲ g			
疑 ㆁ ŋ	吾	五	误
端 ㄷ t	都	睹	妒
透 ㅌ t'		土	兔
定 ㄸ d	徒	杜	度
泥 ㄴ n	奴	弩	怒
帮 ㅂ p	逋	补	布
滂 ㅍ p'	铺	普	铺
并 ㅃ b	蒲	簿	步
明 ㅁ m	模	姥	暮
非 ㅸ f	敷	抚	赴
奉 ㅹ v	扶	辅	附
微 ㅱ ɱ	无	武	务
精 ㅈ ts	租	祖	作
清 ㅊ ts'	麤		措
从 ㅉ dz	徂		祚
心 ㅅ s	苏		素
邪 ㅆ z			
照 ᅎ tʂ		阻	诅
穿 ᅔ tʂ'	初	楚	楚
床 ᅏ dʐ			助
审 ᄼ ʂ	蔬	所	疏
禅 ᄽ ʒ			
影 ㆆ ʔ	乌	坞	污
晓 ㅎ h	呼	虎	呼
匣 ㆅ ɦ	胡	户	护
喻 ㅇ ʔ'			
来 ㄹ l	庐	鲁	路
日 ㅿ ʐ			

6 韵

声母\韵母	皆 애 ɛ 애 jɛ 왜 wɛ	解 :애 ɛ: 애 jɛ: 왜 wɛ	泰 ·애 ·ɛ ·애 jɛ ·왜 wɛ
见 ㄱ k	该 皆	改 解 拐	盖 戒 怪
溪 ㅋ kʻ	开	恺 楷	慨 揩 快
群 ㄲ g			
疑 ㆁ ŋ	皑	骇	艾 睚 外
端 ㄷ t			带
透 ㅌ tʻ	胎		泰
定 ㄸ d	台	待	代
泥 ㄴ n	能	乃	奈
帮 ㅂ p		罢	拜
滂 ㅍ pʻ			派
并 ㅃ b	排		败
明 ㅁ m	埋	买	卖
非 ㅸ f			
奉 ㅹ v			
微 ㅱ ɱ			
精 ㅈ ts	哉	宰	再
清 ㅊ tsʻ	猜	采	菜
从 ㅉ dz	裁	在	在
心 ㅅ s	腮		塞
邪 ㅆ z			
照 ㅈ tʂ	斋		债
穿 ㅊ tʂʻ	差	跐	瘥
床 ㅉ dʐ	豺	廌	砦
审 ㅅ ʂ	筛	洒	晒
禅 ㅆ ʐ			
影 ㆆ ʔ	哀	嗳	爱 隘
晓 ㅎ h	哈	海	
匣 ㆅ ɦ	孩 谐 怀	伙 蟹	害 械 坏
喻 ㅇ ʔʻ	涯	矮	
来 ㄹ l	来		赖
日 ㅿ ʐ			

7 韵

韵母 声母	灰 위 y	贿 :위 y	队 ·위 y
见 ㄱ k	规	诡	侩
溪 ㅋ kʻ	恢	魁	觖
群 ㄲ g	葵	跪	匮
疑 ㅇ ŋ	危	隗	魏
端 ㄷ t			对
透 ㅌ tʻ	推		退
定 ㄸ d	隤	鐓	队
泥 ㄴ n		喂	内
帮 ㅂ p	杯		背
滂 ㅍ pʻ	肧		配
并 ㅃ b	裴	琲	旆
明 ㅁ m	枚	美	妹
非 ㅸ f			
奉 ㅹ v			
微 ㅱ ɱ			
精 ㅈ ts	嗺	嶵	醉
清 ㅊ tsʻ	崔	漼	翠
从 ㅉ dz	摧	皋	萃
心 ㅅ s	虽	髓	岁
邪 ㅆ z	随		遂
照 ᅎ tʂ	佳	捶	惴
穿 ᅔ tʂʻ	吹	揣	吹
床 ᅑ dʐ	垂		坠
审 ᄾ ʂ	衰	水	税
禅 ᄿ ʐ	谁		瑞
影 ㆆ ʔ	煨	猥	秽
晓 ㅎ h	灰	贿	诲
匣 ㆅ ɦ	回		溃
喻 ㅇ ʔʻ	为		叡
来 ㄹ l	雷	垒	类
日 ㅿ ʐ	甤	蘂	汭

8 韵

声母\韵母	真 인 in 은 ɯn 운 un 윤 jun	軫 ː인 in ː은 ɯnː 운ː un ː윤 jun	震 ·인 in ·은 ɯn· 운 un ·윤 jun	质 ·이 it ·으 ɯt ·우 ut ·유 jut
见 ㄱ k	巾　根　昆　钧	紧　衮　窘	艮　捃	吉　骨　橘
溪 ㅋ kʻ	坤　困	恳　捆　稇	蔇　硱　困	乞　窟　屈
群 ㄲ g	勤　　群　近		仅　　郡	倔
疑 ㆁ ŋ	银　垠	听	憖	兀
端 ㄷ t	敦		顿	咄　焌
透 ㅌ tʻ	暾		褪	
定 ㄸ d	屯	盾	钝	突
泥 ㄴ n	纫		嫩	昵　讷
帮 ㅂ p	宾　奔	禀　本	傧　奔	必　不
滂 ㅍ pʻ	缤　歕	品	喷	匹　肶
并 ㅃ b	频　盆	牝	坌	弼　孛
明 ㅁ m	民　门	泯　懑	闷	密　没
非 ㅸ f	芬	粉		拂
奉 ㅹ v	汾	愤	分	佛
微 ㅱ m	文	吻	问	勿
精 ㅈ ts	津　尊	尽　撙	晋　焌　俊	堲　卒　卒
清 ㅊ tsʻ	亲　村　逡	忖	亲　寸	七　卒　焌
从 ㅉ dz	秦　存	尽　鱒	尽	疾　崒
心 ㅅ s	孙　荀	损　笋	信　巽　峻	悉　窣　恤
邪 ㅆ z	旬		烬　殉	
照 ㅈ tʂ	真　臻　谆	轸	准　震　稕	质　栉　窋
穿 ㅊ tʂʻ	春	辗　黜　蠢	趁　瀙	叱　出
床 ㅉ dʐ	陈　榛	纼	阵	秩
审 ㅅ ʂ	申　莘	哂	舜	失　瑟　率
禅 ㅆ ʒ	辰　　纯　蜃		慎　顺	术
影 ㆆ ʔ	因　恩　温　氲	稳　隐　蕴	印　酝	乙　　郁
晓 ㅎ h	欣　昏　熏	䖝　憲	衅　悟　训	肸　忽　矞
匣 ㆅ ɦ	痕　魂	很　混	恨　慁	核　鹘　欻
喻 ㅇ ʔ	云	引	陨　孕　运	疑　熅　聿
来 ㄹ l	邻　论　伦	嶙	吝　论	栗　䢖　律
日 ㅿ ʐ	人	忍	瞋　刃	闰　日

9 韵

声母＼韵母	寒 언 ən / 원 wən	旱 :언 ːən / :원 ːwən	翰 ·언 ·ən / ·원 ·wən	曷 ·엍 ət / ·웑 wət
见 ㄱ k	干 官	秆 管	干 贯	葛 括
溪 ㅋ kʻ	看 宽	侃 款	看	渴 阔
群 ㄲ g				
疑 ㆁ ŋ	岏		岸 玩	
端 ㄷ t	端	短	缎	掇
透 ㅌ tʻ	湍	疃		脱
定 ㄸ d	团	断	彖	夺
泥 ㄴ n		暖	愞	
帮 ㅂ p	般		半	拨
滂 ㅍ pʻ	潘		判	泼
并 ㅃ b	盘	伴	畔	跋
明 ㅁ m	瞒	满	缦	末
非 ㅸ f				
奉 ㅹ v				
微 ㅱ ɱ				
精 ㅈ ts	钻	纂	钻	繓
清 ㅊ tsʻ			窜	撮
从 ㅉ dz	攒		攒	
心 ㅅ s	酸	算	筭	
邪 ㅆ z				
照 ㅈ tʂ				
穿 ㅊ tʂʻ				
床 ㅉ dʐ				
审 ㅅ ʂ				
禅 ㅆ ʐ				
影 ㆆ ʔ	安 剜		盋 按	遏 斡
晓 ㅎ h	蟆 欢	罕	汉 唤	喝 豁
匣 ㆅ ɦ	寒 桓	旱 缓	翰 换	曷 活
喻 ㅇ ʔʻ				
来 ㄹ l	弯	卵	乱	捋
日 ㅿ ʐ̩				

10 韵

韵母 声母	删 안 an 얀 jan 완 wan	产 ːan ːjan ːwan	谏 안 an 얀 jan 완 wan	辖 ᄋat ᄋjat ᄋwat
见 ㄱ k	奸 关	简	谏 惯	嘎 刮
溪 ㅋ k'	悭			楬
群 ㄲ g				
疑 ㆁ ŋ	颜 顽	眼	晏 鴳	藒
端 ㄷ t	单	亶	旦	笪
透 ㅌ t'	滩	坦	炭	闼
定 ㄸ d	坛	但	惮	达
泥 ㄴ n	难	赧	难 雁	捺 豽
帮 ㅂ p	班	版		八
滂 ㅍ p'	攀		襻	
并 ㅃ b	瓣		瓣	
明 ㅁ m	蛮	矕	慢	帓
非 ᄫ f	翻	返	番	发
奉 ᅗ v	烦		饭	伐
微 ㅱ ɱ		晚	万	韤
精 ㅈ ts		攒	赞	拶
清 ㅊ ts'	餐		粲	擦
从 ㅉ dz	残	栈 瓒	瓒	巀
心 ㅅ s	散	散	散	萨
邪 ㅆ z				
照 ᅎ tʂ	跧	盏		札
穿 ᅔ tʂ'		产	铲 篡	察
床 ᅏ dʐ	潺	撰	栈	铡
审 ᄾ ʂ	删 刪	潸	汕	杀 刷
禅 ᄿ ʒ				
影 ㆆ ʔ	殷 弯	绾	腕	轧
晓 ㅎ h	儇			瞎
匣 ㆅ ɦ	闲 还	限	苋 患	辖 猾
喻 ㅇ ʔ'				
来 ㄹ l	斓	懒	烂	刺
日 ㅿ ʐ				

11 韵

声母＼韵母	先 ːఅjən / ːjuən	铣 ːఅjən: / ːjuən:	霰 ·అjən / ·juən	屑 ·jet / ·juet
见 ㄱ k	坚 涓	茧 畎	建 绢	结 厥
溪 ㅋ k'	牵 圈	遣 犬	谴 券	挈 阙
群 ㄲ g	乾 权	键 圈	健 倦	偈 橛
疑 ㆁ ŋ		齞 阮		孽 月
端 ㄷ t	颠	典	殿	
透 ㅌ t'	天	腆	瑱	铁
定 ㄸ d	田	殄	电	耊
泥 ㄴ n	年	捻	碾	涅
帮 ㅂ p	边	扁	徧	鼈
滂 ㅍ p'	篇		片	撆
并 ㅃ b	緶	辮	便	別
明 ㅁ m	眠	免	面	灭
非 ᄛ f				
奉 ퟄ v				
微 ㅱ ɱ				
精 ㅈ ts	笺 鐫	剪	荐	节
清 ㅊ ts'	千 詮	浅	蒨 縓	切
从 ㅉ dz	前 全	践 雋	荐	截 絕
心 ㅅ s	先 宣	銑 选	霰 选	屑 雪
邪 ㅆ z	涎 旋		羨 旋	
照 ᅎ tʂ	饘 专	展 剸	战 轉	浙 拙
穿 ᅔ tʂ'	梴 穿	闡 舛	繵 釧	彻 歠
床 ᅏ dʐ	蟬 椽	撰 篆	缠 饌	辙 说
审 ᄼ ʂ	膻		扇	设 刷
禅 ᄽ ʒ	蜓	善	繕	舌
影 ᅙ ʔ	烟 渊	偃 宛	宴 怨	谒 抉
晓 ㅎ h	轩 喧	显 烜	献 绚	歇
匣 ㆅ ɦ	贤 玄	峴 炫	现 眩	纈 穴
喻 ㅇ ʔ'	延 員	衍	硯	曳
来 ㄹ l	莲 挛	華 臠	练 恋	列 劣
日 ㅿ ʐ	然 堧	软	輭	热 爇

12 韵

韵母 声母	萧 여ᇢ jəu	筱 :여ᇢ jəu	啸 여ᇢ jəu	
见 ㄱ k	骁	皎	叫	
溪 ㅋ kʻ	橇		窍	
群 ㄲ g	桥	纠	峤	
疑 ㆁ ŋ			浇	
端 ㄷ t	貂		吊	
透 ㅌ tʻ	桃	朓	粜	
定 ㄸ d	迢	窕	调	
泥 ㄴ n		鸟	溺	
帮 ㅂ p	猋	表	俵	
滂 ㅍ pʻ	漂	缥	票	
并 ㅃ b	瓢	标	骠	
明 ㅁ m	苗	眇	妙	
非 ㅸ f				
奉 ㅹ v				
微 ㅱ ɱ				
精 ㅈ ts	焦	湫	醮	
清 ㅊ tsʻ	鍫	悄	陗	
从 ㅉ dz	樵		噍	
心 ㅅ s	萧	筱	啸	
邪 ㅆ z				
照 ᅎ tʂ	昭	沼	照	
穿 ᅔ tʂʻ	弨			
床 ᅏ dʐ	潮	赵	召	
审 ᄼ ʂ	烧	少	少	
禅 ᄽ ʒ	韶	绍	邵	
影 ㆆ ʔ	幺	杳	要	
晓 ㅎ h	鸮	晓	歇	
匣 ㆅ ɦ				
喻 ㅇ ʔʻ	尧		燿	
来 ㄹ l	聊	了	料	
日 ㅿ ʐ	饶	扰		

13 韵

声母＼韵母	爻 ᅶau / ᅸjau	巧 :ᅶau / :ᅸjau	效 ·ᅶau / ·ᅸjau
见 ㄱ k	高　交	杲　佼	诰　教
溪 ㅋ k'	尻　敲	考　巧	犒　敲
群 ㄲ g			
疑 ㆁ ŋ	敖	咬	傲　药
端 ㄷ t	刀	倒	到
透 ㅌ t'	饕	讨	
定 ㄸ d	匋	道	导
泥 ㄴ n	铙	桡	闹
帮 ㅂ p	包	饱	豹
滂 ㅍ p'	胞		砲
并 ㅃ b	庖	鲍	暴
明 ㅁ m	茅	卯	貌
非 ㅸ f			
奉 ㆄ v			
微 ㅱ ɱ			
精 ㅈ ts	遭	早	灶
清 ㅊ ts'	操	草	操
从 ㅉ dz	曹	皂	漕
心 ㅅ s	骚	扫	骚
邪 ㅆ z			
照 ᅎ tʂ	嘲	爪	罩
穿 ᅕ tʂ'	钞	炒	钞
床 ᅏ dʐ	巢		櫂
审 ᄼ ʂ	梢	稍	稍
禅 ᄽ ʐ			
影 ㆆ ʔ	鏖　坳	拗	奥　拗
晓 ㅎ h	蒿　哮	好	耗　孝
匣 ㆅ ɦ	豪　爻	晧　骹	号　效
喻 ㅇ ʔ'			
来 ㄹ l	劳	老	劳
日 ㅿ ʐ			

14 韵

韵母 声母	歌 ㅓə ㅝwə	哥 :ㅓə: :ㅝwə:	个 ·ㅓə· ·ㅝwə·
见 ㄱ k	歌　戈	哿　果	个　过
溪 ㅋ kʻ	珂　科	可　颗	轲　课
群 ㄲ g			
疑 ㅇ ŋ	莪　讹	我　妮	饿
端 ㄷ t	多	亸	亸
透 ㅌ tʻ	佗	妥	唾
定 ㄸ d	驼	拖	惰
泥 ㄴ n	那	娜	奈
帮 ㅂ p	波	跛	播
滂 ㅍ pʻ	颇	颇	破
并 ㅃ b	婆		
明 ㅁ m	摩	么	磨
非 ㅸ f			
奉 ㅹ v			缚
微 ㅱ ɱ			
精 ㅈ ts		左	左
清 ㅊ tsʻ	蹉	瑳	
从 ㅉ dz	醝	坐	剉　坐
心 ㅅ s	娑	娑　锁	些
邪 ㅆ z			
照 ㅈ tʂ			
穿 ㅊ tʂʻ			
床 ㅉ dʐ			
审 ㅅ ʂ			
禅 ㅆ ʒ			
影 ㆆ ʔ	阿　涡	妸　娲	涴
晓 ㅎ h	诃	火	呵　货
匣 ㆅ ɦ	何　和	何　祸	贺
喻 ㅇ ʔ			
来 ㄹ l	罗	裸	逻
日 ㅿ ʑ			

15 韵

声母＼韵母	麻 아 a 야 ja 와 wa	马 :아 a :야 ja :와 wa	祃 ·아 a ·야 ja ·와 wa
见 ㄱ k	嘉　瓜	贾　寡	驾　卦
溪 ㅋ kʻ	呿　夸	跨	髂　跨
群 ㄲ g	伽		
疑 ㅇ ŋ	牙	雅　瓦	讶　宜
端 ㄷ t		打	
透 ㅌ tʻ			
定 ㄸ d			
泥 ㄴ n	拏		
帮 ㅂ p	巴	把	霸
滂 ㅍ pʻ	葩		怕
并 ㅃ b	杷		罢
明 ㅁ m	麻	马	祃
非 ㅸ f			
奉 ㅹ v			
微 ㅱ ɱ			
精 ㅈ ts			
清 ㅊ tsʻ			
从 ㅉ dz			
心 ㅅ s			
邪 ㅆ z			
照 ㅈ tʂ	楂　樝	鮓	诈
穿 ㅊ tʂʻ	叉	姹	咤
床 ㅉ dʐ	槎	槎	乍
审 ㅅ ʂ	沙	洒　㖾	嗄
禅 ㅆ ʐ			
影 ㆆ ʔ	鸦　窊	哑	亚
晓 ㅎ h	呀　花	閜	罅　化
匣 ㆅ ɦ	遐　华	下　踝	暇　画
喻 ㅇ ʔʻ			
来 ㄹ l			
日 ㅿ ʐ			

16 韵

声母\韵母	遮 여jə 유|jui	者 :여jə: :유|jui:	蔗 ·여jə· ·유|jui·
见 ㄱ k			
溪 ㅋ kʻ			
群 ㄲ g	瘸		
疑 ㆁ ŋ			
端 ㄷ t	爹		
透 ㅌ tʻ			
定 ㄸ d			
泥 ㄴ n			
帮 ㅂ p			
滂 ㅍ pʻ			
并 ㅃ b			
明 ㅁ m			
非 ㅸ f			
奉 ㅹ v			
微 ㅱ ɱ			
精 ㅈ ts	嗟	姐	借
清 ㅊ tsʻ		且	
从 ㅉ dz		苴	
心 ㅅ s	些	写	泻
邪 ㅆ z	邪		谢
照 ㅈ tʂ	遮	者	蔗
穿 ㅊ tʂʻ	车	撦	
床 ㅉ dʐ			
审 ㅅ ʂ	奢	捨	舍
禅 ㅿ ʒ	蛇	社	射
影 ㆆ ʔ			
晓 ㅎ h	靴		
匣 ㆅ ɦ			
喻 ㅇ ʔʻ	耶	野	夜
来 ㄹ l			
日 ㅿ ʐ		惹	

17 韵

声母 \ 韵母	阳 앙 aŋ 양 jaŋ 왕 waŋ	养 :앙 :aŋ :양 jaŋ :왕 waŋ	漾 ·앙 aŋ ·양 jaŋ ·왕 waŋ	药 ·악 ak ·약 jak ·왁 wak
见 ㄱ k	冈 畺 光 肮	襁 广	绛 诳	各 觉 郭
溪 ㅋ kʻ	康 羌 匡 炕	慷 亢	旷 恰	却 廓
群 ㄲ g	疆 狂	疆 迋	强 狂	噱
疑 ㅇ ŋ	卬	仰	仰	
端 ㄷ t	当	党	当	
透 ㅌ tʻ	汤	倘	倘	托
定 ㄸ d	唐	荡	宕	铎
泥 ㄴ n	囊 娘	攮	儴	诺
帮 ㅂ p	邦	榜	谤	博
滂 ㅍ pʻ	滂		滂	朴
并 ㅃ b	旁	棒	傍	雹
明 ㅁ m	茫	莽	漭	莫
非 ᄫ f	芳	髣	访	
奉 ꥶ v	房			缚
微 ᄝ ɱ	亡	罔	妄	
精 ᅎ ts	臧 将	驵 奖	葬 将	作 爵
清 ᅔ tsʻ	仓 锵	苍 抢	蹡	错 鹊
从 ᅏ dz	藏 墙	奘	藏 匠	昨 嚼
心 ᄼ s	桑 襄	颡 想	丧 相	索
邪 ᄽ z	详	象		
照 ᅐ tʂ	庄 章	掌	壮 障	灼 捉
穿 ᅕ tʂʻ	疮 昌	抢	创 唱	娖 绰
床 ᅑ dʐ	妆 常	丈	状 仗	箸 浊
审 ᄾ ʂ	霜 商	爽 赏	漺 饷	朔 铄
禅 ᄿ ʒ		上	尚	泥 杓
影 ᅙ ʔ	央 汪 块	鞅	柱 盎 怏	恶 渥 臒
晓 ㅎ h	香 荒	乡 恍	向 况	郝 謞 霍
匣 ᅘ ɦ	杭 降 黄 沆	项 晃	巷	鹤 获
喻 ㆁ ʔʻ	阳 王	养 往	漾 王	谓 药
来 ㄹ l	郎 良	朗 两	浪 谅	洛 略
日 ㅿ ʐ	穰		让	若

18 韵

韵母 声母	庚 잉 iŋ ᅯᆼ uiŋ 욍 yŋ ᆋᆼ juŋ	梗 ᆡᆼ iŋ: ᅯᆼ uiŋ: 욍 yŋ:ᆋᆼ juŋ:	敬 ᆡᆼ iŋ· ᅯᆼ uiŋ· 욍 yŋ·ᆋᆼ juŋ·	陌 ᆡᆨ ik ᅯᆨ uik 욱 yk ᆋᆨ juk
见 ㄱ k	京 庚 觥 扃	景 梗 矿	敬 更	戟 格 虢 昊
溪 ㅋ k'	卿 坑 鞃 倾	磬 肯 顷	庆	躩 客 闃
群 ㄲ g	勍 琼		竞	剧
疑 ㆁ ŋ	凝		迎	域
端 ㄷ t	丁 登	顶 等	钉 嶝	的 德
透 ㅌ t'	听		听 霯	逖 忒
定 ㄸ d	庭 腾	挺	定 邓	狄 特
泥 ㄴ n	宁 能	泞	宁	匿
帮 ㅂ p	兵 绷	丙	柄 榜	壁 百
滂 ㅍ p'	娉 烹		聘	僻 拍
并 ㅃ b	平 彭	并 膨	病	辟 白
明 ㅁ m	明 盲	皿 猛	命 孟	觅 陌
非 ᄫ f				
奉 ㅹ v				
微 ㅱ m̢				
精 ㅈ ts	精 增	井	甑	积 则
清 ㅊ ts'	清	请	倩 蹭	刺
从 ㅉ dz	情 曾	静	净 赠	寂 鲗
心 ㅅ s	觪 僧	省	性	昔 塞
邪 ㅆ z	饧			席
照 ㅈ tʂ	征 争	拯	正 诤	只 窄
穿 ㅊ tʂ'	柽 峥	逞	称 瞠	尺 拆
床 ㅉ dʐ	成 伥	场	郑	掷 宅
审 ㅅ ʂ	声 生	洗 省	圣 生	释 索
禅 ㅆ ʒ	绳		盛	石
影 ㆆ ʔ	英 泓	影 濙	映 莹	益 厄
晓 ㅎ h	馨 亨 鍧 兄		诇 兴 敻	虩 赫 画 殈
匣 ㆅ ɦ	行 横	杏 迥	行 横	檄 劾 或
喻 ㅇ ʔ'	盈 荣 颖		永 孕 咏	绎 额
来 ㄹ l	令 棱	领 冷	令 棱	历 勒
日 ㅿ ʐ	仍		认	

19 韵

声母\韵母	尤 ᅌᅮ ɯu ᅌᅲ iu	有 :ᅌᅮ ɯu :ᅌᅲ iu	宥 ·ᅌᅮ ɯu ·ᅌᅲ iu
见 ㄱ k	钩 鸠	耉 九	冓 救
溪 ㅋ k'	彄 丘	口 糗	寇 糗
群 ㄲ g	求	臼	旧
疑 ᄒ ŋ	齵	偶	偶
端 ㄷ t	兜	斗	鬬
透 ㅌ t'	偷	斢	
定 ㄸ d	头	鋀	豆
泥 ㄴ n	羺	穀 纽	耨 狃
帮 ㅂ p	彪		
滂 ㅍ p'	秠	剖	
并 ㅃ b	裒 滮		
明 ㅁ m	谋 谬	母	戊 谬
非 ㅸ f		缶	副 不
奉 ㅹ v	浮	阜	复
微 ㅱ ɱ			
精 ㅈ ts	鄹 啾	走 酒	奏 僦
清 ㅊ ts'	秋	趣	凑
从 ㅉ dz	酋		就
心 ㅅ s	漱 修	叟 滫	漱 秀
邪 ㅆ z			袖
照 ㅈ tʂ	邹 周	撖 帚	祝
穿 ㅊ tʂ'	篘 抽	丑	簉 臭
床 ㅉ dʐ	愁 俦	纣	骤 胄
审 ㅅ ʂ	搜 收	溲 首	瘦 狩
禅 ㅆ ʒ		受	授
影 ᅙ ʔ	讴 忧	欧 黝	沤 幼
晓 ㅎ h	休	吼 朽	吼 嗅
匣 ㆅ ɦ	侯	厚	候
喻 ㅇ ʔ'	尤	有	宥
来 ㄹ l	楼 留	塿 柳	漏 溜
日 ᅀ ʑ	柔	蹂	蹂

20 韵

声母＼韵母	侵 음 ɯm	侵 임 im	寝 :음 ɯm	寝 :임 im	沁 ·음 ɯm	沁 ·임 im	缉 ·읍 ɯp	缉 ·입 ip
见 ㄱ k		今		锦		禁		急
溪 ㅋ kʻ		钦						泣
群 ㄲ g		琴		噤		紟		及
疑 ㆁ ŋ		吟		吟		吟		
端 ㄷ t								
透 ㅌ tʻ								
定 ㄸ d								
泥 ㄴ n		南				賃		
帮 ㅂ p								
滂 ㅍ pʻ								
并 ㅃ b								
明 ㅁ m								
非 ㅸ f								
奉 ㅹ v								
微 ㅱ ɱ								
精 ㅈ ts				浸		浸		湒
清 ㅊ tsʻ		侵		寝		沁		缉
从 ㅉ dz								集
心 ㅅ s		心		糁				霫
邪 ㅆ z		寻						习
照 ㅈ tʂ	簪	斟		枕	譖	枕		辑
穿 ㅊ tʂʻ		琛	墋	沈	讖	闯		
床 ㅉ dʐ	岑	沉		朕		鸩		蛰
审 ㅅ ʂ	森	深		审	渗	深	涩	
禅 ㅆ ʐ		谌		甚		甚		十
影 ㆆ ʔ		音		饮		阴		揖
晓 ㅎ h		歆						吸
匣 ㆅ ɦ								
喻 ㅇ ʔʻ		淫						
来 ㄹ l		林		廪		临		立
日 ㅿ ʑ		壬		妊		任		入

21 韵

韵母 声母	覃 암 am　얌 jam	感 :암 am　:얌 jam	勘 ·암 am　·얌 jam	合 ·압 ap　·얍 jap
见 ㄱ k	甘　监	感　减	绀　鉴	合　夹
溪 ㅋ k'	堪　嵌	坎	勘	榼　恰
群 ㄲ g				
疑 ㆁ ŋ		岩　领		
端 ㄷ t	耽	紞	担	
透 ㅌ t'	贪	襑	探	錔
定 ㄸ d	覃	禫	淡	沓
泥 ㄴ n	南			纳　笝
帮 ㅂ p				
滂 ㅍ p'				
并 ㅃ b				
明 ㅁ m		錽		
非 ㅸ f				法
奉 ㅹ v	凡	范	梵	乏
微 ㅱ ɱ				
精 ㅈ ts	簪	寁		帀
清 ㅊ ts'	参	惨	参	
从 ㅉ dz	蚕	歜	暂	杂
心 ㅅ s	毵	糝	三	靸
邪 ㅆ z				
照 ᅎ tʂ		斩	蘸	劄
穿 ᅔ tʂ'	槮			揳
床 ᅑ dʐ	谗	湛	湛	霅
审 ᄼ ʂ	攕	掺		歃
禅 ᄽ ʒ				
影 ㆆ ʔ	谙	晻　黵	暗　馠	姶　押
晓 ㅎ h				呷
匣 ㆅ ɦ	含　咸	撼　豏	憾　陷	合　洽
喻 ㅇ ʔ'				
来 ㄹ l	婪	壈	滥	蜡
日 ㅿ ʐ				

第一章　朝鲜与汉语官话　　129

22 韵

声母 \ 韵母	盐 염 jəm	淡 :염 jəm	艳 ·염 jəm	叶 ·엽 jəp
见 ㄱ k	兼	检	剑	颊
溪 ㅋ k'	谦	歉	歉	箧
群 ㄲ g	箝	俭		笈
疑 ㆁ ŋ	噞	㺝	酽	业
端 ㄷ t		点	店	喋
透 ㅌ t'	添	忝	忝	帖
定 ㄸ d	甜	簟		
泥 ㄴ n	黏	淰	念	聂
帮 ㅂ p	砭	贬	窆	
滂 ㅍ p'				
并 ㅃ b				
明 ㅁ m				
非 ㅸ f				
奉 ㅹ v				
微 ㅱ ṃ				
精 ㅈ ts	尖			接
清 ㅊ ts'	佥			妾
从 ㅉ dz	潜	渐		捷
心 ㅅ s	铦			燮
邪 ㅆ z	燖			
照 ㅈ tʂ	詹	飐	占	詟
穿 ㅊ tʂ'	襜	谄	襜	
床 ㅉ dʐ				聂
审 ㅅ ʂ	苫	闪	苫	摄
禅 ㅆ ʒ	蟾			
影 ㆆ ʔ	淹	奄	厌	
晓 ㅎ h	枮	险	胁	僷
匣 ㆅ ɦ	嫌			协
喻 ㅇ ʔ'	盐	琰	艳	叶
来 ㄹ l	廉	敛	敛	猎
日 ㅿ ʐ	髯	冉	染	

总计以上二十二张表格可知,《洪武正韵译训》虽然保留了七十六韵本《洪武正韵》的韵部分类，平上去各 22 韵，入声 10 韵，但实际上两者貌合神离，有质的不同，《洪武正韵》是一部失去了时效的韵书，而《洪武正韵

译训》则是一部时效性极强的汉字字典，可以称之为当时的"现代汉语字典"。其名"译训"，既不是"翻译"，也不是"训诂"，而是如其序言末尾所言："以训民正音译之声与韵谐"，它以46个元音（朝鲜语中称之为"中声"）为单位，把入声与平、上、去声放在一起进行了重新归类，以点区别四声，平声无点，上声左侧二点，去声与入声左侧均为一点，得出包括元音韵母、鼻音韵母、双唇音韵母在内的161个韵母（平声46个、上声去声各45个、入声25个），再将31个声母与这161个韵母拼合实际生成了2068个汉字音节。其所谓"用训民正音以代反切"指的就是此种将声韵母相拼合生成汉字音节的方法。以此种方法编排汉字，查阅简单方便，所以申叔舟等在编写《洪武正韵译训》的同时，又承世宗大王之命，省略汉字字义解释，将《洪武正韵》中的汉字全部以此法进行了重新排列，编出了《四声通考》。《四声通考》虽然早已失传，我们无法实睹真貌，但根据以上原理，就不难推测出其大致的体例与结构了。

　　时间已经过去近六个世纪，朝鲜语谚文字母读音发生了一定的变化，但在古代不可能留下音像资料给今人的情况下，不能不说这份具体到音素的谚文注音文献是最为可靠的解读明代早期尤其是15世纪中叶汉语官话的文献记录。尽管如今的江淮官话、吴越方言势必也有别于五个半世纪以前同一地区的语言，但从上述列表中不难读出一些江淮官话和吴方言如今依然存在的语音特征，与起于江左又多吴音的"沈韵"颇为吻合，无怪乎申叔舟们要将南京土生土长的"天子之使"倪谦给出的汉语正音奉为圭臬，且在谚解本《训民正音》中用中国的"江南"语音与朝鲜国语音相比较而论两国语音的差异。不过，必须指出的是，《洪武正韵译训》除了谚注了汉字的"正音"以外，在反切之下还标注了"时音"，亦称"俗音"。当今中国学者叶宝奎先生对《译训》中的正俗音做过专门的详细比对，得出结论：俗音声母系统除疑母以外，与正音大体相同，但是，韵母的变化是比较大的①。较为明显的不同就是：俗音的入声不分k、p、t终声，全部改为喉音，而且，入声"药"韵内诸字韵尾都变成了去声"效"韵"ㅑㆁ"；支纸寘韵的俗音在ㅣ或ㅡ中声下加了终声△，△是半齿音，呈现了类似于儿化音的倾向；精、从、心、穿、照、日、床、见、溪、审等声母下的拗鼻音ㆁ绝大部分变成了直鼻音ㅇ；部分双唇合口音ㅁ鼻音

---

① 叶宝奎：《明清官话音系》，厦门大学出版社2001年版，第96—99页。

化为 ㄴ等，呈现了明显的北方汉语音系的倾向。这又与《洪武正韵译训序》中指出的"燕都为万国会同之地，而其往返道途之远，所尝与周旋讲明者又为不少，以至殊方异域之使、释老卒伍之微，莫不与之相接，以尽正俗异同之变，且天子之使至国而儒者则有取正焉"的取音原则完全相吻合。

《洪武正韵译训》中"时音"（俗音）的北音化倾向正好表明，随着明朝政治中心从南京移至北京，汉语官话不可避免地开始接受北音体系的影响。至16世纪初，《洪武正韵》官韵价值进一步失效，为此，朝鲜汉语家崔世珍应时推出了新的谚解本汉语会话教材和音韵字典。

第三节 崔世珍与《四声通解》

朝鲜出刊《洪武正韵译训》以及《四声通考》后，成为司译院等处的朝鲜文人学习汉语发音之必备，直到编译者申叔舟临终的朝鲜成宗六年（1475），情况基本未变。"（申叔舟）解正音通汉语，翻译《洪武正韵》，学汉音者多赖之。"[①] 然而，朝鲜的汉学家们也完全明白，中国文人写诗赋词所依并非《洪武正韵》，而是被称为"沈韵"或"诗韵"的《平水韵》，所以，朝鲜科考一直未舍"礼部韵"（《壬子新刊礼部韵略》、《韵会》之一百零七部韵），甚至到朝鲜肃宗四年（1678），王廷还在要求印制《礼部韵略》，该年元月十七日王朝实录记载："召对玉堂官。上曰：'玉堂有《礼部韵》耶？'李凤征曰：'有之。'上曰：'大内无此册，印入。'"[②] 其间，朝鲜王廷虽然也翻印了《洪武正韵》，但其作用却是让朝鲜文人用作书写汉字的笔画标准。《朝鲜仁祖实录》十三年（1635）十一月五日记载："承文院启曰：'中朝所颁《洪武正韵》，音义字法皆备，原系高皇帝同文天下创制之书也。今宜开刊此书，印出广布，使写字官等传习，俾无任笔失真之弊。'从之。"[③] 其后，王朝印书，多用所谓"洪武正韵体"印制。正因为《洪武正韵》的原本仅被朝鲜文人认作书写汉字的字体标准，而发音则依据经申叔舟等谚译的《洪武正韵译训》，实际上使

---

① 国史编纂委员会：《朝鲜王朝实录》（九），探求堂1986年影印本，第235页。
② 国史编纂委员会：《朝鲜王朝实录》（三十八），探求堂1986年影印本，第378页。
③ 国史编纂委员会：《朝鲜王朝实录》（三十四），探求堂1986年影印本，第614页。

用的大多又是为便于检索而略去了汉字释义的《四声通考》，这就为汉语学习者带来了"音"、"义"、"字"三者不能同时兼顾的不便，亟待编写一本兼具"文字"、"训诂"和"音韵"三方面功能的汉字辞书，此一任务历史性地落到了既通汉语又通吏文的崔世珍肩上。

  崔世珍，字公瑞，《通文馆志》卷之七"人物"条有"崔世珍"的介绍，但无具体生卒年。① 《朝鲜王朝实录·中宗实录》中宗三十七年（1542）二月十日记载："同知中枢府事崔世珍卒。"② 对于他的生年，则无确切史料记载。相对于大多数学者简单地将金安国所撰《崔同知世珍挽词》首句"逆旅浮生七十翁"之"七十"当实数推算，郑光教授以大量文献史料考证认为崔世珍当生于世祖十四年（1468），享年74岁。③ 在

---

 ① 金指南、金庆门：《通文馆志·国译通文馆志2》，韩国世宗大王纪念事业会1998年版，第4页。

 ② 国史编纂委员会：《朝鲜王朝实录》（十八），探求堂1986年影印本，第555页。

 ③ 郑光：《훈민정음의 사람들》，제이앤씨 2006年版，第112、127页。

对于崔世珍这位杰出的朝鲜汉学家，无论是韩国还是中国，甚至日本等其他海外国家和地区的学者，已经有较为全面和深入的研究。对崔世珍进行全面研究的开拓者当数韩国学者延世大学方钟铉教授，他的专著《训民正音通史》（一诚堂书店，1948年）和论文《〈训民字会〉考》（《东方学志》第一辑，延禧大学即今延世大学东方学研究所，1954年）对崔世珍的生卒年月、仕途生涯和汉学成就作了研究介绍，尤其是《〈训民字会〉考》第三章，在考述完崔世珍的仕途简历后，还对其著述《老乞大谚解·朴通事谚解·老朴辑览》、《四声通解》、《训蒙字会》、《韵会玉篇》、《吏文辑览》一一作了概述。姜信沆教授则在20世纪70年代陆续推出了对崔世珍著述的相关研究成果，如其专著《四声通解研究》（1973年）、专论《翻译老乞大·朴通事的音系》（《震檀学报》第38期，1974年10月）、《老乞大·朴通事谚解内字音之音系》（《东方学志》第18辑，1978年6月）等。而最近韩国此方面的研究则以郑光教授为代表，在他的专著《训民正音的人们》（2006年）中，以"崔世珍与训民正音的中兴"为题，对崔世珍的生平履历、汉语造诣、对吏文的研究水平以及他对汉字音的研究普及和对后世的影响等各个方面进行了全面的考述；中国对崔世珍展开全面研究的开拓者大约是陈植藩教授，他的长篇论文《论崔世珍在朝鲜语文和汉语研究方面的贡献》（《民族语文论集》，中国社会科学出版社，1981）对崔世珍的生平及其汉语研究成就作了非常全面和深入的考述。其后，对崔世珍汉学著作研究的论文与著述如雨后春笋，如叶宝奎的《明清官话音系》（2001年）、李得春主编的《中韩语言文字关系史研究》（2006年等）、笔者的拙著《论早期东亚与欧洲的语言接触》（2007年）等都不可避免地涉及崔世珍的相关汉学文献，尤其是张晓曼教授，其专著《〈四声通解〉研究》（2005年）对崔世珍所编的《四声通解》从音韵学、中韩语言接触史等视角进行了较为深入的论述。日本学者远藤光晓等教授也对崔世珍的汉语学著作展开了微观性的研究，如远藤教授的《〈四声通解〉所依据的资料和编撰过程》（《青山学院大学论集》35，1994）、《〈翻译老乞大·朴通事〉里的汉语声调》（《语言学论丛》第十三辑，商务印书馆，1984年）等将《四声通解》跟中国元明时代的韵书进行比较，并提出一种推论：崔世珍"《翻译老乞大·朴通事》右侧音反映的是来自南京而当时通行于北京一带的官话"，这一推论为中国语言学界研究明清官话的基础方言问题带来了很大的启示。

《中宗实录》"崔世珍卒"的记录后，注有对其生平的简单评述，"史臣曰：世珍系出卑微，自小力学，尤精于汉语。既登第，凡事大吏文，皆自主之，得蒙荐擢，官至二品。有著《谚解孝经》、《训蒙字会》、《吏文辑览》行于世。"① 从整部《朝鲜王朝实录》对崔世珍的相关记载可知，崔世珍聪敏好学，精于汉语口语和吏文，虽然其人品因"丧中纳妾"、"泄露朝廷征朝鲜宫女消息而引发社会不安"等事件为人诟病，屡遭同僚上疏弹劾，但终因其为当时极少数甚至是唯一的一个兼通汉语口语及与中国朝廷往来文书之读写的官员，被王廷重用于"事大"中国的事务中，多次担任朝天使行的"质正官"以及朝鲜王廷的"御前通事"等要职，从司译院讲肄习读官、承文院训诲兼习读官、内赡寺正、礼宾寺副正，类官至二品，任承文院提调。

对于他的汉学成就，学界多有详论，笔者不再赘述，但有两点欲特别强调，一是他所习汉语的性质，二是其对朝鲜汉字汉语教学方法的改善所做的贡献。

第一，崔世珍虽然出身译官家庭，其父崔泼曾任司译院译官和正三品院正，其本人也在成宗十七年（1486）通过司译院译科考试进入司译院担任讲肄习读官，然而，在燕山君九年以前，其实际的汉语会话能力是值得怀疑的。《燕山君日记》卷四九之九年（1503）五月八日记载："司译院提调尹弼商、李世佐启：'我国事大以诚，而识汉语者只李昌臣一人。此任非轻，不可不肄习。今两使到馆留数月，择可学者，如崔世珍、宋平、宋昌使之传习，则必皆精通。'从之。"② 也就是说，在长达十七年的司译院任职期间，崔世珍并没有应用汉语的实战经历，直到1503年，才被朝鲜王廷选中跟随明朝的正副使学习汉语口语。《明孝宗实录》卷一九四记载："弘治十五年（1502）十二月庚戌，命太监金辅充正使、李珍充副使册封朝鲜国王李健之嫡长子怿为世子，并赐世子织金纱罗纶丝衣各一袭。"③ 以此看来，崔世珍的汉语老师即明朝派往朝鲜的金辅、李珍两位正副天使。

金辅（？—1503），原名金上佐或金相佐，明朝宦官，朝鲜京畿道长

---

① 国史编纂委员会：《朝鲜王朝实录》（十八），探求堂1986年影印本，第555页。
② 国史编纂委员会：《朝鲜王朝实录》（十三），探求堂1986年影印本，第561页。
③ 刘青华、许清玉、胡显慧选编：《明实录朝鲜资料辑录》，巴蜀书社2005年版，第188页。

湍郡人。① 景泰七年（1456）八月，他与朴福贞（又名朴富贞、朴珍）、李金同（即后来担任副天使的李珍）等宦童作为"火者"同时被送入明朝做太监，② 曾于1468年、1495年作为副天使和天使回朝鲜。1503年农历四月十七日金辅和李珍抵达汉城。不知何故，金辅于七月六日在汉城猝死，随后其灵柩被运回北京。副使李珍也于七月二十一日辞别朝鲜国王回北京。③ 据同为朝鲜籍太监的赴朝副天使姜玉介绍，他们这些朝鲜籍宦官除了郑同去过一次南京、朴珍到过一次山东以外，其余大多在宫内和轵鞯地面、居庸关等处听差。④ 由此而知，金辅和李珍两人所操汉语应该为北京官话，在北京和汉城两地，申叔舟与成三问与之屡有接触，但并未留意他们的汉语。然而，崔世珍却以此二人为师学习汉语，并且不同于当年申叔舟等将南京土生土长的倪谦的汉语发音奉为正音之圭臬，崔世珍是将金辅的汉语发音视为汉字的时音标准，他甚至将金辅的姓名写入了《四声通解》的凡例之中。《四声通解·凡例》第二十一条曰："上声全浊诸字，时音必如全清去声呼之也。但金辅太监到本国，呼其名'辅'字为上声，则似乎清音。"⑤ 因此，崔世珍《四声通解》中所标注的汉字时音（今俗音）即可被理解为当时的北京官话。

  第二，崔世珍于1503年4月至7月间，向朝鲜籍明朝天使学习汉语之后，当年8月便以汉吏科科考状元及第，被破格提升为属于文臣系列的朝天使质正官，无奈因卷入"甲子士祸"于9月被取消及第资格，直到1506年被平反，1507年才正式担任质正官随"辞位使"和"承袭使"赴中国北京朝天。⑥ 崔世珍将自己习得的汉语经亲身实践后，对朝鲜原有的汉语教材和教学方法进行了研究和反思，先后编写了《翻译老乞大》、《翻译朴通事》、《四声通解》、《训蒙字会》、《韵会玉篇》等新的汉语教

---

  ① 国史编纂委员会：《朝鲜王朝实录》（八），探求堂1986年影印本，第164页。
  ② 国史编纂委员会：《朝鲜王朝实录》（七），探求堂1986年影印本，第148页。国史编纂委员会：《朝鲜王朝实录》（十），探求堂1986年影印本，第142页。
  ③ 国史编纂委员会：《朝鲜王朝实录》（十三），探求堂1986年影印本，第557、569、570、571页。
  ④ 国史编纂委员会：《朝鲜王朝实录》（十），探求堂1986年影印本，第142页。
  ⑤ 崔世珍：《翻译老乞大·朴通事、小学谚解、四声通解（合本）》，大提阁1985年影印本，第538页。
  ⑥ 郑光：《훈민정음의 사람들》，제이앤씨2006年版，第127页。

材与辞典。① 在《四声通解序》中，崔世珍指出：朝鲜学习华语者，先学《老乞大》、《朴通事》二书，并以《四声通考》识汉音之正俗音，然而，"其二书训解承讹传伪，《通考》诸字有音无释。承讹传伪则虽经老译莫能就正，有音无释则一字重出，无所适从"。于是，他以《四声通考》为基础，重新编写了音释形皆备的《四声通解》，便于以韵考字，并配套编写了《韵会玉篇》，以便于以偏旁字画考音释。② 在《训蒙字会引》中，崔世珍又指出：传统的汉字蒙童教材《千字文》、《类合》等并不适合幼童学书知字，"今之教童雏者，虽习《千字》、《类合》，以至读遍经史诸书，只解其字，不解其物，遂使字与物二，而鸟兽草水之名不能融贯通会者多矣。盖由诵习文字而已，不务实见之至也。"可见，崔世珍编写《四声通考》、《训蒙字会》等新的汉语教材和辞典并不是因为汉语本身有了变化而引致的，其动机完全是为了"务实"，让朝鲜的汉语学习者能学习掌握"事大"外交用的实用汉语，即北京官话。这势必导致他更加重视《蒙古字韵》和《韵会》等北方音系的韵书，在《翻译老乞大》、《翻译朴通事》、《四声通解》中用谚文标注了"时音"（今俗音），不过，他同时也抄录了《四声通考》中的正音和俗音，即申叔舟、成三问以南京官话和北京官话分别记写的汉字读音，客观上为我们今天研究16世纪初汉语官话的实况及其相对于15世纪的变化留存了弥足珍贵的文献史料。

如前所述，崔世珍编写《四声通解》动机是为朝鲜的汉语学习者提供一本"音释形"皆备的汉字字典，在选字上，既然《洪武正韵》被当时的中朝文人公认为字画的标准，所以《四声通解·凡例》第二、三条曰："字之取舍、音之正俗，专以《洪武正韵》为准，但以俗所常用之字而《正韵》遗阙者多矣。故今并增添或以他韵参补之可省搜阅之劳，俾无遗珠之叹矣。""《洪武韵》不载而今所添入之字作圈别之。"③ 这里所言的《洪武正韵》，显然不是中国原版的《洪武正韵》，而是指朝鲜的《洪武正韵译训》，因为只有《洪武正韵译训》中才有"音之正俗"之分。在释义上，崔世珍则既没有采用《洪武正韵》，也没有采用《洪武正韵译训》，而是采用了《韵会》的注解。其《四声通解·凡例》第四、十

---

① 崔世珍：《训蒙字会》，檀国大学校出版部1971年版，第11—13页。
② 崔世珍：《翻译老乞大·朴通事、小学谚解、四声通解（合本）》，大提阁1985年影印本，第531—532页。
③ 同上书，第535页。

六条言："《洪武韵》入字及注解一依毛晃韵而循用毛氏之失，不曾规祛，故今不取也。黄公绍作《韵会》，字音则又依《蒙韵》而缘蒙字有一音两体之失，故今不取其分音之类也。唯于注解则正毛氏之失，聚诸家之著而尤加详切，故今撰《通解》亦取《韵会》注解为释。""字之无释者或取中朝质问之言为解。"既然书名为《四声通解》，那么注音问题当然是最为重要的问题，除《凡例》第二条"音之正俗，专以《洪武正韵》为准"，即以《洪武正韵译训》为准以外，《凡例》第一条就说明："《蒙古韵略》，元朝所撰也。胡元入主中国，乃以国字翻汉字之音，作《韵书》，以教国人者也。其取音作字至精且切。《四声通考》所注俗音或同《蒙韵》之音者多矣。故今撰《通解》必参以蒙音，以证其正俗音之同异。"第八条则曰："注内只曰'俗音'者，即《通考》原著俗音也。曰'今俗音'者，臣今所注俗音也。'今俗音'或注或否者，非谓此存而彼无也。随所得闻之音而著之也。"这就说明，《四声通解》之注音其"正音"和"俗音"基本上抄录自《四声通考》，只有"今俗音"是崔世珍自己的"创造性劳动"。不过，在具体韵类的划分上，崔世珍对《四声通考》作了一个小小的调整，将"真、轸、震、质"韵的"中声"（韵头加韵腹）为"ㅡ ɯ，ㅜ u，ㅠ ju"的字单独划出一个"文、吻、问、物"韵母，加上"平、上、去、入"声调之分，使得汉字读音由原来的七十六韵变成了八十韵。不过，这与明初洪武十二年将《洪武正韵》从七十六韵增加"微、尾、未、术"四韵成八十韵本只有数目上的巧合，没有音韵学上的相关性。同《洪武正韵》之于《四声通考》一样，其韵部分类只是起到一个查字索引的作用，并不是实质的发音韵母分类。故其《凡例》第二十五条说：之所以将"真"、"文"韵分开排列，"庶使后学便于类声求字而已，非敢以己见为是而擅改经文也"。

《四声通解》无论正音、俗音或今俗音，声母依然沿用《四声通考》或曰《洪武正韵译训》的31个声母，但是发音上已略有区别，主要表现在浊声母上，"时音"（今俗音）有变次清或全清音的倾向。《凡例》第二十一条云：

上声全浊诸字，时音必如全清去声呼之也。但金辅太监到本国，呼其名，"辅"字为上声，则似乎清音。又见汉人时呼"慎"字音为친，实则全用平声浊字作音之例而呼之也。然书言故事云：陛上之

"上"音"赏"，睚眦之"眦"字音"蔡"，……浊音上声诸字之音，或如去声，或如清音，或如次清，其音之难定如此。①

关于这一点，崔世珍在其所编《翻译老乞大·朴通事》的凡例"谚音"条中则有更明晰的说明："ㅋㅌㅍㅊㅎ乃《通考》所用次清之音，而全浊初声之呼亦似之，故今之反译全浊初声皆用次清为初声，旁加两点以存浊音之呼势，而明其为全浊之声。"② 此外，还对清浊声势进行了详细的解释，曰：

> 全清见、端、帮、非、精、照、审、心、影九母，平声初呼之声单洁不歧，而引声之势孤直不按，上去入三声初呼之声亦单洁不歧，而引声之势各依三声高低之等而呼之；次清溪、透、清、滂、穿、晓六母平声初呼之声歧出双声，而引声之势孤直不按，上去入三声初呼之声亦歧出双声，而引声之势各依三声之等而呼之；全浊群、定、并、奉、从、邪、床、禅八母平声初呼之声亦歧出双声，而引声之势中按后厉，上去入三声初呼之声逼同全清，而引声之势各依三声之等而呼之，故与全清难辨，唯上声则呼为去声，而又与全清去声难辨矣；不清不浊疑、泥、明、微、喻、来、日七母平声初呼之声单洁不歧，而引声之势中按后厉，初呼则似全清，而声终则似全浊，故谓之不清不浊，上去入三声各依三声之等而呼之，唯来母初呼弹舌作声可也，初学与泥母混呼者有之，误矣；匣母四声初呼之声歧出双声，与晓母同，而唯平声则有浊音之呼势而已，上去入三声各依三声之等而呼之，大抵呼清浊声势之分，在平声则分明可辨，余三声则固难辨明矣。③

由此可见，16世纪初的北京官话，次清、全浊、不清不浊之音都在趋向于全清之音，不过，还没有到彻底清音化的地步。这也正是崔世珍在《四声通解》中依然用全浊声母标注今俗音的原因，同《翻译老乞大·朴通事》中"旁加两点以存浊音之呼势，而明其为全浊之声"的目的是一样的。

---

① 崔世珍：《翻译老乞大·朴通事、小学谚解、四声通解（合本）》，大提阁1985年影印本，第538页。
② 同上书，第625页。
③ 同上书，第626—627页。

至于疑母，《四声通解》延续了《四声通考》俗音的标注，基本上都与影母标音趋同，这再一次说明，在北京官话中，疑母大体已经消失。

关于《四声通解》中今俗音的韵母，由于崔世珍是"随所得闻之音而著之"，相对于正音与俗音，有些呈现规则性变化，而有些则只能从个案中找出大体的变异倾向。呈现规则性变化的，都在其凡例中有具体说明。

第一，关于入声韵。其《凡例》第十三条条云：

> 入声ㄹ、ㄱ、ㅂ三音，汉俗及《韵会》、《蒙韵》皆不用之，唯南音之呼多有用者，盖韵学起于江左，而入声亦用终声，故从其所呼，类聚为门，此入声之所以分从各类也。古韵亦皆沿袭旧法，各收同韵而已。然今俗所呼谷与骨、质与职同音，而无ㄹ、ㄱ之辨也，故今撰《通解》，亦不加终声。《通考》于诸韵入声，则皆加影母为字，唯药韵则其呼似乎效韵之音，故《蒙韵》加ㅱ为字，《通考》加ㅸ为字。今亦从《通考》加ㅸ为字。①

由于深受蒙古等阿尔泰语言的影响，不仅在今俗音中的入声韵基本上消失，而且连正音中的"ㄷ t"韵也被标注成了"ㄹ l"韵。这大概与朝鲜语中此类入声韵都被统一对音为"ㄹ l"有关，以便于朝鲜的汉语学习者识记。因为朝鲜语中实际上并不用ㅱ、ㅸ这两个谚字，所以，在《翻译老乞大·朴通事》中，崔世珍干脆将药韵中的ㅱ、ㅸ两谚字改成了相近发音的ㅜ u、ㅠ jo、ㅗ o标记，"以便初学之习焉"②。

第二，关于合口韵等阳声韵的问题。其《凡例》第二十四条云：

> 诸韵终声ㄴ、ㅇ、ㅁ之呼，初不相混，而直以侵覃盐合口终声，汉俗皆呼为ㄴ，故真与侵、删与覃、先与盐之音多相混矣。至于东与庚，则又以中声ㅜ、ㅠ之呼而相混者亦多矣。故《韵会》庚韵内"盲"音与"蒙"同，"宏"音与"洪"同，此因中声相似以致其相混也。③

---

① 崔世珍：《翻译老乞大·朴通事、小学谚解、四声通解（合本）》，大提阁1985年影印本，第537页。

② 同上书，第627页。

③ 同上书，第539页。

可见，合口韵在当时已经明显鼻音化。无怪乎后来曾燕行至北京的李晬光（1563—1629）在其《芝峰类说》（1614年）中明确指出："平、上、去、入为四声，而如甲、叶、母、含之类谓之合口声。本朝崔世珍最晓汉音，著《四声通解》以传于世。余赴京时，见安南国人用合口声，中朝南方人亦间用之，与我国之音相近，而中朝官话则绝不用合口声。"①

第三，支韵与齐韵相混。其《凡例》第二十六条云：

支韵中声ㅡ、ㅣ齐韵中声ㅖ似合区分矣。然而，ㅣ声诸字与齐韵俗呼混同无别，则其可区分乎？《韵学集成》亦相混也。《中州音韵》亦分ㅡ声为一韵，ㅣ声为一韵，今亦宜分支韵ㅡ声为一韵，ㅣ声与齐为一韵，则庶乎声韵分明矣。又如庚韵ㅣ、ㅓ为一韵，ㅟ、ㆌ为一韵，亦宜矣。然而，今于支、齐、庚三韵不敢擅分者，以其声类不甚相远，故因旧存之也。学者只知其毂率而已。②

如此说来，当时的支、齐韵汉字读音已经深受北音系的影响，已经非常接近现今的普通话读音。

以上这些是《四声通解》中正音与今俗音之间有规律性的变化差异，然而，今俗音与正音的不同更多的是散见于每个汉字具体的注释中，因为是崔世珍随听闻而记，相对而言不呈现明显的规律性。有关于此，现代学者张晓曼教授《〈四声通解〉研究》有非常详细的今俗音韵母比对和拟音研究，笔者不再赘述。

总之，对《四声通解》有过研究的中韩日学者虽然研究方法不同，对谚文注音的拟音值也势必有细微差异，但结论却是大同小异，都认为《四声通解》中的今俗音反映的是16世纪汉语北音体系的音韵特点。其中，笔者比较赞同韩国朱星一先生的观点，他指出：《翻译老乞大》和《翻译朴通事》"书中每个汉字下面两种韩文注音，分为左音和右音。这两种注音都反映中国北方现实语音。我们认为左、右音的主要差别在于标记方式上，而其音值上并没有太大的差距"；"单从表面看，左音和右音

---

① 李晬光：《芝峰类说（上）·地理部》，乙酉文化社1994年版，第599页。
② 崔世珍：《翻译老乞大·朴通事、小学谚解、四声通解（合本）》，大提阁1985年影印本，第539页。

的体系显然不同，两者之间好像有几百年的差距。但我们认为，两者之间的差异只是由于审音依据和时代要求的不同造成的，而他们追求的目的语是相同的，而且其注音反映的时代也相差不远。"① 在《洪武正韵译训》和《四声通考》中，申叔舟们使用了为标注汉音而专门设计的谚文，而崔世珍则是使用了当时为记录朝鲜语而设计的常用谚文字母，以方便朝鲜学子学习，因为在他看来，"《通考》字体多与国俗撰字之法不同，其用双字为初声及ㅱ、ㅸ为终声者，初学虽资师授，率多疑碍，故今依俗撰字体而作字"。② 将朱星一先生对于《翻译老乞大·朴通事》"今俗音"和"俗音"的比对结论套用于《四声通解》中，即可以说，《四声通解》中的"今俗音"与"俗音"实质上都是当时的北方现实语音，它们之间的差异有些虽然是时代的变迁造成的，但更多的是由于审音依据以及谚文字母被界定的音值不同而造成的，汉语本身的实际音值相差并不大。不过，通过以上考述，笔者想进一步证实的是：《洪武正韵译训》无论其"正音"还是其"俗音"，与中国原版的《洪武正韵》音韵体系都不相同，《洪武正韵》七十六韵本是一部迁就了朱元璋凤阳口音的韵书，而《洪武正韵译训》则是一部类似现今常用的汉语字典，字形、训诂、注音三备，内中的谚文注音即相当于现今的汉语拼音，细分到了每一个音素。其正音记录的是15世纪中叶的南京官话，其俗音记录的是15世纪中叶的北京官话。而崔世珍根据朝鲜"事大"外交的实用需求，以及囿于其只能师从操北京官话的朝鲜籍太监和实地能考察的只是北京官话，所以在其《四声通解》中只好不加否定地基本照抄其前辈所记录的"正音"和"俗音"，而将自己实际听闻的北京官话语音称之为"今俗音"，这就是为什么《四声通解》成书只比《四声通考》晚60余年，但其"今俗音"与"正音"之间却存在较为显著音系差异的根本原因。

　　崔世珍凭借他的聪明才智，精通了汉语吏文和口语，在其在世期间，朝鲜几乎无人能与之比肩。《朝鲜中宗实录》中类似"今文臣晓解吏文及汉音者，独崔世珍一人而已"；"吏文、汉语，文臣肄习者，不为不多，而未闻有一人成熟者。事大之事甚重，而但有崔世珍一人"；"承文院汉语、吏

---

① 朱星一：《从〈翻译老乞大·朴通事〉左侧音看近代汉语入声》，《古汉语研究》2000年第2期，第38—44页。

② 崔世珍：《翻译老乞大·朴通事、小学谚解、四声通解（合本）》，大提阁1985年影印本，第625页。

文成才者无之，只有崔世珍一人，而其后更无能通者"；"吏文、汉语，事大所关。稍解者，崔世珍一人，今亦已死，更无他人"之类的表述比比皆是。① 造成此种现象的主要原因是明朝延续朱元璋祖制，一直不同意接收朝鲜派子弟到北京留学，随朝天使臣而来的汉语质正官实际上又没有多少行动自由，在北京期间一般都被限制在玉河馆内不得外出与中国人随意交流。② 此种现象一直持续到明清鼎革之后，朝鲜虽然在1670年和1677年分别又出刊了《老乞大谚解》和《朴通事谚解》，但实质上依然是崔世珍《翻译老乞大·朴通事》的翻版。除汉语部分有个别字改动以外，"朝鲜文翻译部分，《老乞大谚解》大致上沿袭了《翻译老乞大》，但在个别地方也有所改进；《朴通事谚解》编纂时没能看到《翻译朴通事》，所以完全重新翻译。谚文注音部分，声母、韵母看来没有多大的出入，但是《翻译老乞大·朴通事》带有声点而《老乞大·朴通事谚解》则没有，这是两者最大的差别。"③ 笔者认为，这主要是因为明朝自正统年最终定北京为京师以后，北方使用的北京官话基本趋于稳定所致，当然与后来朝鲜没有再出现像崔世珍那样的汉学大家也有一定关系。至于注音中带声点与否，与朝鲜语本身趋向于无声调变化有关，不在本文讨论范围。

第四节 《音韵阐微》的影子——《华东正音通释韵考》

如前所引司马光之言："备万物之体用者，无过于字；包众字之形声者，无过于韵。"④ 于是，朱元璋坐稳江山后，便命宋濂等编纂了《洪武正韵》，并在确定南京为京师后，又命吴沉等对《洪武正韵》进行了修订。同样，对于天文、数学、音律等颇有兴趣的康熙皇帝也没有轻视字韵之要务，除命张玉书、陈廷敬等历时六年于康熙五十五年（1716）编成《康熙字典》外，还另命李光地、王兰生等儒臣编纂清朝的官韵，自康熙

---

① 国史编纂委员会：《朝鲜王朝实录》（十五），探求堂1986年影印本，第121、634页。
国史编纂委员会：《朝鲜王朝实录》（十六），探求堂1986年影印本，第616页。
国史编纂委员会：《朝鲜王朝实录》（十八），探求堂1986年影印本，第599页。
② 国史编纂委员会：《朝鲜王朝实录》（十六），探求堂1986年影印本，第616页。
③ 远藤光晓：《〈翻译老乞大·朴通事〉里的汉语声调》，载北京大学《语言学论丛》编委会所编《语言学论丛》（第十三辑），商务印书馆1984年版，第163页。
④ （元）马端临：《文献通考经籍考》（上），华东师范大学出版社1985年版，第406页。

五十四年（1715）至雍正四年（1726），历十年编成《音韵阐微》，于1728年刊印。雍正皇帝御制序曰："盖其为法也，缓读则成二字，急读则成一音，在音和中尤极其和，总出于人声之自然，而无所勉强，洵为简明易晓，从来翻切家所莫及，而讲求音韵者习之，良甚便也。……我圣祖仁皇帝独见音韵之本原，即用以审音定律，作乐崇德，其道举无所不贯，盖睿智渊通，更有极乎至微者，夫岂群下所能仰窥万一哉。"① 雍正六年（1728），即《音韵阐微》刊印之年，雍正皇帝还下达了要求官员公务场合必须讲官话的圣谕，尤其要求广东、福建省出生的官员学会官话正音。圣谕中虽然没有定义何谓官话正音，但《音韵阐微》既为敕纂的官韵书，那么，其内中所注翻切之音当是官话正音。《康熙字典》正文前所附"等韵"的"字母切韵要法"文首云："乡谈岂但分南北，每郡相邻便不同；由此故教音韵证，不因指示甚难明。"② 换而言之，其"等韵"所指示的读音即为正音。莎彝尊所编的官话教科书《正音咀华》也明确指出《康熙字典》和《音韵阐微》的字音就是官话正音。③

据韩国史料《田校同文》卷三记载，在《音韵阐微》问世翌年，清朝廷就将《音韵阐微》与《康熙字典》一起赐给了朝鲜。④ 这说明，清朝政府即时性地向朝鲜传递了其新出台的语言政策与规范。其时，虽然朝鲜不愿臣服清廷，但迫于情势，也只好沿用对明的事大外交。事大之要务就是语言交流的畅通，于是，用谚文标注清朝官话和朝鲜汉字正音的

---

① 李光地等：《文渊阁四库全书·音韵阐微》（240），台湾商务印书馆1972年影印本，第1—2页。

② 张玉书等：《康熙字典》，上海古籍出版社1996年版，第49页。

③ 陈辉：《19世纪东西洋士人所记录的官话》，《浙江大学学报（人文社科版）》2010年第6期，第109页。

④ 杨昭全：《中国—朝鲜·韩国文化交流史》3，昆仑出版社2004年版，第929页。据韩国学者许捲洙考，《音韵阐微》在成书当年，即1728年便被赐朝鲜使臣，翌年，使臣持书回抵朝鲜。因为，李肯翊《燃藜室记述》别集5中的事大故事《使臣》中云："戊申（1728）遣西平君梡等陈奏……回，赏赐《康熙字典》、《性理精义》、《诗经传说汇纂》、《音韵阐微》四种书。"然而，按照李德懋《清庄馆全书》卷55之《盎页记·中国来东国》记载，传入之年为1729年，李德懋的记录云："雍正元年癸卯，我景宗三年，附《周易折中》、《朱子全书》。七年，我英宗五年，附《康熙字典》、《性理精义》、《诗经传说汇纂》、《音韵阐微》、《全唐书》等书。"所以，"可能是28年使入中国，到29年回来。"（见许捲洙《〈康熙字典〉之韩国流传与其应用》，北京师范大学辞书研究与编纂中心《中国字典研究》（第二辑上册），中国社会科学出版社2010年版，第116—117页。）

《华东正音》于1747年在朝鲜应运而生。

  《华东正音》，全称《华东正音通释韵考》，作者朴性源（1697—1757，字士洙，号谦斋）。他于1728年参加朝鲜科考文科乙科及第，历任谏院正子、司宪府监察等职，以从三品奉朝贺职致仕，著有《敦孝录》、《保民录》等，其中最有名的就是他在译官李彦容协助下编纂的《华东正音》，对当时通行的汉语和朝鲜语正音的汉字读音进行了分韵、注音、释义，是一部继崔世珍《四声通解》后，与申圣渊、卞熤的《老乞大谚解》（1745年），金昌祚的《朴通事新释谚解》（1765年）等汉语会话教材相配套的汉语时音字典，其注音反映了18世纪初期清廷所推广的官话正音实况。该书由于在朝鲜正祖十一年（1787）再版时，在正文前加上了正祖的"御制《正音通释》序"，故又被称作《正音通释》。

  在1747年的《华东正音》序言中，朴性源写道：

> 世或称蒙元乱华之后，正音讹舛，而考诸字书，则其所讹舛者，或有中声之少变而犹不失五音所属之宫也。至于我东，则初不明其牙舌齿唇喉合辟出声之妙，故五音相混，宫或为羽，……尚无一定之音韵，此实我东言文为二，务于义而忽于音之致也。……昔我世宗大王作为谚书，以协音律，解中华反切之义。若其中声之异，固因方言之不同，而初终之声，华与我同，故以反以切，无不吻合。世远教衰，不复知初终有声之义，亦不究字母七音之法，而各以己见反切于字书，不合于时俗从旁之读，则乃反诿之于方言之不同，或曰声音清浊只是乐律中事耳，何必求之于字韵乎？伪而承伪，因仍苟且，顾以素称文明之邦。昧昧乎？天地自然之音，岂非可羞者乎？余尝慨然于斯，与舌士李君彦容取《三韵通考》，悬华音于字下，一依本国崔世珍所撰《四声通解》之音而广集字书，以订参考，依华音初声而定我音，我音之五音清浊庶有归正，因命名《华东正音通释韵考》。①

  也就是说，编辑《华东正音》的动机主要是为了归正因时代久远而导致"伪而承伪"的朝鲜汉字音韵。然而，正如编者自己所言，对于华

---

① 朴性源：《华东正音通释韵考》（乾），韩国国立中央图书馆所藏1747年初刊本，第1—3页。

音，朝鲜世宗大王创制了"谚书"以解"反切"，并有崔世珍的《四声通解》等谚解字书韵书问世，而对于朝鲜语中的汉字音，世宗大王也曾命文臣编撰刊印过《东国正韵》等，说朝鲜"不复知初终有声之义，亦不究字母七音之法"恐怕言过其实，编辑此书应该另有更加直接的原因。关于此，我们可以从1787年该书再版时所添加的"御制序言"中找到，其序曰：

> 作韵书者，盖数十家，其说相抵牾，若聚讼，夫孰能辨之？然则，三代正音，既不可考也。近世之转，益讹谬者，可正则正之，疑则存焉可也。盖华音当以古为正，我音当以华为宗，故我世宗大王创谚书以解中华之反切，无不合者，大圣人之作盛矣哉！……呜呼，音韵，圣人所重也。然世愈降，而音愈变，欲反三代之古而不可得矣。且非音韵变也，礼乐射御，何事不变？其不变者，惟此心此理在耳。无今古，无华夷，此心同，此理同。故有不学，学则可以至于圣人。君子所宜慥慥焉者，其在斯欤。在斯欤，予即作之。①

此序言说明，汉字的读音，无论华音还是朝鲜音，都随时代在变，朝鲜音以华音为宗，而华音则又以古为正。其说华音"以古为正"是事实，康熙敕命编撰的《音韵阐微》即以古为正，在其正文前所列"韵谱"，就是采用了宋代36字母和106部平水韵归字，其中，上平声十五韵，下平声十五韵，上声二十九韵，去声三十韵，入声十七韵；正文中每个字的读音多先采用《广韵》、《集韵》之反切，然后才是新改良的"合声切法"。这就完全有别于朝鲜世宗大王创制"谚书"之初所依的汉语音韵——明朝的《洪武正韵》之以31字母、76韵归字。华音官韵既变，以华音为宗的东国之韵岂有不变之理？申叔舟、崔世珍等前人所遗《洪武正韵译训》、《四声通考》、《东国正韵》、《四声通解》等谚注韵书或曰汉字字典，已然不合于时代的变化，所以，需要有一部新的反映中朝现实汉字读音的字典问世，以供朝鲜文人学习汉语和朝鲜语之现实音韵，是故，书名取《华东正音通释韵考》。

---

① 李祢：《华东正音通释韵考·御制序》，韩国国立中央图书馆所藏1787年再刊本，第5—10页。

第一章　朝鲜与汉语官话

《华东正音》初刊本分"乾"和"坤"即卷一、卷二两册，卷一内容为朴性源所撰"序言"、"凡例"、"谚文初中终三声辨"和"从'东董送'韵至'删潸谏'韵的上平、上声与去声的汉字华东正音谚文注音释义"；卷二内容为"从'先铣霰'韵至'咸豏陷'韵的下平、上声与去声以及从'屋'至'洽'的入声韵汉字华东正音谚文注音释义"。

正如朴性源序言所言，他们编撰《华东正音》是"取《三韵通考》，悬华音于字下，一依本国崔世珍所撰《四声通解》之音而广集字书，以订参考，依华音初声而定我音"，所以，《华东正音》所取汉字、排列顺序以及释义除小部分作了改动以外，基本沿用了朝鲜显宗年间（1659—1674）所刊《三韵通考》（如下图所示）。

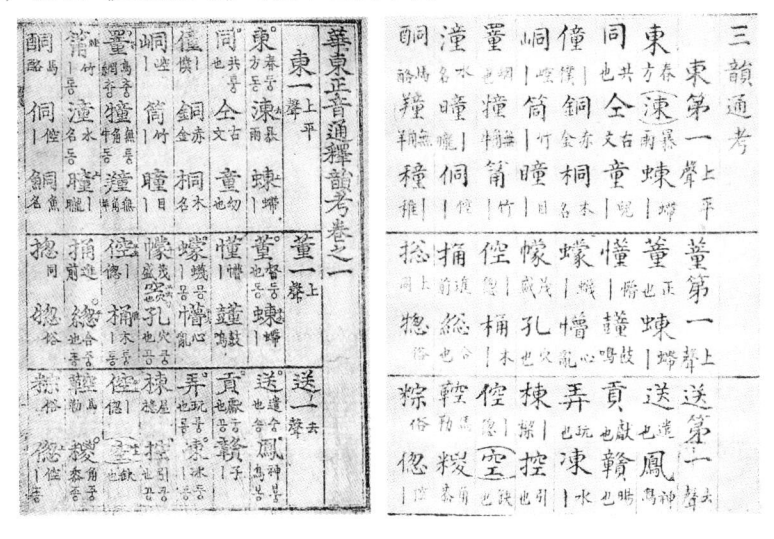

（左右二图分别引自韩国国立中央图书馆所藏1747年刊《华东正音通释韵考》和显宗年间刊《三韵通考》。）

"《华东正音通释韵考》收录了11794个汉字，依照韩国最早的韩国音韵书《三韵通考》的形式，采取上中下三个表示平声、上声、去声排列方法，入声字另外收录在最后。"[①] 其"凡例"第四条规定："字音清浊，旁加圈点以别之，全清〇，次清◗，不清不浊◐，全浊●，而下同者蒙上空。"[②] 然而，这只是表面现象，正如《音韵阐微》，其韵谱虽然采用

[①] 李得春：《中韩语言文字关系史研究》（上），延边教育出版社2006年版，第197页。

[②] 朴性源：《华东正音通释韵考》（乾），韩国国立中央图书馆所藏1747年初刊本，第6页。

了存古的36字、106韵，但实际上却是用"合声切法"表记了"今音"。
"《阐微》有两个系统，一古一今，一明一暗。明的跟《平水韵》相同，属《广韵》一系。暗的当是时音，即18世纪的京师语音。"[1]《华东正音》所谓"一依本国崔世珍所撰《四声通解》之音"，依的是《四声通解》中的"今俗音"[2]，但又有了些许改动，综合其"凡例"、"谚文初中终三声辨"以及正文中的实际谚文注音，大体可知其所注华音的声韵母如下：

声母：理论上为18个。初声终声通用八字ㄱ k、ㄴ n、ㄷ t、ㄹ l、ㅁ m、ㅂ p、ㅅ ʂ (s) 和ㅇ ø；初声独用八字ㅋ k'、ㅌ t'、ㅍ p'、ㅈ tʂ (tʃ、ts)、ㅊ tʂ' (tʃ'、ts')、△ ʐ (ʒ)、ㆁ ɤ 和ㅎ x；五音初声中有一个唇音◇，实际用于"无、武、未、尾、吻、问、晚、万"等微母字，即相当于此前朝鲜谚解韵书中的ㅱ ɱ；实际注音中还有一个轻唇音ᄛ f；但是，由于其"凡例"第三条规定："ㆁ ㅇ ◇ 此三者出声相近，不必异制，角羽宫三音并有此初声，故随其音而小变字样，以别所属"，所以可以理解为"ㆁ ㅇ ◇"三字实际音值相同，趋近于零声母ø。这样，实际声母应为16个，即p、p'、m、f、t、t'、n、l、k、k'、x、tʂ (tʃ、ts)、tʂ' (tʃ'、ts')、ʂ (s)、ʐ (ʒ) 和ø。除不分平翘舌齿音外，与《音韵阐微》19个声母基本相同。李光地《榕村别集》、《榕村集》云："等韵凡三十六，今云二十一者，以京师、江宁府及中州之声为凡也"[3]；"等韵有三十六母，邵韵有四十八行，以今音对之，则今音所缺者多，即如疑、微两母必不可缺者而今京音无之，故满字亦无之，则此两字无音可对。"[4]

---

[1] 忌浮：《〈音韵阐微〉的反切》，载中国音韵学研究会、汕头大学文学院编《音韵论集》，中华书局2005年版，第162页。

[2] 裴渊德：《〈华东正音通释韵考〉研究》，载首尔大学师范学院国语教育科编《先清语文》1999年第27期，第509—526页。裴渊德教授经过对《华东正音通释韵考》与《四声通解》、《翻译老乞大·朴通事》的华音谚文注音具体比对后，认为：《正音通释》之华音既非"正音"，亦非"俗音"，而是"今俗音"，它是在《三韵通考》上标注了《四声通解》的"今俗音"，与《翻译老乞大·朴通事》的右侧音相同，编者朴性源只是对汉字的汉语读音（华音）与朝鲜语读音（东音）的"训民正音"书写方式进行了一元化处理。

[3] 李光地：《清代诗文集汇编·榕村别集》（160），上海古籍出版社2010年版，第538页。

[4] 李光地：《文渊阁四库全书·榕村集》（1324），台湾商务印书馆1983年影印本，第933页。

21个今声母再减去疑、微两母,即为19个声母。①

《华东正音》中的华音注音之所以齿音不分平卷舌,当与编者之一的朝鲜通事李君彦所接触的汉语有关。李君彦随朝鲜燕行使臣赴清,途经的是盛京(今沈阳)等关东之地,在北京城内与之交涉的又多为满人,由于特定的历史原因,当时汉语京腔被视为"满式汉语",以沈阳话为基础。据侯仁之、侯精一等学者的研究,1644年清军入关后,90万来自东北地区的八旗兵丁与家属平民中有40万众移居于北京,满人和旗人的大部分居住于北京内城,原来住在内城的汉人则迁居外城,康熙年间,内城居民的语言逐渐从满汉双语向汉语过渡,形成内城北京话,带有许多东北方言和满语的成分,不同于外城汉人所说的北京话。② 而关纪新在《老舍与满族文化》一书中则更加明确指出:在清政府入关之前,作为一个地方政权,满人在东北已经经营有年,满汉语言交流频繁,汉语沈阳话是满人学习汉语最切近的样板。"定都北京不久,实行了旗、民在内外城分城居住的措施,京师原有居民悉数被遣往外城,虽与内城驻防的旗族间'鸡犬之声相闻',却隔着城墙不相往来。只是此刻内城满人官兵因已置身中土,学讲汉语渐成必需,他们当时最近便的汉语教师——操汉语沈阳方言的汉军旗人,就比先前更显著地发挥起了作用。于是乎,汉语沈阳话比当时的京城汉语方言捷足先登,抢占先机地影响到了上下各阶层满洲人,满人说汉话,就此进一步地被打上了汉语沈阳方言的浓重底色。汉语的沈阳方言,作为日后旗人们嘴边的汉语京腔的母本,与这种定型后的京腔有诸多相近之处,只是沈阳话使用平卷舌过分随意,听来音质更为浑朴粗粝,音调也更多凝重下沉而已。"③ 张世方先生调查认为:辽宁沈阳、吉林通化等地的北京官话知庄章组字与精组字的今声母,老派全读[ts]

---

① 韩国金泰完先生在其《音韻闡微를 통한清代官話 聲母體系 考察(通过音韵阐微考察清代官话声韵体系)》一文中拟定清代官话实际音韵体系中的声母为19个(参见韓國中國語學會《中國言語研究》第14辑,2002年,第259—266页),宁忌浮先生在其《〈音韵阐微〉的反切》一文中也指出《音韵阐微》所反映的时音声母为19个,即p、pʻ、m、f、t、tʻ、n、l、k、kʻ、x、tɕ(tʃ)、tɕʻ(tʃʻ)、ʂ(ʃ)、ʐ(ʒ)、ts、tsʻ、s和ø。(参见宁忌浮《〈音韵阐微〉的反切》,载中国音韵学研究会、汕头大学文学院编《音韵论集》,中华书局2005年版,第162页。)叶宝奎先生《明清官话音系》中拟定的《音韵阐微》"官话音二十一声母"则多出"疑母ŋ和微母v"。(参见叶宝奎《明清官话音系》,厦门大学出版社2001年版,第192页。)

② 张世方:《北京官话语音研究》,北京语言大学出版社2010年版,第13页。

③ 关纪新:《老舍与满族文化》,辽宁民族出版社2008年版,第178—180页。

组声母，新派开始出现 [ts] [tʂ] 自由变读的现象。① 笔者也观察到，时至今日，仍有许多沈阳人说话，好似一些南方人说普通话，[tʂ] [tʂ'] [ʂ] 与 [ts] [ts'] [s] 不分。这大概就是《华东正音》中的华音声母为何要比《音韵阐微》的时音声母少三个的原因。

韵母：如图所示，虽然《华东正音》沿袭《三韵通考》，将平上去三声的韵类并列，而将十七个入声韵别置于文末，然而，在实际谚文注音中，入声字并没有 k、p、t 等入声尾音，在"凡例"中，编者明确以中声为单位，并列四声，将 106 韵划成 31 个大类，并在"凡例"末尾注明："诸韵终声ㄴㅁㅇ之呼，初不相混，而直以侵覃咸盐合口终声，汉俗皆呼为ㄴ，故真与侵，删与覃，先与盐之音相混矣"。说明合口韵尾消失，混入了鼻韵尾中。具体 31 个华音中声韵类如下：

1. 东、董、送、屋　ㅜu、ㅠju
2. 冬、肿、宋、沃　同东韵，洪武韵附东。
3. 江、讲、绛、觉　ㅏa、ㅑja（从ㅘwa者ㅏa之变；觉从ㅛjo者ㅑja之变。）
4. 支、纸、寘、〇　ㅣi、ㅡɯ、ㅟy，（从ㅟy即洪武韵灰、队、贿之杂，从ㅣi或荠、霁之杂。）
5. 微、尾、未、〇　同支，洪武韵附支。
6. 鱼、语、御、〇　ㅜu、ㅠju（从ㅜu者洪武韵附虞。）
7. 虞、麌、遇、〇　ㅜu
8. 齐、荠、霁、〇　ㅖje（变呼ㅣi，从ㅟy洪武韵去队。）
9. 佳、蟹、泰、〇　ㅐɛ、ㅒjɛ、ㅙwɛ（从ㅖje者之ㅒjɛ变俗。）（笔者注：仅"佳"一个字实际注音为갸kja）
10. 灰、贿、卦、〇　ㅟy、ㅙwɛ、ㅐɛ（从ㅐɛ、ㅙwɛ字洪武韵入佳。）
11. 〇、〇、队、〇　ㅟy、ㅐɛ、ㅖje、ㅙwɛ、ㅣi（此韵从ㅟy、ㅙwɛ洪韵去卦，从ㅐɛ、ㅖje去泰，从ㅣi去寘。）
12. 真、轸、震、质　ㅣi、ㅜu、ㅠju、ㅡɯ
13. 文、吻、问、物　同真，洪武韵附真。（物从ㅗo者ㅜu之变

---

① 张世方：《北京官话语音研究》，北京语言大学出版社 2010 年版，第 34、60、67 页。

俗。）

14. 元、阮、愿、月　与真、文、寒、删、先相混，故洪武韵从类分属。

15. 寒、旱、翰、曷 ㅏə、ㅓwə（从ㅏa者ㅓə之变俗；曷从ㅗo、ㅘwa者ㅓwə之变俗。）

16. 删、潸、谏、黠　ㅏa、ㅑja、ㅘwa

17. 先、铣、霰、屑　ㅓə、ㅠeu

18. 萧、筱、啸、○　ㅓja（变呼ㅑja。）（笔者注：实际注音中为ㅑja加终声ㅗo，合成ㅛjao。）

19. 肴、巧、效、○　ㅏa、ㅑja（笔者注：实际注音中与18萧韵同，即ㅛjao。）

20. 豪、皓、号、○　同肴，洪武韵肴豪合。

21. 歌、哿、个、○　ㅓə、ㅓwə（俗或变ㅓə从ㅗo。）

22. 麻、马、祃、○　ㅏa、ㅑja、ㅘwa

23. 阳、养、漾、药　ㅏa、ㅑja、ㅘwa（药从ㅗo、ㅛjo者ㅏa、ㅑja之变俗。）

24. 庚、梗、敬、陌　ㅣi、ㅢɯi、ㅟy、ㆌjui（ㅢɯi、ㅟy、ㆌjui变为ㅡɯ、ㅜu、ㅠju。）

25. 青、迥、径、锡　同庚，洪武韵庚青蒸合。

26. 蒸、○、○、职　同庚。（从ㅏə者ㅢɯi之变，从ㅠju者ㆌjui之变，从ㅓwə者ㅟy之变。）

27. 尤、有、宥、○　ㅡɯ、ㅣi（笔者注：实际注音中为ㅣi加终声ㅜu，合成ㅠiu以及ㅡɯ加终声ㅜu，合成ㅜɯu。）

28. 侵、寝、沁、缉　ㅣi、ㅡɯ，今俗变ㅡɯ呼、ʌ。

29. 覃、感、勘、合　ㅏa、ㅑja，（合从ㅏə者ㅏa之变俗。）

30. 盐、淡、艳、叶　ㅓjə

31. 咸、豏、陷、洽　同覃。（从ㅑja俗呼ㅕjə，洪武附覃。）

以上括号内所谓"俗呼"、"变俗"等皆为正文中的谚文实际注音。这些中声元音（韵头或韵腹）加上终声（韵尾）构成以下实际韵母：ɯŋ、juŋ、aŋ、jaŋ、ɯ、i、y、u、ju、ɛ、jɛ、wɛ、je、in、un、jun、ɯn、an、on、wan、jan、jən、juən、jao、ə、wə、o、a、ja、wa、waŋ、ɯŋ、iŋ、 ɯiŋ、iu、ɯu、ʌn 共计38个，其中ɯiŋ、ɯu、ʌn 三个韵母音值分别接近于iŋ、iu、an，而且实际用例也只限于极个别汉字，所以与《音韵阐微》中所反映的时音韵母基本相同，即宁忌浮先生构拟的时音"韵母已知34个，无入声韵"。① 不过，从以上中声分类的注释中也不难看出，明代的《洪武正韵》对于当时的实际汉语发音所造成的影响是巨大的，洪武韵对以往韵书的重新分并拆合之规范，有很多一直遗存于明朝中国人的实际语言生活中，并延续至清朝。

综上所述，《华东正音》的华音注音基本反映了明清鼎革之后的官话正音尤其是北京官话的实态，它犹如《音韵阐微》的影子，表面形式上复古，回到了36声母、106韵类的"诗韵"体系，实质上的注音则是现实的北京官话发音。正如有学者认为："《音韵阐微》实际上包含两个语音层次：（1）与平水韵相近的传统读书音；（2）当时的官话音。"② 如果此结论成立，那么，我们可以推而言之，《华东正音》所反映的则是四个层次，一是汉语中汉字的韵书音；二是带有"满式汉语"特点的北京官话音；三是朝鲜语中的汉字正音；四是朝鲜语中的汉字俗音。它为朝鲜"事大"中国的传统国策提供了可靠的语言工具，既能满足于与中国文人的汉文诗赋酬唱，又能借之实现与中国朝廷官员交往的语言沟通，而其"东音"则为朝鲜语中的汉字词汇制定了新的读音规范。是故，该书颇为朝鲜上下所重视，自1747年木板初刊后，朝鲜正祖又御制序文于1787年再版了该书。"此后中央也曾发行铸字所藏版和司译院藏版，到1841年又为内阁重新发行。地方发行的版本则有湖南观察营藏版和关西观察营藏版。"③ 说明其有效性持续了一个多世纪，换言之，在19世纪中叶以前，汉语官话，至少是北京官话并没有多大的变化。不过，朝鲜的汉学家们同时也清醒地认识到，在中国的"韵书音"和实际存在的官话"南音和北音"之间有着较大的差异性，它们分别适用于不同的社会群体以及不同的场合。这在《华东正音》初版和再版前后的朝鲜《承政院日记》的一些记事中得以体现。英祖四十五年（1769）五月八日，朝鲜司译院提举闵百兴向朝鲜英祖上奏曰：

---

① 宁忌浮：《〈音韵阐微〉的反切》，载中国音韵学研究会、汕头大学文学院编《音韵论集》，中华书局2005年版，第162页。

② 叶宝奎：《明清官话音系》，厦门大学出版社2001年版，第191页。

③ 李得春：《中韩语言文字关系史研究》（上），延边教育出版社2006年版，第200页。

臣方待罪译院提举，故敢以本院事仰达矣。汉语专用《洪武正韵》，而近来彼中字音，渐至讹误，故顷有《老乞大》一从行用俗音厘正之举。文臣汉学殿讲及译院取才，皆用新刊《老乞大》矣。旧音虽有停书，以为不忘之道，而常时诵习，既用俗音，则窃恐汉语之自此将不得行于世矣。试以我国方语言之，虽有字音讹变者，而有识之人，自可推移听认。臣意则凡于汉学讲规，以旧板《老乞大》，依前为之，使不至永废。至于行用之俗音，随字傍录，以识其渐变，似好，下询大臣而处之，何如？①

正祖四年（1780）四月十九日冬至使副使洪检向朝鲜国王汇报说：

臣有区区所怀，敢此仰达矣。臣于今行往来所经路站及留馆时，闻译舌与彼人酬酢之语，则相反于《洪武正韵》者居多，问其故，则年前启禧赴燕时，采归关东商胡行货之俗语，作为正本，旧板则搁而不用。译院生徒，皆以新音试取，甚至文臣殿讲，一例用此云，事极寒心。假令彼人言语，一皆袭谬，若其册子刊行，宜取正音，况彼中搢绅朝贵及南方汉人，专尚正音者乎？正音练习，则所谓买卖恒用之俚音，自可类推而知。今此捨旧本而取新刊，殊不成说，下询大臣，俾为归正之道，似好矣。②

在《朝鲜王朝实录》、《承政院日记》等朝鲜文献中，"中"字往往被用于"京城"之意，所以从这两条记录中可以了解到，一方面，当时的中国北京"行用俗音"，迫使朝鲜司译院等相关机构只好启用新的《老乞大》汉语会话教材；另一方面，京中缙绅朝贵以及南方汉人依然"专尚正音"，即《洪武正韵译训》所记录的汉语正音，所以，他们又不能随便弃用《洪武正韵译训》和旧版《老乞大》。笔者以为这也正是《华东正音》的"凡例"中依然非常重视"洪武韵"的原因之所在。事实上，朝鲜王廷为了避免《三韵通考》、《华东正音》等韵书将平、上、去三声韵并列，而文末才另附入声的体例，容易让人误以为朝鲜只认可没有入声韵

---

① 《承政院日记》（http：//sjw.history.go.kr/main/main.jsp）英祖四十五年五月八日条。
② 《承政院日记》（http：//sjw.history.go.kr/main/main.jsp）正祖四年四月十九日条。

的"俗音"或"时音",在御制刊印《华东正音通释韵考》之后,另外还专门颁布刊印了《御定奎章全韵》发往全国各地。《正祖实录》二十年(1796)八月十一日第一条记事曰:

> 颁赐《御定奎章全韵》于中外。教曰:"我东韵书之汇以叁韵,别置入声,有非韵本四声之义,而不押增韵与入声,科场不押增补,亦不晓通韵、叶音之格,卤莽莫甚。所以博据广证,命编是书者也。此后公私押韵字及入声,准此韵书义例、式令事,分付京外掌试之司。"①

在司译院等处传习汉语语音时,也依然重视被视为正音的《洪武正韵译训》之音,1768年四月二十四日,朝鲜王廷关于汉音有过一场议论,实录如下:

> 上引见大臣备堂。左议政韩翼謩奏曰:"我国汉音,一从《洪武正韵》厘正矣。年来以俗音改刊,以讹传讹。请以本音讲习,傍录俗音,以备参考。"领议政金致仁曰:"俗音改刊,即洪启禧所陈请,而今虽以俗音讲习,亦令参看正音似好矣。"上曰:"以顺便之道为之。"②

如此,朝鲜王廷应对汉语传习的措施从一个侧面很好地反映了中国当时的实际语言使用状况。曾多次出使清朝的洪启禧于1769年五月二十日专门就此向朝鲜英祖做过一次汇报,说:"《洪武正韵》主正音,《四声通解》分别正音、俗音,《老乞大》、《朴通事》等书主于通话,以当时俗音之语,教译官者也。欲只学正音,则当见《洪武正韵》;欲详知正俗音之别,则当考《四声通解》;欲知通话之俗语,则当习《老》、《朴》诸书。而所谓俗语,随时变改,金、元之际,随其时俗音而改,皇朝时亦改,满洲人主中国后亦改,今又不得不改。若用旧本,

---

① 国史编纂委员会:《朝鲜王朝实录》(四十六),探求堂1986年影印本,第666页。
② 国史编纂委员会:《朝鲜王朝实录》(四十四),探求堂1986年影印本,第285页。

则无以通话，有此书何用哉？虽此后，亦当随变随改矣。"① 笔者认为，这一段精妙论述，恰恰也正好总结了明清之际汉语官话之变迁轨迹，引之于此，以作本章之结言。

（本内容作为阶段性研究成果原载于《韩国研究》第十二辑，浙江大学出版社2014年版）

---

① 《承政院日记》（http://sjw.history.go.kr/main/main.jsp）英祖四十五年五月二十日条。文中所谓《洪武正韵》乃指朝鲜的《洪武正韵译训》，而非中国的《洪武正韵》。

第二章　传教士与汉语官话

从16世纪80年代起陆续来华的传教士，为了在中国传教，首先需要解决语言沟通问题，他们中大多数以学习汉语官话为主，少数兼习粤语、闽南话等方言。对他们而言，学习汉语所要克服的最大难题，就是汉字的识读问题，因为汉字与他们所熟知的拉丁文字有着质的不同。金尼阁在《西儒耳目资》的"列边正谱小序"中对表意文字和表音文字之别有过一番议论，曰："字之妙，传意为主。传意之宽，字妙之长也。传意之窄，字妙之短也。今从意之字，不待其音，自能传意。从音之字，未知其音，不能传其意焉。故中华从意之字，邻国幸而用之。虽风气之音，大不相通，但使中文如本地之文，即无不通之者。矧中华一统之内，多省如此，普天之下，人意所通，果一一用中文从意之字，同文之理行且大通于天下矣。宁不深可幸哉？乃从音之字不然，必待其音，则传其意，故不能通异乡之谈者，亦不能通异乡之文。盖虽所用同音之号者，字字之号，号号之音，每每可认，但其音音之意，未能通也。况又或用同音不同之号，未知其字，未知其音，更未知其意，岂不愈难知欤？然则从音之字，学之诚易，书之诚便，宁能不让从意之妙，从意之宽乎哉？"然而，"妙者必难。从意之字，以多为难，多则易乱，乱则难。"[①] 正因如此，传教士们从表音文字的视角出发，以中国原有的韵书为依据，以传统的音韵理论为基础，对汉字尤其是其官话读音进行了重新解构，利用罗马字"从音"之性质，拼写当时的实际汉语语音，编写出了许多甚至具有现代语言学意义的汉字字典以及相应的汉语会话教材，既为当时的传教士学习汉语提供了便利，也为我们今天研究明清官话留下了宝贵的文献史料。

---

① ［比］金尼阁：《四库全书存目丛书·西儒耳目资三卷》，齐鲁书社1997年版，第687—688页。

第一节 耶稣会士对汉字的解析与认知

1930年，罗常培在《历史语言研究所集刊》上发表《耶稣会士在音韵学上的贡献》一文，开启了我国关于欧人特别是入华耶稣会士认知汉语的研究历史。1983年，时值利玛窦来华四百周年，大陆和台湾相继翻译出版了《利玛窦中国札记》（中华书局，1983年）、《利玛窦书信集》（光启出版社、辅仁大学出版社，1986年）以及《利玛窦中国传教史》（光启出版社，1987年）等文献史料，"新材料、新问题"，掀起了学界对于利玛窦及其相关问题的研究热潮，与罗明坚、利玛窦等早期入华耶稣会士相关的语言学研究，特别是耶稣会士所记录的明代官话是否以南京音为正音的讨论逐渐成为该研究领域之一"新潮流"。为此，笔者拟在各位学界前辈的研究基础上，对沙勿略、罗明坚、利玛窦、金尼阁等早期赴日、入华耶稣会士所建构的对于汉字的解析与认知体系作一次综合性的考述，从一个侧面了解他们对官话的认知。

一 耶稣会士以梵汉语言接触结果为基础解析汉字音韵

沙勿略（Francisco de Xavier，1506—1552）等首批赴日耶稣会士1549年进入日本后，逐渐发现汉字、汉文以及中国文化至于日本的重要，他们意识到：如能首先教化中国，那么就能利用汉文以及中国文化对于其周边国家的影响力，轻而易举地达到在东亚布教的目的。在他们看来，欧洲语言与东亚语言之最大的区别就在于记录语言的符号，即文字；汉字完全相异于罗马字，它的音意能够分离，不同地区的人们可以赋予一个汉字不同的读音而表达同一个概念所指，所以，不仅操不同方言的中国各地民众能互通汉文，连文法、语音迥异的不同国度的日本、朝鲜、交趾支那、琉球等国家的人，都能像中国人一样阅读汉文，看懂汉文书籍。因此，但凡对东亚语言发生兴趣的耶稣会士，几乎毫无例外地都将目光投向了汉字与汉文。

源于内外两大原因，耶稣会士研习汉字和汉文，首先面临的是如何用罗马字对汉字的读音进行标注和转写的问题。一方面，如金尼阁所言："能以字之笔画，象万物之意，中华以为易，敝土又以为难，何也？彼此狃于所熟。"① 所以,东来的耶稣会士在研习汉字汉文的过程中,便本能地试图寻求一种以他们所熟习的罗马字母去标注汉字读音的方法,以资西人之"耳目",从而达成运用当地语言传教之目的;另一方面,耶稣会总会为能及时了解耶稣会士在传教当地的状况,全面掌握和巩固耶稣会组织,在创会之初就对罗马以外的会员制定了一个通讯汇报制度——《分散在罗马以外地区的会员写信时应该遵守的规则》,除要求会员信函应尽可能使用拉丁文等以外,对各地通信汇报的频率都作了详细的规定。② 所以,自1549年起,沙勿略、范礼安、罗明坚、利玛窦等东来的耶稣会士与耶稣总会,以及他们相互之间经常会有书信往来,文中难免会涉及日本和中国的人名与地名,需要用罗马字进行转写。如此,研究日语和汉语的音韵特点便成了耶稣会士研习日汉语的第一要务。

众所周知,在耶稣会士东来之前,东亚三国语言与语音有关的研究主要以汉语音韵学为主。随佛教东传而来的梵语与汉语的接触,导致或者说推动了汉字反切法的形成。"率用一字相摩,上字为声,下字为韵,声韵苟叶"的此种反切之法,虽说以"纵有四声,衡有七音"之经纬构成坐标,但已间接地将一个汉字的音节分解为声母和韵母两个部分,从而搭建了汉字这种象形文字与拼音文字的关联。佛教再传日本,继而使日语与梵语相接触,推动了日语片、平假名的形成,使日语中的汉字与拼音文字有了直接的联系。因为耶稣会士们所操的欧洲语言皆以拼音文字为书写符号,所以,有反切法和假名作为中间桥梁,他们便有了切入点,以音素文字的视角解析和认知汉字之音韵。换言之,汉语的反切法和日语的假名为16世纪中叶东来的耶稣会士解析汉字读音打下了坚实的基础。

最初以音素为单位,将日语假名分解为辅音和元音的便是耶稣会的东方传教先驱沙勿略。沙勿略抵日两年后,虽然还需依靠比他的日语进步快得多的修士费尔南德斯(Juan Fernandez)与日本人进行口头交流,但是,他已经对学好日语有了足够的信心,因为他找到了欧洲人认读日语的好方法。他在1552年1月写给欧洲耶稣会士的信中这样说道:"学习日语并不难。""我们辛勤地将教理说明书翻译成了日语,为便于朗读,我还将这

---

① [比]金尼阁:《四库全书存目丛书·西儒耳目资三卷》,齐鲁书社1997年版,第566页。
② 戚印平:《远东耶稣会的通信制度》,《世界宗教研究》2005年第1期,第85—86页。

些日文改写成了罗马字。"① 殊不知，他为了欧洲人朗读记忆的方便，而对日文进行罗马字转写，恰恰成了欧洲语言与日语相接触的最大产物。它不仅开启了日语罗马字转写的历史，而且，用辅音和元音分解日语假名的发音，也为日语语音学研究的发展开辟了一条全新的途径。下表所示，即为沙勿略制定的日文罗马字转写法。②

沙勿略日文罗马字转写表

nha	ja	xa	pa	ba	da	za	ga	ua va	ra	ya	ma	fa	na	ta	ça sa	ca	a
			pi	bi	gi	ji	gui		ri		mi	fi	ni	chi	xi	qi qui	i
nhu	ju	xu	pu	bu	zzu	zu	gu		ru	yu	mu	fu	nu	tçu		su	cu qu	v
			pe	be	de	je	gue		re		me	fe	ne	te	xe	qe que	ye
nho	jo	xo	po	bo	do	zo	go	uo vo	ro	yo	mo	fo	no	to	so	co	vo

耶稣会士对汉字及假名毕竟有距离感，即便他们学会了日语，仍然喜欢用日语罗马字转写翻译天主教教理书，而且，他们也希望日本的信徒特别是神学院、神学校的学生们能通过使用罗马字熟悉葡萄牙语和拉丁语，所以，日语假名的罗马字注音和转写在日耶稣会士的实际使用过程中得到了进一步的补充和完善，并随耶稣会所办神学校、神学院教育的发展而得到了普及。至1590年，活字印刷传入日本，罗马字本吉利支丹版书籍问世，更是迎来了日语罗马字统一化的大好时机。正如许多日本的吉利支丹语言学专家所言，由于当时在日耶稣会士的主要用语是葡萄牙语，他们在用罗马字母转写日语时，理所当然地用了葡萄牙语的罗马字音值趋近表记了日语发音，因此，《圣人传辑录》、《罗葡日辞书》、《日葡辞书》、《日本大文典》等系列性的耶稣会日语研究成果的出版，实际上标志着在日耶稣会士通过日语假名的罗马字转写，间接地为汉字的读音建构了一套以

---

① フランシスコ・ザビエル：《聖フランシスコ・ザビエル全書簡》，河野纯德译，日本平凡社1985年版，第526页。

② 该表为村上直次郎所归纳。他认为当时的耶稣会士是追随葡萄牙商船来日本传教的，葡语是活动于东南亚和东亚地区的欧洲人之通用语，所以沙勿略制定的此套日语罗马字转写法是葡萄牙语式的。(参见村上直次郎译、柳谷武夫编辑《イエズス会日本年報》，日本雄松堂1944年版，第4页。)

葡语罗马字音值为区别音位的、以辅音为经、元音为纬的解析坐标。此解析方法随耶稣会内部的相互联系与沟通,对入华耶稣会士直接研习汉语音韵产生了一定的影响。

罗明坚是第一个被耶稣会指派学习汉语,并进入中国内陆传教的耶稣会士。而当时在日耶稣会士已经通过日语的书面语——变体汉文对汉语有了相当的了解,所以罗明坚关于汉语的最初印象或多或少为在日耶稣会士对汉文的认识所左右。当时在澳门的耶稣会士普遍认为,日语假名是音节文字,不到50个,加之日本各地的方言差别并不大,所以日语相对易学。然而,汉语方言多,汉字多,语义又因汉字排列顺序而发生变化等,要学会汉语几乎不太可能。"中国语文非常难学,超出其他任何国家的文字,因为它无字母,字又多得不可计数,可说世界上有多少字,它也有多少字,因此为能达到会念的程度要学很长的时间,据说即使中国人也须读书十五年后方能读通、能写文章,由此可知是如何地难学写了。"[①] 罗明坚学习汉语首先遇到的难题是汉字,这同耶稣会士初入日本接触日语时的感触如出一辙。于是,罗明坚、利玛窦在居于肇庆期间,经艰苦努力自己学会汉语官话的同时,还编写了罗马字本汉语会话教材《宾主问答私拟》和《葡汉辞典》,并在中国学者钟鸣仁和精通音律的另一位耶稣会士郭居静的帮助下于1598年编撰了《汉葡辞书》,初步构建了以罗马字转写汉字读音的体系,为其自己及其他入华传教士学习汉语和用母语书写有关中国的专有名词提供了便利。在《利玛窦中国传教史》中,关于《汉葡辞书》有过这样一段记述:

> 这部辞典按照一定的规则和顺序,包括了和汉语有关的所有问题。因此,从现在起所有的人都可以毫不费力地学习汉语。……正是这点(指汉语的声调和送气音)使汉语变得比较难学。为了很好地区别带送气音的字,他们发明了五种不同的重音符号。对于解决这个问题,郭居静神父做出了很大贡献,因为他具有音乐知识,能够很好地察觉并辨别不同的声调。他们决定使用五个重音符号和一个送气音符号,并把这些符号连同我们的罗马字母一起使用,来描写一个汉字

---

① [意] 利玛窦等:《利玛窦书信集》,罗渔译,光启出版社、辅仁大学出版社1986年版,第431页。

第二章　传教士与汉语官话

的发音。为了获得一致，他们采用这个方法从事所有的写作。利玛窦神父命令从即时起所有耶稣会士都必须遵守这些规则，不允许任何人在书写时随意违反之，否则将会产生许多混乱。这样，由于我们研究工作的巨大成就，人们便可以通过文章和笔记互相帮助。①

利玛窦本人虽然没有明言他们制定汉语罗马字注音规则是否以反切法为基础，但金尼阁在其《西儒耳目资》中不仅将其汉语音韵新说与中国的传统字韵之学相比较问答，而且还明确指出："敝会利西泰、郭仰凤、庞顺阳实始之，愚窃比于我老朋而已。"② 足见起始于利玛窦、郭居静的汉字罗马字注音之基础正是中国传统的反切法。利玛窦并没有专著论述其制定的汉字罗马字注音规则，但在1605年，他巧妙地利用制墨名家程大约之《墨苑》，印刷出版了《西字奇迹》，在此本西、汉文字对照的耶稣会专业汉语教材中，用符号与葡语罗马字母相结合的汉语"西字"，对汉字读音初步勾勒出了声母、韵母加平仄声调的三维解析坐标。笔者参照《西儒耳目资》以及罗常培、杨福绵等前辈的研究成果，仿照《汉语拼音方案》的格式整理出《西字奇迹》的"利玛窦式汉语罗马字注音系统"如下：

1. 声母表（26声母）

c	c̔	ç	ç̔	f	g	h	j	k	k̔	l	m	n
改；则	堪；前	哉	曹	方	艾；然	海	若	见	奇	赖	明	难
càì; cě	c̔ an; c̔ iēn	çāi	ç̔ âo	fām	gái; gēn	hài	jǒ	kién	k̔ î	lái	mîm	nân

p	p̔	q(u)	q̔(u)	s	t	t̔	v	x	ch	ch̔	ng	nh
邦	僻	广	睽	色	大	通	万	身	真	出	我	艺
pām	p̔ iě	quàm	q̔ uēi	sě	tá	t̔ ūm	ván	xīn	chīn	ch̔ ǔ	ngò	nhí

---

① ［意］利玛窦：《利玛窦中国传教史》，刘俊馀、王玉川译，台北光启出版社1987年版，转引自罗明坚、利玛窦著，魏若望主编《葡汉辞典》，旧金山大学利玛窦中西文化研究所、葡萄牙国家图书馆、东方葡萄牙学会2001年版，第110、111页。

在经金尼阁改编后的《利玛窦中国札记》（何高济、王遵仲、李申译，广西师范大学出版社2001年版）第236页中，也有此段文字，但由于翻译原本的不同及翻译表述的不同，意思上有些出入，而且《札记》译者将此本辞典注解为《平常问答词意》，是错误的，因为编写的时间不符。

② ［比］金尼阁：《四库全书存目丛书·西儒耳目资三卷》，齐鲁书社1997年版，第549页。

2. 韵母表（44 韵母）

		i	几 kì	o	我 ngò	u	古 kù
a 太 tá		ia（ya）	家 kiā	oa	化 hoá		
e 者 chè		ie	邪 siê	oe	或 hoĕ		
ai	哉 çāi	iai	解 kiài			uai	国 quǎi
ao	好 hào	iao	教 kiáo				
eu	寿 xéu	ieu	久 kièu				
io	确 kʻiŏ						
iu（yu）	居 kiū						
oo *	座 çoó						
ui	对 tuí						
uo	卧 guó						
eao	燎 leào						
iue	决 kiuĕ						
oei	灰 hoēi						
uei（uey）	为 guêi						
am	方 fām	iam	将 ciām	oam	荒 hoām	uam	广 quàm
an	山 xān						
em	等 tèm			oem	猛 moèm		
en	文 vên	ien	见 kién			uen	闻 vuên
im（ym）	精 cīm						
in	钦 kʻīn						
um（om）	众 chúm	yum	用 yúm				
eam	两 leàm						
iun	君 kiūn						
uon	观 quōn						
iuen（yuen）	圆 yuēn						
lh	而 lh̀						

* uo 韵母在声母 t、ç 后变为 oo。

3. 次音字母表（4 次音）

o ·	ů ·	ie ·	io ·
足　，逐	自　，思	乙　，笔	欲
çŏ　chŏ ·	cǔ　sū ·	yě　piě ·	yŏ ·

4. 声调符号

清平	浊平	上声	去声	入声
-	^	\	´	ˇ
观 quōn	人 gîn	古 cù	教 kiáo	业 nhiě

正是由于罗明坚、利玛窦以及郭居静的这些努力，以及他们本身成功学习汉语的榜样作用，使得后来的入华耶稣会士完全改变了关于汉语绝对难学的先入观，曾德昭（Alvaro Semedo，1585—1658）在其《大中国志》中介绍中国的语言文字时，就说：

> 中国今天只通用一种语言，即他们称呼的官话（Quonhoa），也即曼达林语。当他们在认真、慎重地把他们的政体介绍到别国时，也把他们的语言传去，所以至今官话已传遍全国，有如拉丁语之传遍欧洲。但一般说来，每省仍保留自己的方言。他们是一种有限度的语言，字体之多超过其他语言，但使用的词汇不多，总的说不超过328个词，词汇则有1228个（它们除了音调和气音不同外，实际相似）。① 所有的字几乎都以母音结尾，有几个不以母音结尾的，要么以 M，要么以 N 结尾。他们全是单音词，动词和名词均无语尾变化，适合他们使用，有时动词充当名词，名词充当动词，必要时也充当副词。因此它比拉丁语容易学，因为仅拉丁语法就得化费孩子的全部时

---

① 此段文字中对于328个词和1228个词汇的表述或译文不妥，应该译为328个音节和1228个语音。另据计翔翔考述（《十七世纪中期汉学著作研究》，上海古籍出版社2002年版，第139页），译文的具体数字也有误。在法文本 Histoire universelle de la Chine，p. 49 和英文本 The History of that Great and Renowned Monarchy of China，p. 32 中，原文前者法语为 mot、英语为 letter，且为326个；后者法语为 term、英语为 word。不过，计翔翔将后者翻译为"同音字"也是欠妥的，笔者认为应该将其译为"语音"较为正确。

间。它的简短使他充满多义词,所以是简明的。①

二 耶稣会士由日语兼及汉语的认知进程

汉字除有一定的表音功能外,更主要的还是表意功能。由于不像"表音"方面那样有"反切"、"假名"等梵汉语言接触成果作基础,对于汉字"表意"的认识,耶稣会士们着实经历了一个迂回曲折的过程。

沙勿略初到日本时,他并不清楚汉字与罗马字之间有着表意和表音的本质区别,只是觉得在信奉佛教的地区皆通用汉语作书面语,汉语在该地区的地位和作用就如拉丁语之于欧洲,加之当时日本僧侣及寺庙在日本的教育和文化领域中的地位和作用,诱使他努力去接近日本高僧并听凭池端弥次郎②套用佛教用语翻译了一些简单的天主教教理,以致引发了"Deus 大日如来误译事件"③。尔后,为避免此种尴尬的再次发生,在日耶稣会士们加强了对日语和日本文化的学习,终于发现汉字完全不同于欧洲的罗马字母,它是一种可以"意""音"分离的表意文字;日本人虽然书面语以汉文为主,但日常生活中所使用的语言则有别于书籍中出现的汉语,并不能将汉语直接用于日本人的日常会话交流之中。加戈(P. Balthazar Gago J. S.)在1555年9月写给印度及葡萄牙耶稣会的信中,明确指出:日本没有相当于欧洲语言所使用的文字,他们的文字不甚完备,无法表记发音。日本文字共有两种,其中的汉字每个字往往表达两种或者两种以上

---

① [葡]曾德昭:《大中国志》,何高济译,上海古籍出版社1998年版,第39页。
② 据 G. Schurhammer 神父和 J. Wicki 神父1944—1945年编辑《沙勿略书信全集》时考注,池端弥次郎,教名保罗。1512年前后出生于鹿儿岛的士族家庭。因杀人而被追捕,于1546年及翌年两度搭乘葡萄牙商船逃至马六甲。1548年,在果阿受洗并得教名"圣信保罗"。1549年,随沙勿略回到鹿儿岛,在那里介绍100多名亲戚友人入教。后受僧侣迫害,加入八幡船(倭海盗船)到中国,在中国战死。(见《聖フランシスコ・ザビエル全書簡》,日本平凡社1985年版,第279—280页。)
③ 池端弥次郎将"Deus"翻译成了日本佛教真言宗的主神"大日"。起初,尽管语言、服饰及生活习俗不同,但日本的僧侣们觉得沙勿略所宣扬的神既然与他们所礼拜的"大日"并无二致,便非常友好地接纳了耶稣会士。尔后,沙勿略发现日本僧人实际上根本不知圣三位一体、耶稣为拯救人类被钉在十字架上而死等教义,日本人欢迎他们纯粹是出于误解。于是他便让修士费尔南德斯去阻止日本僧人不要再礼拜大日,结果招致僧侣们开始憎恨神父,以致要杀了神父。僧侣们因此还将"Deus"嘲讽为发音相近的日语"大嘘"(大谎话)。

的意思。如汉字"魂"既有灵魂之意，同时也可指恶魔。而另一种文字假名则不然，如"たましい"，除了指"灵魂"以外再没有别的意思，所以在日耶稣会决定选择此种文字撰写书籍。① 可见，此时的加戈已经清楚地认识到了表意的汉字、表音节的假名和表音素的罗马字之间的区别，它们是三种完全不同的文字。因此，他不仅反对使用意译法翻译天主教的概念词，而且在他主导编写的教理书中，开始刻意使用假名来避免汉字之一字（词）多义所带来的误解。这也就是他所规定的"音译原则"。

然而，毕竟汉字在日本语言文化中的地位和作用远不是假名所能替代得了的。实际上，加戈本人在上述信函中，也不得不指出：日本上流社会的人们希望学习和使用的是汉字而非假名，更何况中国并没有如日本那样的假名文字，这就迫使耶稣会"巡察师"范礼安赴日履任后便开始实施"文化适应"的传教策略，不仅在日本开办了神学校和神学院，以着力培养精通日语和欧洲语言的欧洲青年以及日本信徒，而且指示罗明坚和利玛窦等在澳门苦学汉语"官话"、伺机进入中国内陆传教，以实现沙勿略所愿——先教化汉字文化的本源之国，然后借其对周边国家的影响而达到在该地区全面布教之目的。如此，在日耶稣会以及入华的传教士们努力学习日语和汉语，逐渐对汉字汉文形成了较为全面的认识。他们发现，虽然汉字不能像罗马字或者日语假名那样进行表音，但它的表意功能远远超出他们原先的认知，具有罗马字所不能比拟的功能。"这种描写符号而不是组合字母的书写方法就造成了一种与众不同的表达方式，它可以不仅是用几个短语而是用几个字就清楚明白地说出各种想法，而那在我们就必须啰唆半天还没有说清楚。"② 利玛窦还认为，汉字具有形声义相结合的特点，他在1597年的一封信函中这样写道："中国文字如同埃及的象形文字，每一图形为一字，且单音字居多，因此在图形、发音与含义三方面皆为那一个图形。"③ 人们可以巧妙地利用汉字符号之概念与书写形象、概念与音响形象双结合的特点总结出一套巧记汉字的方法，这便有了他的洋洋洒洒

---

① 柳谷武夫：《イエズス会士日本通信（上）》，村上直次郎译注，日本雄松堂1968年版，第102页。

② [意]利玛窦、[比]金尼阁：《利玛窦中国札记》，何高济、王遵仲、李申译，广西师范大学出版社2001年版，第23页。

③ [意]利玛窦等：《利玛窦书信集》，罗渔译，台北光启出版社、辅仁大学出版社1986年版，第244页。

共六个篇章的《西国记法》，书中对汉字的构字法和反切注音等作了较为独特的阐述。例如，"雨"字，"一鱼立于鼠背，取鱼鼠切雨"等。在研习日汉语的过程中，耶稣会士们还逐渐发现，汉字所表之"意"并不是一成不变的，通过比附并结予一定的语境，同样的汉字以及汉字词汇完全可以赋以新意为耶稣会传教所用。于是，在日耶稣会士放弃了所谓的"音译原则"，开始使用"天主"、"天道"、"天帝"、"上帝"等汉字词汇对译天主教最重要的概念词"Deus"。在《葡汉辞典》中，罗明坚和利玛窦用词条"Criador Tianciu sunvanue 天主生万物"赋予"天主"一词以"造物主"的概念。而在日耶稣会士所编写刊印的《日葡辞书》更是用"天"、"天主"、"天道"、"天帝"、"天尊"等汉字词汇来对译 Deus 一词，并将许多日语的汉字词汇与 Deus 相关联进行释义，给这些词汇增添了天主教所需要表达的新意。如"天敕"、"天忠"、"天威"、"天讬"、"天运"、"天恩"、"天心"、"上天"、"充塞"、"受用"等。对于这些词条，几乎毫无例外地在指出它们原本在日语和汉语中之所指的同时，还说明了这些词汇在耶稣会教会用语中的新意。尤其是在中国，利玛窦等还将此种方法用于介绍欧洲科技文明的著译之中，从而使汉语增添了很多如"几何"、"度"、"自动"等旧瓶装新酒式的借词。

"若欲宣扬天理，熟悉该国风俗，精通该国语言当为要务。"① 为了给旧瓶新酒式的天主教汉字概念词尽快营造一个天主教的"语境"，此时的在日耶稣会传教士已经不再回避使用佛教词汇、格言、掌故等，他们利用活字印刷之便利，大量编印了《金句集》、《倭汉朗咏集》等汉字汉文和日语经典选编，以及《罗葡日辞书》、《落叶集》和《日葡辞书》等辞典，用作神学校和神学院的教材，内中渗透了天主教新意的汉字词汇自然潜移默化地随之进入了日本信徒的语言生活之中。与之相呼应，利玛窦等入华传教士则是在中国倾力著译《天主实义》、《几何原本》等天主教义书和介绍欧洲科技文明的汉文书籍。同样地，利玛窦们的《天主实义》等书，"还包含了摘自古代中国作家的一些合用的引语，这些段落并非仅仅为了装饰，而是用以促使读别的中文书籍的好奇的读者接受这部作品。"在《山海舆地全图》中，利玛窦也"乘机加进了有关中国人至今尚

---

① 天草版《平家物语·序》，1592年，转引自新村出、柊源一《吉利支丹文学集1》，日本平凡社1993年版，第117页。

不知道的基督教的神迹的叙述"。① 而《西字奇迹》、《西琴曲意》等更是直接改编了《圣经》新旧约的内容，宣扬了基督教的教理。通过这些努力，"天主"、"上帝"等汉文中旧有的词汇便有了耶稣会士所加新意的使用"语境"，仿佛呈现了一种"天主"一词，你佛教徒用得，为何我传教士用不得之架势。

三 金尼阁集大成耶稣会士对汉字"形声义"的认知体系

经过众多耶稣会士的努力，至17世纪20年代，基本形成了一个对汉字"形声义"全方位的认知体系，其集大成者便是金尼阁的《西儒耳目资》。《西儒耳目资》由三部分组成，分别是《译引首谱》、《列音韵谱》和《列边正谱》。在《译引首谱》中，金尼阁设立音韵经纬总局和全局，"每局音韵有父有母之字，经纬相罗处生字子，则万音万韵，中华所用尽矣。"在《列音韵谱》卷，以音韵经纬对汉字进行了具体的定位，"一闻其音，则得其位。得其位，则得其字。得其字，则得其意也。"② 相对于《列音韵谱》的"以音求字"，《列边正谱》卷则是"以字画部首索字求音"，并配以该字在《洪武正韵》的卷张页码，以得其意。金尼阁正是通过这种声与韵的经纬坐标，对汉字之"声"以音素为单位进行了翔实的解析，对汉字之"形、义"构筑了一个化烦从简的认知框架。

不仅如此，金尼阁在《西儒耳目资》中还为我们朴素地演绎了"语境"之于"语义"的重要。他在论及音韵之时，处处以"万国"和"中原"二词成对而述，其所画音韵图也以"万国音韵活图"和"中原音韵活图"两相比较。其"中原音韵活图说"有这样一段叙述："万国之人，各以本国所用音韵为宝。愚晓数国谈论，各有本文之趣。各自可宝，乌能遽舍。今幸至中华，得闻大雅音韵之言，独以中原音韵为宝，他国之音姑可土沙置之。"显然，金尼阁以"万国"或"他国"与"中原"相比对而成的"上下文语境"明确地告诉了我们，此处的"中原"并非指地理概念上的以河洛为中心的黄河中下游地区，而是政治或者说是民族文化概念上的"中华"之意。如同"华夷观"之"华"、"夷"之别，由地理关

---

① ［意］利玛窦、［比］金尼阁：《利玛窦中国札记》，何高济、王遵仲、李申译，广西师范大学出版社2001年版，第342—343页。

② ［比］金尼阁：《四库全书存目丛书·西儒耳目资三卷》，齐鲁书社1997年版，第550、606页。

系、民族观念和文化思想三个要素构成一样,① "中原"也具有"地理的"、"民族的"和"文化的"概念。就民族和文化而言,它所指的实际上就是以汉民族和汉文化为中心的中华民族和中华文化。金尼阁在此处正是摈弃单纯的地理概念,而采用了民族和文化意义上的所指。我们如果能领会金尼阁的此种"良苦用心",也就可免了明代的官话到底是以"中原地区"音为"正音"还是以南京音为"正音"的争论。

朱元璋建立明朝后,为重建汉人一统华夏的秩序,"车同轨,而书同文,凡礼乐文物咸遵往圣,赫然上继唐虞之治。至于韵书,亦入宸虑。下诏词臣随音刊正,以洗千古之陋习,猗欤盛哉。"② 因此便有了翰林侍讲学士乐韶凤等所编的《洪武正韵》(1375年)。其时离元末周德清编《中原音韵》(1324年)仅隔51年,如果没有特别的政治、社会等语言外部因素的影响,《洪武正韵》当与《中原音韵》无甚大别。然而事实是,《洪武正韵》音系不仅有异于《中原音韵》,而且反而与具有"清浊上去入声"之分的"沈韵"、"等韵"相符。由此笔者联想到,清人高静亭曾经有论:"正音者,俗所谓官话也。……语音不但南北相殊,即同郡亦各有别。故趋逐语音者,一县之中以县城为则,一府之中以府城为则,一省之中以省城为则,而天下之内又以皇都为则。故凡缙绅之家及官常出色者,无不趋仰京话,则京话为官话之道岸。"③ 朱元璋既然先欲建都凤阳,后又定都南京,且要恢复汉人统治下的礼乐秩序,以凤阳音或南京音为大明"正音"实属常理。至于《洪武正音》明明是"平声不分阴阳,又设立10个入声韵部,有31个声母,保存全浊,这都不符合'中原雅声'。"④ 但其《序》偏偏说:"以中原雅音为定",不就恰恰说明了朱元璋是欲以此"中原雅音"对元代蒙古人统治下的"中原雅音"进行"拨乱反正"吗?元末的《中原音韵》和明初的《洪武正韵》,两者都自称以"中原雅音"为定,然而除了都想以"中原"一词以求得"华夷"之别

---

① 赵诚乙:《洪大容의 역사인식-華夷觀을 중심으로》,《震檀學報》1995年第6期,第215—232页。

② (明)宋濂:《洪武正韵序》,载申叔舟《洪武正韵译训》,高丽大学校出版部1974年版,第352页。

③ (清)高静亭:《正音集句序》,载《正音撮要》(1810年),转引自麦耘《〈正音撮要〉中尖团音的分合》,《古汉语研究》2000年第1期,31—34页。

④ 何九盈:《中国古代语言学史》,广东教育出版社2000年版,第209页。

中的"华"的"正统"地位以外，它们实际所指的"雅音"或"雅声"并非同物。《中原音韵》中所言的"雅音"指代的是已深受《蒙古字韵》影响的"全浊声母消失，入声派入平上去三声"之大都的语音系统，①或如有学者认为的"流行于大都等大城市戏曲艺人之间的汉语共同语"。②而耶稣会传教士的一些文书以及当时日本汉学家的有关汉语音韵的记载都表明，明代的"雅音"却是"南京音"。③要论地理位置，大都和南京都不能算作"中原"之代表地，所以以地理概念来读解当时的"中原"一词显然是不当的。而如果我们能像金尼阁那样，在政治"语境"下来读解和使用"中原"一词，那么，对于令当今学者颇为困惑的问题，诸如"为何《洪武正韵》连大明王朝也'鲜有从者'？"等问题就不难解答了。因为，在朱元璋立明之初，中国人的"中原"概念游离于凤阳、南京之间，随着永乐初年明成祖朱棣移都北京，明人眼中的所谓"中原"在短暂的五十余年之后，又随之发生了地理要素的变化。对于此种变化，作为大明的臣民，是不便直接明确地对《洪武正韵》作出相应的修正的，只能以"不从"了之。而对于耶稣会士这些"洋夷"来说，则更不便多说什么，只好表面上仍然以《洪武正韵》为则，但在《西字奇迹》、《西儒耳目资》等实际音韵注音中，却掺入了北京的"时音"。结果是，就如罗常培所言："利金二氏的注音，同《广韵》固然是两个系统，就是同《洪武正韵》也不完全相合。"④

综上所述，佛教东来，以意音文字汉字作为记录符号的汉语与以拼音文字作为记录符号的梵语发生语言接触，从而有了以反切法为中心、以四声七音为经纬的汉语音韵学，它为汉语再一次与另一种使用拼音字母的外来语言发生接触奠定了良好的基础。16世纪中后叶，伴随天主教东来，日汉语与欧洲语言发生接触。而此次语言接触的主导者是没有汉语条框羁绊的耶稣会传教士，他们从音素文字熟习者的视角出发，建构了一套较为完整的由音素文字罗马字对意音文字汉字的解析与认知体系，此套体系与

---

① 王力：《汉语语音史》，中国社会科学出版社1985年版，第308页。
② 李立成：《元代汉语音系的比较研究》，外文出版社2002年版，第4页。
③ 高田时雄：《清代官話の資料について》，載東方學會编《東方學會創立五十周年記念東方學論集》，東方學會1997年版，第772页。
④ 罗常培：《耶稣会士在音韵学上的贡献》，载《历史语言研究所集刊》1930年第3期，中华书局1987年版，第295页。

当代认知语言学家提出的言语理解的系列性模型,即从语音加工开始,然后到词汇,再到句法和语义的加工的递进式加工次序惊人一致。故此,它对汉语尤其是汉字"形声义"的研究做出了重大贡献,继而,为后来的天主教、新教传教士乃至其他欧美国家的来华外交官和商人们研习并记录明清不同时期的官话提供了一个精良的操作系统。

(本节内容作为阶段性研究成果原载于《浙江大学学报》2007年第4期,收入此处时有所修改)

第二节 《西儒耳目资》与"三韵"兑考的基础

1610年在南京习得汉语后的耶稣会士金尼阁,一边在南昌、杭州、西安等地传教,一边在考虑编写一本可以帮助后来传教士学习汉语用的工具书,于1625年写成《西儒耳目资》(An Audio-Visual Aid to Western Scholars),1626年,在中国文人王徵、韩云、吕维祺等的帮助下修订并相继在西安、杭州刻印出版了该书。[①] 对于此本《西儒耳目资》的研究,自1930年罗常培先生发表《耶稣会士在音韵学上的贡献》以来,成果不谓汗牛充栋,亦是不胜枚举。近年,北京外国语大学谭惠颖博士写成博士论文并正式出版《〈西儒耳目资〉源流辨析》,内中有较详细的研究综述,[②] 韩国顺天乡大学金薰镐教授的《西洋传教士的汉语拼音所反映的明代官话音系》一文亦较完整地综合了近年来语言学界对《西儒耳目资》所记汉语音系的普遍认识——以南京音为基础的明末官话正音,[③] 是故,笔者在此不欲赘述,仅对《西儒耳目资》何以能与"三韵"兑考,兑考的前提基础是什么,做个探讨。

在《西儒耳目资》第一部分《译引首谱》中,几乎有一半内容是与"三韵"相关联或者干脆就是"三韵"的目录索引,如"等韵三十六母兑考"、"三韵兑考"、"三韵兑考问答"、"三韵母字于西号相兑考"、"五音

[①] 金薰镐:《西洋传教士的汉语拼音所反映的明代官话音系》,《古汉语研究》2001年第1期,第33—39页。
[②] 谭惠颖:《〈西儒耳目资〉源流辨析》,外语教学与研究出版社2008年版,第2—4页。
[③] 金薰镐:《西洋传教士的汉语拼音所反映的明代官话音系》,《古汉语研究》2001年第1期,第33—39页。

篇海目录"、"正韵海篇目录"、"韵会小补字母目录"等。从其中的三个"目录"不难推定,所谓"三韵",就是与《五音篇海》相对应的《五音集韵》,金尼阁书中称之为"等韵";与《正韵海篇》相对应的《洪武正韵》,称之为"正韵";以及《古今韵会举要小补》,称之为"沈韵"。此三对字韵文献,前者为字书,后者为韵书。从其各自所引目录的卷张数以及韵字等可以判断,金尼阁用的是大明成化丁亥年(1467)大隆福寺考订重刊的金韩道昭撰《改并五音类聚四声篇》,成化庚寅年(1470)重刊的韩道昭撰《改并五音集韵》、七十六韵本《洪武正韵》以及万历十四年(1606)刻刊的方日升撰《古今韵会举要小补》。吏部左侍郎万安为成化年重刊《五音篇韵》写总序时曰:"韩孝彦改《玉篇》归于五音,逐三十六母取切最妙。复述论图词颂,置诸篇首,以便检阅。及仲子道昭,虽其学出自家庭,而独得尤精……又见韵中门法多杂,即声相协散在别音者,亦加改并……道昭父子可谓有益于后世学者矣。"[①] 清代《四库全书》收录《五音集韵》以及为小学类韵书之属写案语时也称以三十六字母各分四等排比汉字之举开始于韩道昭之《五音集韵》,"韵书为小学之一类,而一类之中又自分三类:曰今韵,曰古韵,曰等韵也。本各自一家之学。至金,而等韵合于今韵(韩道昭《五音集韵》始以等韵颠倒今韵之字纽)。"[②] 大概就是这个原因,所以,金尼阁以及帮助他修订《西儒耳目资》的王徵等中国文人将《五音集韵》的分韵方法称为"等韵"。王徵《三韵兑考》中比对的"等韵"160个韵字,除误将第十一摄的"庚"字错刻成了"东"字("正韵"、"沈韵"皆然),将第九摄的"山"字错刻成"出"字以外,与《五音集韵》的160韵字全部相同;明人一般将今韵一百零六部或刘渊《壬子新刊韵略》一百零七部称为"诗韵"、"沈韵"或"约韵",方日升的《韵会小补》用的是一百零七部分韵,所以其分韵方式在金尼阁书中也被称为"沈韵"。

《西儒耳目资》是以韵母为经、声母及声调为纬,构成拼读坐标来拼写所有汉字的读音,它将传统的等韵三十六字母进行了归并,留下20个声母称之为"同鸣字父"与不需要声母即能自成音节的5个元音统称为

[①] 释文通考订、韩道昭撰:《重刊改并五音类聚四声篇》,浙江大学图书馆藏明成化丁亥年刻本,第1—10页。

[②] (清)永瑢:《四库家藏经部典籍概览》,山东画报出版社2004年版,第846页。

"自鸣字母",并画了一个"(与)等韵三十六母兑考"即对比表如下(笔者按现代人阅读习惯作了左右顺序的改动):

西字与等韵三十六母对比表

	西字		等韵三十六母
自鸣字母	a		
	e		
	i		疑、影、喻
	o		
	u		微
同鸣字父	ç	'ç	精、清、从
	ch	'ch	知、徹、照、澄、穿、床
	k	'k	见、溪、群
	p	'p	帮、并、滂
	t	't	端、定、透
	j		日
	v		微
	f		非、敷、奉
	g		
	l		来
	m		明
	n		疑、泥、嬢
	s		心、邪
	x		石
	h		晓、匣

从以上这份对比表中可以看出,等韵三十六母中的"影、喻"母和部分"疑"母的声母已经变为零声母 ø,部分"疑"母的声母与"泥、嬢"母相同,为 n。"列音首谱问答"中有说明:"疑、嬢、泥三者俱同鸣之十二,曰搦 n,然'疑'亦有他音,略轻之,则属自鸣之三曰 i"。[①]不过,具体参照其"音韵经纬全局","疑"母字的软腭鼻音依然存在,

---

① [比]金尼阁:《四库全书存目丛书·西儒耳目资三卷》,齐鲁书社1997年版,第571页。

如"我、饿、吾、误"等"疑"母字的声母标注为g，音值ŋ，甚至将"影"母的"伟"字和"喻"母的"为"字等汉字的声母也标成了g，这可能是由于受到"疑、影、喻"母零声母倾向的影响，很难审音有关。而对于"微"母，"列音首谱问答"解释说："微之一，乃同鸣之七，曰物v，然亦有他音，略轻之，亦属自鸣之五，曰午u"① 可见，"微"母字同样也有零声母的变化倾向，之所以将"微"母既对应于"自鸣字母"，又对应于"同鸣字父"，是因为"微、尾、未"等汉字的读音虽然是零声母，元音直接构成一个音节，但它们是u与i组合的双元音，所以，在以上的对比表中只是说明所属关系，而非等同关系。在"三韵兑考问答"中，金尼阁解释说："微尾未，必能为母，但不能为本摄之母，在二字子母中，一字元母之五所生，故但曰属耳。"② 如此，《西儒耳目资》中所记的汉语声母共为21个，即p［p］、'p［p'］、m［m］、f［f］、v［v］、t［t］、't［t'］、n［n］、g［ŋ］、l［l］、k［k］、'k［k'］、h［x］、ch［tʂ（tʃ）］、'ch［tʂ'（tʃ'）］、x［ʂ（ʃ）］、j［ʐ（ʒ）］、ç［ts］、'ç［ts'］、s［s］和ø。此与叶宝奎教授曾经构拟的清初官韵《音韵阐微》的官话音二十一声母惊人的一致。③

《西儒耳目资》中虽然有一对对称词"清"与"浊"，但那并不是指声母，而是指声调，"五者，五声，双平清浊，三仄上去入也。"④ 可见，《西儒耳目资》中声母基本没有清浊之分，其所谓"清"与"浊"所指就是"阴平"与"阳平"。不过，它虽列出了入声调，但从其韵母系统看，实际价值并不大，因为并没有b、t、k的入声韵尾之别，与曾德昭在《大中国志》中所言"所有的字几乎都以母音结尾，有几个不以母音结尾的，要么以M，要么以N结尾"⑤ 相一致。它的韵母理论上笼统分为五十个，称为五十韵摄，但由于在实际注音中一些元音又细分为甚、中、次音，且入声尾音已经全部喉音化，所以，当代语言学家对其韵母的统计数

---

① ［比］金尼阁：《四库全书存目丛书·西儒耳目资三卷》，齐鲁书社1997年版，第571页。
② 同上书，第595页。
③ 叶宝奎教授拟定的《音韵阐微》"官话音二十一声母"可参见叶宝奎《明清官话音系》，厦门大学出版社2001年版，第192页。
④ ［比］金尼阁：《四库全书存目丛书·西儒耳目资三卷》，齐鲁书社1997年版，第552页。
⑤ ［葡］曾德昭：《大中国志》，何高济译，上海古籍出版社1998年版，第39页。

字不一，"入声韵未析出单立的，李新魁四十一个韵母，曾晓渝四十五个韵母，金薰镐四十三个韵母。入声韵析出单立的，叶宝奎提取五十六个韵母。"① 而李葆嘉教授本人则将其分为阴声韵二十七个，入声韵二十个，阳声韵二十二个，共计六十九韵。② 当年帮助金尼阁修订《西儒耳目资》的王徵曾将书中的五十个韵摄与《韵会小补》一百零七韵、《洪武正韵》七十六韵以及《五音集韵》一百六十韵的全部韵字去除三本韵书重复的韵母后，列出了一张《三韵母字与西号相兑考》对照表，并就此展开了与金尼阁的"三韵兑考问答"。笔者按现代人阅读习惯横排如下③：

1. a 麻 mâ 马 mà 祃 má
2. e 遮 chē 者 chè 蔗 ché 质 chě · 职 chě · 陌 mě 德 tě
3. i 支 chī 脂 chī 齐 'çî 微 vî 荠 çì 纸 chì 尾 vì 旨 chì 寘 chí 霁 çí 未 ví 至 chí 祭 çí 废 fí
4. o 歌 kō 戈 kō 哿 kò 个 kó 曷 hǒ 合 hǒ 勿 vǒ · 烛 chǒ · 铎 tǒ 末 mǒ 没 mǒ ·
5. u 模 mû 姥 mú 暮 mú 术 xǔ ·
6. ai 哈 haī 海 haì 泰 'taí 代 taí
7. ao 豪 haô 皓 haò 号 haó
8. am 唐 'tâm 荡 tám 宕 tàm
9. an 删 xān 山 xān 寒 hân 覃 'tân 凡 fân 旱 hàn 潸 'çàn 感 kàn 产 'çàn 范 fàn 翰 hán 勘 'kán 梵 fán
10. eu 侯 heû 厚 heù 候 heú
11. em 庚 kēm 登 tēm 梗 kèm 等 tèm 嶝 tém
12. en 文 vên 痕 hên 吻 vèn 狠 vèn 问 vén 恨 hén

---

① 李葆嘉：《中国语言文化史》，江苏教育出版社2003年版，第286—287页。
具体参见李新魁《汉语等韵学》，1983年；曾晓渝：《试论〈西儒耳目资〉的语言基础及明代官话的标准音》，《西南师范大学学报》1991年第1期；金薰镐：《西洋传教士的汉语拼音所反映的明代官话音系》，《古汉语研究》2001年第1期；叶宝奎：《明清官话音系》，厦门大学出版社2001年版。

② 李葆嘉：《中国语言文化史》，江苏教育出版社2003年版，第288—289页。

③ ［比］金尼阁：《四库全书存目丛书·西儒耳目资三卷》，齐鲁书社1997年版，第590—591页。
原表中遗漏了第一摄中的入声"乏 fǎ"字，将第八摄中的"山"字误刻成了"出"字，将"职 chě ·"字误归在第十四摄中。

第二章 传教士与汉语官话 173

13. ia 點 hiǎ 洽 hiǎ 辖 hiǎ
14. ie 屑 siě 缉'çiě· 叶 iě 锡 siě· 迄 hiě 薛 siě· 昔 siě·
15. io 药 iǒ 觉 kiǒ
16. iu 鱼 iû· 虞 iû· 语 iù· 虞 iù· 御 iú 遇 iú
17. im 青'çīm 蒸 chīm 清'çīm 拯 chìm 静 çìm 敬 kím 径 kím 劲 kím 净 çím 证 chím
18. in 真 chīn 侵'çīn 殷 īn 轸 chìn 寝'çìn 隐 ìn 震 chín 沁'çín 焮 hín
19. oa 无对应韵字
20. oe 物 vǒe
21. ua 无对应韵字
22. ue 无对应韵字
23. ui 微 ûi 尾 ùi 未 úi 队 túi
24. uo 果 kùo 过 kúo 屋 uǒ· 沃 uǒ· 镬 huǒ· 物 vǒ·
25. ul 无对应韵字
26. um 东 tūm 冬 tūm 钟 chūm 董 tùm 肿 chùm 送 súm 宋 súm
27. un 淳 chūn 准 chùn 稕 chún
28. eao 无对应韵字
29. eam 无对应韵字
30. iai 佳 kiāi 皆 kiāi 蟹 hiài 解 kiài 骇 hiài
31. iao 萧 siāo 宵 siāo 爻 hiâo 篠'tiào 巧'kiào 小 siào 啸 siáo 效 hiáo 笑 siáo
32. iam 江 kiām 阳 iâm 养 iàm 讲 kiàm 绛 kiàm 漾 iàm
33. ieu 尤 ieû 有 ieù 宥 ieú
34. ien 先 siēn 仙 siēn 盐 iēn 咸 hiēn 豏 hièn 琰 ièn 铣 sièn 狝 sièn 陷 hién 谏 kién 艳 ién 霰 sién 线 sién
35. iue 月 iuě
36. ium 迥 hiùm 用 iúm
37. iun 无对应韵字
38. oai 无对应韵字
39. oei 灰 hoēi 贿 hoèi
40. oam 无对应韵字

41. oan　无对应韵字
42. oen　魂 hoên 混 hoèn 恩 hoén
43. uai　卦 kuái 怪 kuái
44. uei　无对应韵字
45. uam　无对应韵字
46. uan　无对应韵字
47. uem　无对应韵字
48. uen　阮 juèn
49. uon　桓 huôn 缓 huòn 换 huón
50. iuen　元 iuên 阮 iuèn 愿 iuén

在以上对照表中，除了"等韵"、"沈韵"中的"阮"韵对应了两个《西儒耳目资》中的韵母以外，三韵合计186个不同的韵母字都在《西儒耳目资》50摄中有了对应的韵母，反之，《西儒耳目资》的50摄能在三本韵书中找到对应韵母的却只有36个。

《五音集韵》、《洪武正韵》、《韵会小补》三本韵书虽然初编于不同的时代，前后时间甚至相差四百年，所反映的汉语音系势必也有差异，①然而，它们记录的大体都是"今韵"。其中《韵会小补》在当时影响并不广泛，但其刻印时间与金尼阁的来华时间差不多在同一时代，金尼阁认为，该书作者"表以小补，谦也。余尝谓其书称为大全可也"；"盖《韵会小补》俱依'沈韵'排字，'沈韵'诸卷，母母俱同，故知《韵会》

---

① 据宁忌浮先生研究，《五音集韵》记录了两个汉语音系，第一个音系是由36字母和160韵部及一二三四等交织而成的音系，它的韵母系统虽然已向活语言靠近了一大步，但它依然是以《广韵》等韵书为基础，就范于等韵图的框架的一个"逐韵体"的产物，而其第二个音系则是可以通过对其160韵部内中汉字的反切上下字等要素具体分析获知，它是记录了北方的汉语语音，"为近代北方汉语语音史研究提供了大量的活生生的资料"。(见韩道昭著、宁忌浮校订《校订五音集韵》之校订前言"韩道昭与《五音集韵》"，中华书局1992年版，第5—16页。) 宁忌浮先生还认为，《洪武正韵》是一部编纂工作严肃认真的明朝开国韵书，然而，"《正韵》两度修纂，都未做到'壹以中原雅音为定'，中原雅音在《正韵》中尚未形成一个完整的语音系统。雅音与方言并存，时音与旧音共处。但雅音、时音已占主导地位。"；对于《韵会小补》，宁先生则说："《小补》是'古今韵'韵书。'今韵'是它所依附的《韵会》。'古韵'即各韵所附'古读''古叶'字以及这些字的注释中引证的书证。"(见宁忌浮《汉语韵书史·明代卷》，上海人民出版社2009年版，第57、144—145页。) 笔者则通过比对发现《洪武正韵》与《明太祖集》诗歌分韵的一致性，大致推定《正韵》迎合了朱元璋的凤阳口音。(见陈辉"朱元璋的'中原'观及其对汉语的影响"《浙江大学学报》(人文社科版) 2012年第5期，第121—134页。)

之母，并知'沈韵'诸卷之母也。"① "沈韵"是明代读书人最为认可的分韵，真如《西儒耳目资》修订的另一位帮助者吕维祺所言："《正韵》奉高皇帝刊定，裁为七十六韵。颁行既久，复谓犹未尽善。后见黄公绍《韵会》称善，诏刊行之，赐名《韵会定正》，按韵分一东二冬，与'沈韵'分次略同，且举世用'沈'，相承已久，骤难遽变。"② 吕维祺此言虽然将孙吾与所编韵书《韵会定正》说成是黄公绍的《韵会》，不过，孙吾与编韵书确也"本宋儒黄公绍《古今韵会》，凡字切必祖三十六母，音韵归一"。③ 明朝通行"沈韵"应该也是事实，所以，《西儒耳目资》的第三部分"列边正谱""一一检《韵会小补》所注音义，大书其字而细释之"。④ 至于《洪武正韵》，那是开国皇帝钦定的官韵，虽然明人"亦鲜有从者"，但表面上却是不敢不遵的，吕维祺说："我圣祖制为《洪武正韵》，如日月之中天。"⑤ 金尼阁则在《西儒耳目资》序言中言："点画声律一禀《正韵》，见昭代同文之治，旅人聊述其便于我初学者云尔。"⑥ 而将《广韵》作为基本依据的《五音集韵》，虽然改并刻刊于金代，但在明代也颇受重视，尤其受佛门学者的青睐，多次被校订重刻，现存的《改并五音集韵》仍有崇庆新雕本、至元新雕本、成化庚寅重刊本、弘治甲子重刊本、正德乙亥重刊本、万历乙丑重刊本和明翻刻崇庆本等七种版本。⑦ 也就是说，自15世纪中叶至16世纪末，明人是相当认可《五音集韵》的。

如此看来，金尼阁采用"沈韵"、"正韵"和"等韵"作为《西儒耳目资》注写编排汉字语音的基础，是很有全面性的。既照顾到了代表官方的"正韵"，又应用了明朝普遍通行的"沈韵"，但也没有落下代表北

---

① ［比］金尼阁：《四库全书存目丛书·西儒耳目资三卷》，齐鲁书社1997年版，第600页。
② 吕维祺：《音韵日月灯·同文铎》，志清堂藏板1633年版，第1页。
③ "中央研究院"历史语言研究所校勘：《明实录》，"中央研究院"历史语言研究所1962年版，第3064—3065页。
④ ［比］金尼阁：《四库全书存目丛书·西儒耳目资三卷》，齐鲁书社1997年版，第548页。
⑤ 吕维祺：《音韵日月灯·同文铎》，志清堂藏板1633年版，第6页。
⑥ ［比］金尼阁：《四库全书存目丛书·西儒耳目资三卷》，齐鲁书社1997年版，第549页。
⑦ 韩道昭著、宁忌浮校订：《校订五音集韵》，中华书局1992年版，第6页。

方汉语语音的"等韵";既利用了《洪武正韵》在明人语言生活中文字书写的规范性,同时也强调了"沈韵"在当时汉语官话语音中的实效性。金尼阁之所以要如此面面俱到,正好说明了当时的汉语官话实际上是没有一个严格的界定和明确的规范标准的,只有一个大体上被公认的"基于江左之音"的"沈韵"。虽然《洪武正韵》凡例中说:"五方之人皆能通解者始为正音也。"然而,这样的定义说了等于白说,更何况《洪武正韵》本身屡屡被朱元璋自己下诏修订和更改,加上古代没有音响媒体的传播工具,其结果势必导致各种"蓝青官话",其情势应该与清末至1956年"普通话"标准公布之前的状况相类似。林焘先生说:那个时期"各地的'蓝青官话'都带有自己的地方色彩,很难找出一定的标准。如果想从各种不同的'蓝青官话'中找出一个共同的基础,那仍旧是北京话,因为各地的'蓝青官话'实际上都是以北京话为基础的,但是都掺进了一些自己地方方言的成分,而掺进方言成分的多寡又是因人因地而异的。"① 以此推理,金尼阁时代的官话,其基础是"江左之音",但各种"蓝青官话"同样也被掺进了各地的方言成分,这大概也是明代韵书频出的根本原因。② 每一种韵书作者各自以自己对官话正音的理解分韵编类,而更多的文人则是以自己对正音的理解取舍当时的韵书,"三韵"则是其中最具代表性的。所以,当王徵问金尼阁"'三韵'五声俱不同数。'正韵'平上去每声二十有二,入止有十;'沈韵'平上去每声有三十,入止有十七;'等韵'五声每每不同,平有四十四,上四十三,去四十六③,入二十六;俱何故?"时,金尼阁没有从三部韵书诞生时代不同、所依地域不同的角度加以回答,却说:"未知其故,恐俱偶然人人所定,而以本意为是云耳。"④ 作为中国人的王徵对这样的回答没作否定,想必也是同意了金尼阁的观点。

既然对于汉语官话语音的五声分韵是韵书作者各自按照自己对汉字读音的认知来分韵的,那么,金尼阁体现在《西儒耳目资》中的"五十摄"

---

① 林焘:《林涛语言学论文集》,商务印书馆2001年版,第240页。
② 根据宁忌浮先生统计,整个明代,现有书目可考的各种韵书竟有116种之多。(参见宁忌浮《汉语韵书史·明代卷》,上海人民出版社2009年版,第13页。)
③ 原文有误,去声当为四十七个。
④ [比]金尼阁:《四库全书存目丛书·西儒耳目资三卷》,齐鲁社1997年版,第592页。

第二章　传教士与汉语官话　　177

就是他对汉语分韵和声调的理解，"三韵"则是当时中国人对官话语音的三种代表性认知，《三韵母字与西号相兑考》中所列 36 个"五十摄"所能对应的"三韵"韵目，则就是被参与了《西儒耳目资》编写的中西音韵学家们所公认的汉语韵母，是官话韵母的"最大公约数"。这 36 个韵母音值如下：

ɑ [a]　e [ə 或 ɛ]　i [i]　o [ɔ]　u [u]　ai [ai]　ao [aʊ]　am [aŋ]　an [an]　eu [əu]　em [əŋ]　en [ɛŋ]　ia [ia]　ie [iɛ]　io [iɔ]　iu [y]　im [iŋ]　in [in]　oe [ʊə]　ui [ui]　uo [ɔu]　um [uŋ]　un [un]　iai [iai]　iao [iaʊ]　iam [iaŋ]　ieu [iəu]　ien [iɛŋ]　iue [yɛ]　ium [yŋ]　oei [ʊəi]　oen [ʊəŋ]　uai [uai]　uen [uɛŋ]　uon [uɔŋ]　iuen [yɛŋ]①

因为《西儒耳目资》中的入声字实际上都已喉音化，所以，撇开入声字不谈，如果细究以上这 36 个韵母，虽然它们与《音韵阐微》所反映的 34 个官话时音的韵母不能完全一一对应，但无论是数目上还是音值上，都存在着很大的相似性。②

由此可见，《西儒耳目资》中金尼阁所记汉语语音与《五音集韵》、《洪武正韵》、《韵会小补》等三本韵书能够交集兑换的声母完全与《音韵阐微》的相一致，韵母则非常近似于《音韵阐微》所反映时音的韵母。这种比较结果虽然不甚严谨，但大体能反映出《西儒耳目资》所记汉语音系的性质。换而言之，《西儒耳目资》能与"三韵"进行兑考的基础，

---

① 这 36 个韵母的音值依据罗常培先生在《耶稣会士在音韵学上的贡献》一文中所拟定的音值，参见罗常培《耶稣会士在音韵学上的贡献》，《历史语言研究所集刊》1930 年第 3 期，中华书局 1987 年版，附表三。

② 宁忌浮先生拟定的《音韵阐微》时音 34 个韵母如下：

ï	a	ai	au	ou	o		an	aŋ	nɛ	əŋ
	i	ia	iai	iau	iou	iɛ	ian	iaŋ	nei	iəŋ
u	ui	ua	uai			uo	uan	uaŋ	uɛn	uəŋ
y						yɛ	yan		yne	yəŋ

参见宁忌浮《〈音韵阐微〉的反切》，中国音韵学研究会、汕头大学文学院编《音韵论集》，中华书局 2005 年版，第 162 页。

就是金尼阁以及帮助他修订书籍的中国文人们有一个共识——汉语是有统一的官话标准的，只不过，对这个标准的理解各有各的不同，所以有了"等韵"、"正韵"、"沈韵"以及其他诸多的分韵韵书。《西儒耳目资》刊出后不久，清军入关，作为政府机构颁布的汉语官韵韵书就是《音韵阐微》，此两者之间虽然相隔了整整一百年，且已经改朝换代，然而，它们的此种声韵母分类的一致性和相似性至少告诉我们两点：一是金尼阁所记录的汉语语音应该是当时的汉语官话时音，符合耶稣会传教士在华传教这一实用性的需求；二是说明明清鼎革的此一百年间，汉语官话基本没有大的变化，江山换代并没有立即给汉语造成直接的影响。当然，细微的变异在所难免，我们可以从另一本耶稣会传教士的出版物《无罪获胜》中探知一二。

第三节 《无罪获胜》语言学探微

从事音韵学研究的学者大概都读过罗常培的《耶稣会士在音韵学上的贡献》，但读过他的《"耶稣会士在音韵学上的贡献"补》的人不会很多，因为该论文此前并没有公开发表。1951 年 7 月，该文被临时从已经印就的《国学季刊》上撤下，加上印有"本文原编入北京大学《国学季刊》第七卷第二号，印就后发现观点尚有问题，现撤出请求批评，请勿外传"等字样的封页后，单独装订成册，成为内部资料流散于如今的旧书收藏市场。[①] 相对于《耶稣会士在音韵学上的贡献》主要依据《西字奇迹》和《西儒耳目资》这两种材料，《"耶稣会士在音韵学上的贡献"补》所根据的则是另一本耶稣会文献 *Innocentia Victrix*。罗常培对于此文献的公开评价，我们可从他发表于 1957 年 12 月 18 日《人民日报》上的"汉语拼音方案的历史渊源"一文中读得。文中曰："康熙十年（1671）耶稣会教士何大化（R. P. Antonius de Gouvea）用汉文和拉丁文对照在广州刊布的《昭雪汤若望文件》，拉丁原名叫做'Innocentia Victrix'。汉字旁边都附着拉丁字对音，各文件的字体也都照原来的式样摹印……若除去

---

① 鲁国尧先生从罗常培的弟子周定一老先生处获悉并告知笔者："贡献补"被撤下乃当时政治形势使然。"当时'一边倒'，崇苏联。凡西方的，一律禁忌，故撤。"而今，该文连同《耶稣会士在音韵学上的贡献》一起已被收入《罗常培文集》第八卷（山东教育出版社 2008 年版），但文末还是错误地注有："原载北京大学《国学季刊》7 卷 2 期，1951 年"等字样。

重复的汉字不算，还有六百六十六个对音。比起《程氏墨苑》里所收利玛窦的拉丁字对音几乎多了一倍。两种拼音系统虽然有个'大致不离'的规模，却不限制'大同小异'的出入。这也是初期拉丁字拼音应有的现象。"[1]

最近，笔者仔细研读大英博物馆所藏 Innocentia Victrix 初刻本之影印件后发现，罗常培对于该书的上述评论有值得商榷之处，其所谓"两种拼音系统虽然有个'大致不离'的规模，却不限制'大同小异'的出入。这也是初期拉丁字拼音应有的现象"之提法不够确切，而"各文件的字体也都照原来的式样摹印"的结论则也不符事实。因此，笔者特撰此节小文以期辨正。

一 《无罪获胜》所记录的汉语语音

1671 年，耶稣会士何大化（1592—1677）等在广州编印了中拉文对照的"康熙历案"案宗，取名 Innocentia Victrix sive Sententia Comitiorum Imperii Sinici pro Innocentia Christianae Religionis Lata Juridice per Annum 1669，中文意即"无辜者必胜，记 1669 年中国大臣会议司法判决天主教无罪"，现今史学界一般简译为《无罪获胜》。《无罪获胜》除前言外，共汇编了 12 篇"康熙历案"的相关文书，每一份文书汉语原文及罗马字注音在先，拉丁文译文附后对照，每页双幅共 44 页。通读内中 12 篇档案文件，人们基本可以了解"康熙历案"全貌。大概是因为在《正教奉褒》等书籍中也能找到与它相类似的文献之故，《无罪获胜》一直没能引起史学界足够的重视。然而，如果我们换之以语言学的视角审视全书，那么将会全面刷新对其史料价值的认识。其首要便是文献中每一个汉字旁的罗马字注音。

《无罪获胜》的汉语部分包括"上主赫临宣乂于世"这一扉页题记在内共用字 2696 个，663 个不同的汉字，447 个不同的汉语语音。除第 36 页"此前一议"四字以外，每个汉字右侧都附有罗马字注音（扉页题记的在上方）。其中，有 22 个汉字及其罗马字注音夹带在拉丁文译文之中。笔者将这些汉语罗马字注音与利玛窦的《西字奇迹》（1606 年）、金尼阁的《西儒耳目资》（1626 年）对照后发现，确如罗常培所言，《无罪获

---

[1] 罗常培:《罗常培语言学论文集》，商务印书馆 2004 年版，第 406 页。

胜》的记音方法基本沿用了《西字奇迹》的记音体系，与《西字奇迹》一样，它所使用的辅音字母以及半元音明显有别于《西儒耳目资》。具体用例对照如下：

例字	《无罪获胜》、《西字奇迹》	《西儒耳目资》
诡	quèi	kuèi
国	quě	kuě
告	cáo	káo
恭	cūm	kūm
仍	gêm	jêm
然	gên	jên
异	ý	í
原	yuên	iuên
五	v′	ù
屋	vǒ	uǒ
尔	lh′	ùl
而	lĥ	ûl

当然，以上这些注音，《无罪获胜》和《西儒耳目资》虽然使用的罗马字不一样，但从它们的音值来看应该是一致的，只不过是依据不同的拉丁语族语音罢了。《无罪获胜》之所以沿用《西字奇迹》的体系，而不循《西儒耳目资》，大致不外乎两个原因：一是利玛窦的注音体系在耶稣会内部的权威地位；二是当时中国江山已经易主，使用一遵《洪武正韵》的金尼阁"西字"显然不妥。也许如罗常培所言，是"初期拉丁字拼音"还未定型之故，《无罪获胜》虽然沿用了《西字奇迹》的记音体系，但有些汉字的罗马字注音，却是相左于《西字奇迹》的。例如，"贝 pói"、"国 quě"、"入 gě"等字在《西字奇迹》中的注音却是"贝 póei"、"国 quoě"、"入 giδ"；有些则是由于汉字本身是多音字，在语篇中会随内容的不同采用不同的读音。例如，有别于《西字奇迹》，《无罪获胜》中的"临"、"渐"、"便"等字没标成浊平，而都标成了去声"临 lín"、"渐 çién"与"便 pién"；"文"、"令"、"为"等字则是两可的注音，随语句变化分别注为"文 vên, vèn"、"令 lîm, lím"和"为 guêi, guéi"。

以上这些"大同小异"的出入确实不足为奇。但是，《无罪获胜》中有一类字的注音与《西字奇迹》的注音呈现出了颇具规律性的差异，这令笔者非常惊奇。即在《无罪获胜》的注音中，有别于《西字奇迹》，没有出现硬腭鼻音。虽然现代汉语中已经消失了的软腭鼻音［ŋ］的注音，在《无罪获胜》中与《西字奇迹》、《西儒耳目资》一样，依然存在。如"爱 ngái"、"安 ngān"、"敖 ngáo"、"恶 ngǒ"、"我 ngò"、"恩 nghēn"、"额 nghě"、"偶 ngheù"等。然而，硬腭鼻音［ɲ］却不见了。从《西字奇迹》和《西儒耳目资》中的"义"、"仪"、"拟"、"议"等字的注音看，硬腭鼻音［ɲ］是时有时无的，前书中表记为 nhi，或 ni、i，后书中表记为 ni 或 i。黄笑山教授据此曾得出结论："疑母到明代官话齐齿呼条件下虽然改变了读音，却并未完全消失为零声母。"[①] 但在《无罪获胜》中，表记这些疑母字的硬腭鼻音［ɲ］的字母 n 或 nh 不再出现，除"仰 niâm"字以外，全部仅以单一的字母 y 注音。看来，17 世纪中期以后，疑母在齐齿呼条件下已经基本消失为零声母。韩国朝鲜朝时期的司译院汉语会话教材《老乞大谚解》（1670 年）似乎也可以佐证此种硬腭鼻音的"消失"。在《老乞大谚解》中，"疑"、"宜"等字的韩字注音，其左音（即所谓 15 世纪的《四声通考》注音）声母是表示疑母的"ㆁ"，音值［ɲ］，但右音（即所谓当时的俗音）声母用的却是表示喻母的"ㅇ"，是零声母。从此可以看出，官话受北方音系影响，硬腭鼻音在 17 世纪有一个渐行消失的过程。

因此，《无罪获胜》与《西字奇迹》之罗马字注音差异并非完全缘于"初期拉丁字拼音"的不成熟，有些应该是由于汉语语音本身发生了变化而导致了注音的不同。清人入主中原，南京不再像明代那样具有留都的地位，北京成了唯一的政治中心，从而使北方音系对官话语音造成了更大的影响。

二　《无罪获胜》的行文格式和汉字字体

如前所述，《无罪获胜》中的文档，其实在其他文集中也不难找到，然而，其行文格式却是非常特别。那就是不仅在拉丁文中夹带的汉字与拉丁文一样自左书写到右，而且纵向刻印的中文书写顺序同样也是自左至右。此种中西行文习惯的折中或者说融合是之前见所未见的。笔者不敢断

[①] 黄笑山：《利玛窦所记的明末官话声母系统》，《新疆大学学报》（哲学社会科学版）1996 年第 3 期，第 105 页。

言《无罪获胜》是汉语书写顺序转变之发轫，但言其为最早的自左往右刻印的汉文文献之一应不为过。① 何大化之所以要这样刊印《无罪获胜》，除了要照顾西方传教士的阅读习惯以外，似乎没有其他更合情的理由了。安文思（Gabriel de Magalhães，1609—1677）《中国新史》中，其抄录"大学之道，在明明德，在亲民，在止于至善"一句时所做的说明，可以旁证这一缘由。他说："他们是从上往下，从右往左读，但我为了符合欧洲的习惯，把第一行放在左边。"②

另外，《无罪获胜》的汉字字体也很有特色，12份文档的中文字体并非千篇一律。其中，楷书8篇、草书2篇、隶书1篇、篆书1篇，且字体的选用与文档性质很是匹配。"诉状"、"题请"以及"奏疏"等公文使用楷书，礼部大臣等的议事记录使用草书，康熙的御旨用隶书，康熙御祭汤若望的墓志用篆书。不过，并非如罗常培所言："各文件的字体也都照原来的式样摹印。"笔者查对了位于北京栅栏墓地的"耶稣会士汤公之墓"墓碑上的"康熙御祭"原文，其所用字体是楷书，并不是《无罪获胜》中的篆书。那为何何大化要别出心裁，选用楷、草、隶、篆这四种字体分别适用于《无罪获胜》中的文档呢？对于内中的草书、篆书文献，不要说是当时的西洋传教士，即便是一般中国读者，要全部识读也绝非易事。对此，如若我们查阅一下17世纪，特别是《无罪获胜》刻印前后的一些有关中国语言介绍的耶稣会文献，就不难明白个中原因了。

早在17世纪20年代，陆若汉（João Rodriguez，1561—1633）在其《日本教会史》中，向欧洲读者介绍说：汉字根据运笔方法的不同，共有三种书体，"他们一般称文字的这些字形为 thin（chin，真）、teao（tçao，草）、hin（him，行），日语称为 xin（しん真）、sǒ（さう草）、ghiô（ghiǒ，ぎゃう行）。"③ 到了1642年，曾德昭（Alvaro Semedo，1585—1658）的《大中国志》西班牙语译本，对汉字字体的介绍有了进一步的完善。他说："造字的这种变化，使字体有四种不同。首先是古文（Ancient），这种文字仍保留在他们的图书馆，知识分子认识它，尽管除

---

① 事实上，早在唐代修建的西安大雁塔上，在塔的南门两侧立有《大唐三藏圣教之序》和《大唐三藏圣教序记》两碑，立于门左侧的圣教序记碑就刻自左行起。（参见［日］阿辻哲次《图说汉字的历史》，高文汉译，山东画报出版社2005年版，第113页。）

② 安文思：《中国新史》，何高济、李申译，大象出版社2004年版，第52页。

③ 陆若汉：《日本教会史》（下），岩波书店1979年版，第79页。

了用作代替文章的印玺和题名外，不再使用。第二种叫作真书（Chincù），最通用，用于文献和书籍印刷。第三种叫作代笔（Taipie），相当于我们书记的手书，不怎么使用，仅用于告示、契约、申请、票据等。第四种和其他的很不相同，既是缩写（这很多），也有字体的不同笔画和形状，需要特别研究才能认识。"① 该书首页插图，便是文徵明所书的篆隶正草四体《千字文》。② 从此，"中国汉字有四种字体"，似乎成了17世纪来华传教士们的一种共识。法国传教士李明（Louis-Daniel le Comte，1655—1728）的《中国近事报道》同样也对这四种字体进行了具体介绍。他说："第一类是一些几乎不使用的字，保留它们不过是以其古老为荣。第二类大大不如前一类古老，仅用于公共场所的说明文字；需要时，可以查阅书籍，借助于字典，很容易辨认。第三类规整得多，也好看得多，用于印刷，甚至也用在一般书写中。然而，由于一笔一画都要写得很规矩，写起来费时颇多；正因如此，人们找到第四种写法，其笔顺互相衔接较紧密，区别不甚清楚，使之容易写得更快些。因而以草书名之。"③

也就是说，在曾德昭和李明等耶稣会士眼中，汉字字体不外乎"篆、隶、真、草"这四种。曾德昭将"隶书"称之为"代笔"（Taipie）。所谓"代笔"，顾名思义就是替别人书写文书，古代最高级的一种就是"替皇帝起草文书"。④ 无怪乎，《无罪获胜》将第10份档案文件即康熙的御旨用隶书刊印。至于篆书，即他们所谓的"古文"，因为中国人日常生活中几乎不用，给人一种"消逝"的形象，所以，《无罪获胜》将"汤若望墓志"用篆书刊印，而非直接"摹印"原墓碑上的楷书。对于礼部大臣们的议事记录，"缩写"的草书当然是最合适的了，所以，两篇礼部议案备忘录用草书印就。诚如曾德昭所言："真书"（Chincù）在中国"最通用，用于文献和书籍印刷。"理所当然，余下的8篇文档全部用"真书"即"楷书"付印。何大化如此选用汉字字体印刷《无罪获胜》，真可谓匠心独运。

---

① 曾德昭：《大中国志》，何高济译，上海古籍出版社1998年版，第39页。
② 计翔翔：《十七世纪中期汉学著作研究》，上海古籍出版社2002年版，第79—80页。
③ 李明：《中国近事报道（1687—1692）》，郭强等译，大象出版社2004年版，第170页。
④ 邵燕祥：《代笔》，《南方周末》2002年3月14日，第19版。

三 注音本《无罪获胜》刊印的动因分析

通观以上《无罪获胜》的语言学特点，我们完全有理由相信它已经不单单是一本"康熙历案"的案宗，它还应该兼有另外一种功能，那就是汉语教材，是来华传教士学习汉语用的专业汉语教材。否则，就无须一一对汉字进行罗马字注音，也用不着有四种字体的变化适用。"康熙历案"历时五年有余，被羁押于广州的 25 名传教士被迫暂停传教活动，将精力投入学习汉语以及翻译汉籍经典之中。他们利用这一集体性的合作机会，除编译刻印了《中庸》（ Sinarum scientiapolitico-moralis ）和《西文四书直解》（ Confucius Sinarum Philosophus ）以外，"还进行了一些集体性或个人性的学习及写作活动"；"鲁日满等人奉何大化之命写成 Innocentia Victrix。"① 康熙十年（1671），这些传教士奉旨或回京，或"各归本堂"，此本拉丁语与汉语对照的《无罪获胜》便成了他们最好的纪念和日后继续学习或教授新入华传教士汉语的专业教科书。

在华耶稣会放着现成的《西字奇迹》和《西儒耳目资》不用，也不照抄内中的罗马字注音，专门刊印了颇具汉语教科书性质的《无罪获胜》。无独有偶，此间，朝鲜司译院对 1517 年前后刊行的崔世珍之《翻译老乞大》和《翻译朴通事》这两本汉语教科书也进行了重新注音和谚解，刊印了《老乞大谚解》（1670 年）和《朴通事谚解》（1677 年）。南京大学汪维辉教授曾将《老乞大谚解》、《朴通事谚解》分别与《翻译老乞大》和《翻译朴通事》进行过对比，发现《老乞大谚解》与《翻译老乞大》的汉语部分"基本一样，只有少量用字上的差异"；《朴通事谚解》与《翻译朴通事》的汉语部分"除少数文字有差异以外，内容基本一致"。他还认为，朝鲜司译院之所以要对《老乞大》和《朴通事》一而再，再而三地进行修订谚解，是因为"随着时代的推移和政权的更迭，汉语也在发生变化"。② 既然两种谚解本的汉语部分"基本一致"，那么，促使朝鲜司译院刊印《老乞大谚解》和《朴通事谚解》的所谓"汉语也在发生变化"，是汉语的什么要素发生了变化呢？那就是汉文字面无法体

---

① 赵殿红：《"康熙历狱"中被拘押传教士在广州的活动（1662—1671）》，载杨允中、黄汉强编《澳门研究》（第 19 期），澳门基金会 2003 年版，第 283—287 页。

② 汪维辉：《朝鲜时代汉语教科书丛刊》（一），中华书局 2005 年版，第 54、208 页。

现的汉语语音。限于篇幅与主题，笔者在此仅举一例，用以互证《无罪获胜》中同样也有写照的汉语语音变化。那就是"二"、"耳"、"儿"、"而"等日母字的读音变化。在《翻译老乞大》中，这些日母字谚文注音为ᅀㅣ，它的音值为 $[z_i]$，但在《老乞大谚解》中所注的俗音却变成了卷舌化的슬，音值 $[z_\wedge l]$。如果我们将《无罪获胜》的注音与罗明坚、利玛窦1585年编写于肇庆的《葡汉辞典》之注音进行比对，同样也能发现这些汉字读音的卷舌化变化。在《葡汉辞典》中，有"十二 scie gi"、"儿子 gi zi"、"耳朵 gi to"等词汇，"二"、"儿"、"耳"的声母与入声字"日 ge'"相同，读音音值为 $[z_i]$，但在《无罪获胜》中，"二"、"尔"、"而"等字的注音却完全远离了"日 gě"字，变成了"二 l'h"、"尔 lh'"、"而 l̂h"。"lh"是葡语中的一个辅音字母，音值为 $[ɹ]$，说明《无罪获胜》中的这些日母字同样也已卷舌化。也就是说，日母字在《无罪获胜》与《葡汉辞典》中的注音音值差别，正好也是《老乞大谚解》与《翻译老乞大》之差别。说明朝鲜司译院与在华耶稣会都发现了世纪更替和政权更迭后的汉语官话语音所发生的变化。此种变化促使他们不约而同地在康熙年间重新修订刊印了各自的汉语教科书。

值得指出的是，《葡汉辞典》编写于广东肇庆，20年后利玛窦在北京借程大约《墨苑》编印《西字奇迹》时，已将"尔"、"而"等字改为卷舌化注音的"尔 lh'"、"而 l̂h"，半个世纪后，《无罪获胜》在广州刊布，内中的这些字注音完全与在北京编印的《西字奇迹》相同。这说明耶稣会士对汉字的注音改变不受制于编写的地点，而是受制于编写的时间。事实上，自罗明坚、利玛窦开始，传教士们来华后学习汉语皆以官话为首选，而关于明清官话的语音基础问题，自鲁国尧先生1985年发表《明代官话及其基础方言问题——读〈利玛窦中国札记〉》一文以来，主张南京音、北京音，或北京官话、南京官话并存的学术争鸣不断。鲁国尧先生从"太监赠送南京男孩教神父学南京话一事"中推论出利玛窦时代的明末官话基础音是南京话，最近又引用万济国（Francisco Varo，1627—1687）的《华语官话语法》关于官话语音的介绍，证明了清初的官话基础方言仍然是南京话。[①] 万济国说："要想说好汉语，我们必须观察中国人如何

---

① 鲁国尧：《研究明末清初官话基础方言的廿三年历程》，《语言科学》2007年第2期，第3—21页。

发音，说出每个词。当我在此说到中国人的时候。我指的是那些熟通南京话的人；南京话是官话，也是中国所有其他方言的始祖……而北京和山东的方言略有不同。我们的词表完全是根据南京话来编的。"① 可见，从利玛窦的《西字奇迹》到何大化的《无罪获胜》，汉语官话以南京音为准则的状况并未改变。法国传教士李明的《中国近事报道》关于官话的介绍同样也佐证了这一点。他说："（在整个王朝通用的，并普遍在各处都听得懂的官话）说话的声音相当悦耳，尤其在南京省，那里的声调比任何其他地方都好听，许多声调在那里发为不同的声，差别十分细微，外国人是难以觉察的。"② 然而，我们从以上对《无罪获胜》与《西字奇迹》以及《葡汉辞典》的注音比对中，也不难发现有一些语音随着时间的推移或者朝代的更替，确实已经发生了变化。正如明代中后期文史学家王世贞（1526—1590）在其《曲藻》中言及词曲演变时所说的那样，"大江以北，渐染胡语，时时采入，而沈约四声遂缺其一"。当清政府编修《四库全书》收录《曲藻》时，很微妙地将王世贞的此段文字改成了"大江以北，渐染北语"。这一修改，显然是为了避讳"胡"字，但编修官们并没在"提要"中对"胡语"或"北语"作任何说明，想见此时的"北语"也仅仅是一种方言方音罢了，还没有取得正统的地位，这也表明他们认同了王世贞的观点，官话逐渐受到"北音"的影响，语音发生了某些改变。不过，笔者以为，正是这些渐变最终导致北京音在19世纪中后期逐渐取代南京音，获得官话正音的地位。

综上所述，传教士因"康熙历案"被迫停止传教活动，将注意力集中于学习中国的语言文化，以及汉语语音在17世纪的渐变，促成何大化等人编印了兼具汉语教科书性质的"康熙历案"案宗《无罪获胜》，客观上为今人研究汉语发展史提供了极为珍贵的资料。

（本节内容作为阶段性研究成果原载于《浙江大学学报》2009年第1期。感谢黄时鉴、高田时雄、鲁国尧、黄笑山等先生为本节的写作提供了有价值的资料和意见。）

---

① ［西］弗朗西斯科·瓦罗：《华语官话语法》，姚小平、马又清译，外语教学与研究出版社2003年版，第181页。

② ［法］李明：《中国近事报道（1687—1692）》，郭强等译，大象出版社2004年版，第168—169页。

附录：《无罪获胜》汉字罗马字注音索引[①]

《无罪获胜》汉语部分共用字 2696 个，有 663 个不同的汉字，其中 9 个汉字有两种读音。其罗马字注音的声调符号与利玛窦《西字奇迹》、金尼阁《西儒耳目资》的声调符号相同。五个声调以及次音符号如下：

清	浊	上	去	入	次音
-	^	`	´	ˌ	·

ç

雜 çă	則 çĕ	擇 çĕ	澤 çĕ	祭 çí
際 çí	左 çò	作 çó	座 çó	足 çŏ̂
孜 çū̂	咨 çū̂	祖 çù	子 çū̂	助 çú
自 çú̂	恣 çú̂	載 çài	在 çài	再 çái
遭 çāo	造 çào	奏 çéu	曾 çēm	籍 çié
借 çié	節 çiĕ	即 çiĕ	爵 çiŏ	聚 çiú
清 çīm	進 çín	罪 çùi	宗 çūm	踪 çūm
總 çùm	尊 çūn	將 çiām	（將）çiàm	殱 çiēn
漸 çién	纘 çuōn			

'ç

拆 'çĕ	妻 'çī	初 'çō	錯 'çŏ	祠 'çū̂
慈 'çū̂	詞 'çū̂	此 'çū̂	次 'çú̂	財 'çâi
參 'çān	曾 'çêm	且 'çiè	切 'çiĕ	七 'çiĕ
取 'çiù	情 'çîm	請 'çìm	侵 'çīn	盡 'çín
瘁 'çúi	從 'çûm	詳 'çiâm	（詳）'çiàm	千 'çiēn
遷 'çiēn	前 'çiên			

c

各 cŏ	穀 cŏ̂	辜 cū	姑 cū	古 cù

[①] 本索引依据大英博物馆藏本 *Innocentia Victrix*（《无罪获胜》）制定。

下篇

| 故 cú | 該 cāi | 縩 cái | 告 cáo | 供 cūm |
| 公 cūm | 恭 cūm | 躬 cūm | 共 cūm | 工 cūm |

'c

科 'cō	可 'cò	哭 'cŏ	苦 'cù	考 'cào
康 'cām	龕 'cān	看 'cán	空 'cūm	恐 'cùm
控 'cúm				

ch

者 chè	這 ché	浙 chě	職 chĕ	直 chĕ
之 chī	知 chī	旨 chì	指 chì	紙 chì
止 chì	至 chí	致 chí	製 chí	治 chí
制 chí	置 chí	智 chí	着 chŏ	諸 chū
主 chù	住 chú	著 chú	肇 chào	照 cháo
昭 cháo	張 chām	掌 chàm	杖 chám	斬 chàn
占 chén	正 chím	政 chím	真 chīn	朕 chín
譖 chín	殄 chín	中 chūm	忠 chūm	終 chūm
仲 chúm	眾 chúm	准 chùn	狀 chuám	

'ch

查 'châ	察 'chǎ	勅 'chĕ	治 'chî	黜 'chŏ
除 'chû	處 'chù	處 'chú	差 'chāi	朝 'châo
抄 'chào	常 'châm	長 'châm	稱 'chīm	成 'chîm
呈 'chîm	程 'chîm	城 'chîm	誠 'chîm	臣 'chîn
推 'chūi	垂 'chûi	重 'chùm	創 'chuám	舜 'chuèn
傳 'chuên				

f

法 fǎ	非 fī	匪 fì	費 fí	覆 fŏ
復 fŏ	伏 fŏ	福 fŏ	撫 fù	俯 fù
負 fú	附 fú	方 fām	芳 fām	房 fâm
凡 fân	煩 fân	反 fàn	犯 fán	阜 fèu

第二章　传教士与汉语官话　　189

| （覆）féu | 風 fūm | 逢 fûm | 捧 fùm | 奉 fúm |
| 墳 fuên | 焚 fuên | 憤 fuén | | |

g

日 gě	入 gě	仍 gêm	然 gên	人 gîn
任 gîn	仁 gîn	為 guêi	危 guêi	惟 guêi
（為）guái				

h

赫 hě	熙 hī	希 hī	係 hí	繫 hí
荷 hô	何 hô	火 hò	合 hǒ	呼 hū
狐 hû	湖 hû	昊 hào	浩 hào	號 háo
横 hêm	下 hiá	迄 hiě	學 hiǒ	許 hiù
行 hîm	刑 hîm	幸 hìm	歆 hīn	化 huá
或 hoě	惑 hoě	洪 hûm	曉 hiào	孝 hiáo
鄉 hiām	香 hiām	享 hiàm	朽 hièu	唧 hiên
顯 hièn	陷 hién	懷 hoâi	毀 hoéi	燬 hoèi
會 hoéi	皇 hoâm	還 hoân	魂 hoên	

j

| 若 jǒ | 儒 jû | 如 jû | 汝 jû | 柔 jêu |
| 糅 jèu | 睿 júi | | | |

k

革 kě	格 kě	羈 kī	己 kì	几 kì
幾 kì	既 kí	忌 kí	記 kí	繼 kí
家 kiā	佳 kiā	加 kiā	嘉 kiā	假 kià
駕 kiá	價 kiá	結 kiě	給 kiě	及 kiě
級 kiě	確 kiǒ	鞠 kiǒ	居 kiū	俱 kiū
舉 kiù	具 kiú	遽 kiú	據 kiú	經 kīm
京 kīm	境 kìm	敬 kím	金 kīn	今 kīn
謹 kìn	禁 kín	皆 kiāi	解 kiài	交 kiāo

下　篇

教 kiáo	江 kiām	九 kièu	久 kièu	舊 kiéu
監 kiēn	奸 kiēn	間 kiēn	見 kién	建 kién
鑒 kién	蠲 kiuēn			

ʻk

克 ʻkĕ	其 ʻkî	奇 ʻkî	豈 ʻkì	起 ʻkì
器 ʻkí	棄 ʻkí	口 ʻkèu	懇 ʻkèn	乞 ʻkiĕ
瞿 ʻkiû	去 ʻkiù	（去）ʻkiú	卿 ʻkīm	欽 ʻkīn
勤 ʻkîn	遣 ʻkièn	權 ʻkiuên		

l

勒 lĕ	禮 lì	理 lì	里 lì	李 lì
利 lí	隸 lí	六 lŏ	陸 lŏ	魯 lù
露 lú	來 lâi	老 lào	曆 liĕ	立 liĕ
栗 liĕ	屢 liù	靈 lîm	令 lîm	臨 lín
類 lúi	良 leâm	兩 leím	流 liêu	劉 liêu
留 liêu	廉 liên	憐 liên	亂 luón	

lh

| 而 lʻh | 爾 lʻh | 二 ílh | | |

m

瑪 mà	彌 mî	穆 mŏ	沒 mŏ	歿 mŏ
墓 mú	慕 mú	買 mài	賣 mái	冒 máo
貌 máo	謀 mêu	鸌 miĕ	明 mîm	鳴 mîm
名 mîm	命 mím	民 mîn	閔 mìn	蒙 mûm
免 mièn	門 muên	滿 muòn		

n

納 nă	諾 nŏ	乃 nài	南 nân	男 nân
難 nân	能 nêm	聶 niĕ	捏 niĕ	女 niù
寧 nîm	內 núi	仰 niàm	年 niên	輦 nièn

念 nién

ng（h）

| 額 nghě | 我 ngǒ | 惡 ngǒ | 愛 ngái | 敖 ngáo |
| 安 ngān | 案 ngán | 偶 nghèu | 恩 ngēn（nghě̀n） |

p

八 pǎ	跋 pǎ	白 pě	百 pě	伯 pě
栢 pě	被 pí	畀 pí	敝 pí	暴 pǒ
部 pú	不 pú	敗 pái	拜 pái	報 páo
頒 pīn	板 pàn	必 piě	畢 piě	兵 pīm
並 pím	病 pím	碑 pōi	貝 pói	表 piào
辯 pièn	扁 pièn	便 pién	變 pién	本 puèn
半 puōn

'p

| 平 'pîm | 品 'pìn | 盆 'puên | 潘 'puōn | 叛 'puón |

q

| 國 quě | 過 quó | 郭 quǒ | 歸 quēi | 詭 quèi |
| 光 quām | 廣 quàm | 棍 quén | 官 quōn | 管 quōn |

'q

| 寬 'quōn | 欵 'quòn |

s

西 sī	徙 sì	洗 sì	所 sò	思 sū̄
師 sū̄	司 sū̄	死 sù̀	侯 sù̀	使 sù̀
數 sú	素 sú	使 sú́	（思）sú́	事 sú́
四 sú́	賜 sú́	士 sú́	肆 sú́	三 sān
散 sán	生 sēm	省 sèm	邪 siê	錫 siě
習 siě	唧 siě	細 siě	（唧）siǒ	序 siú

性 sím	新 sīn	心 sīn	雖 sūi	隨 sûi
送 súm	小 siáo	笑 siáo	相 siām	象 siám
像 siám	修 siēu	先 siēn	雪 siuě	巡 siûn
宣 siuēn	選 siuèn			

t

大 tá	得 tě	德 tě	弟 tì	帝 tí
地 tí	多 tō	鐸 tǒ	督 tǒ	篤 tǒ
度 tú	代 tái	道 tào	到 táo	悼 táo
當 tām	黨 tàm	但 tán	竇 téu	等 tèm
的 tiě	廸 tiě	鼎 tìm	頂 tìm	東 tūm
典 tièn	端 tuōn	段 tuón		

't

他 'tā	塔 'tǎ	特 'tě	題 'tî	替 'tí
奪 'tǒ	途 'tû	徒 'tû	湯 'tām	堂 'tâm
貪 'tān	廷 'tîm	退 'túi	通 'tūm	同 'tûm
佟 'tûm	銅 'tûm	痛 'túm	天 'tiēn	

v (u)

嗚 ū	五 ù

v

物 vě	微 vî	未 ví	屋 vǒ	無 vû
誣 vû	武 vù	務 vú	外 vái	汪 vām
王 vâm	妄 vâm	亡 vâm	枉 vàm	岡 vàm
往 vàm	望 vàm	萬 ván	文 vên	聞 vên
(文) vèn				

x

赦 xé	涉 xě	十 xě	拾 xě	實 xě
釋 xě	飾 xě	(飭之误) 飾 xě	施 xī	

時 xî	始 xì	世 xí	是 xí	恃 xí
勢 xí	逝 xí	術 x ǒ	書 x ū	庶 xú
燒 xāo	上 xám	尚 xám	山 xān	守 xèu
善 xèn	陝 xèn	聖 xím	盛 xím	深 xīn
神 xîn	慎 xín	說 xuě	水 xùi	順 xún

y

依 ȳ	伊 ȳ	移 ŷ	儀 ŷ	已 ỳ
以 ỳ	擬 ỳ	倚 ỳ	矣 ỳ	議 ý
義 ý	意 ý	異 ý	衙 yâ	押 yǎ
也 yè	夜 yé	一 y ě	翼 y ě	亦 y ě
益 y ě	約 yǒ	域 y ǒ	於 yū	餘 yû
渝 yû	與 yù	宇 yù	語 yù	羽 yù
諭 yú	御 yú	聿 yǔ	應 ȳm	(應) ým
因 ȳn	殷 ȳn	銀 ȳn	淫 ȳn	印 ýn
要 yáo	楊 yâm	揚 yâm	洋 yâm	由 yêu
油 yêu	有 yèu	牖 yèu	又 yéu	幼 yéu
言 yên	焉 yên	嚴 yên	月 yuě	曰 yuě
粵 yuě	容 yûm	榮 yûm	用 yúm	云 yûn
原 yuên	爱 yuên	緣 yuên	員 yuên	遠 yuèn
苑 yuèn	冤 yuèn	院 yuén		

第四节　《汉英韵府》所见官话

　　如前所引，清人莎彝尊在其《正音咀华》（1853年）中对"正音"下定义说："遵依钦定《字典》、《音韵阐微》之字音即正音也。"① 高静亭《正音撮要》（1834年）则曰："正音者，俗所谓官话也。"② 那么，《康熙字典》的字音在清代官话中究竟处于什么地位？19世纪中国人的语言生活中对官话的运用状况到底如何？一个在中国生活长达43年的美国

---

① 莎彝尊：《正音咀华·十问》，麈谈轩1853年版，第1页。
② 长泽规矩也编：《明清俗语辞书集成》，上海古籍出版社1989年版，第1361页。

人其著述，尤其是其所编写的汉英词典《汉英韵府》(*A Syllabic Dictionary of the Chinese Language*) 较好地论述了这些问题，他就是 Samuel Wells Williams（1812—1884），中文名字卫三畏。

一 卫三畏的汉语学习、研究与运用

卫三畏在世 72 年，过半的时间在中国度过。在他去世后不久，其儿子卫斐列（Frederick W. Williams）于 1888 年撰写出版了关于他的传记 *The Life and Letters of Samuel Wells Williams*（《卫三畏生平及书信》①），此传记除了第一章和第十二章以外，内容绝大部分是卫三畏在中国的生活、工作情况以及他与亲朋好友、相关机构之间关于他在中国的书信往来。择其要，其在中国的生涯大致可分两个阶段：第一阶段是 1833—1855 年、第二阶段是 1856—1876 年。1833 年 10 月，卫三畏接受美国对外传教机构美部会的委派，作为广州传教站的印刷工抵达广州，在广州编辑、印刷和发行《中国丛报》(*Chinese Repository*，1832—1851) 长达二十年，这一阶段他的身份可以说既是一位传教士，又是一位文化商人，也是一位汉学家。作为传教士，除了做一些相应的布道工作外，还参与修改了马礼逊汉译的《圣经》；作为文化商人，除了定期编辑出版《中国丛报》、《华番通书》(*Anglo-Chinese Calendar*) 以外，还编辑发行了《中国商务指南》(*A Chinese Commercial Guide*) 第二版（1844 年）、第三版（1848 年）和第四版（1856 年），向西方国家适时地介绍了中国的贸易、航行和对外条约的状况，该书的第四版也是卫三畏在广州印刷所印刷的最后一本书籍；作为一位学者，他在来华的最初几年，尽力克服既没有时间又缺少教科书的困难，凭借马礼逊的四开本英汉字典，学会了汉语官话和广东话，并在澳门向日本水手学会了一些简单的日语，在此基础上，开始了对汉语的研究和字典编纂工作，陆续出版刊印了《广东方言中文文选》（1841 年）、《拾级大成》(*Easy Lessons in Chinese*，1842)、《英华韵府历解》(*Ying Hwa Yun-fu Lih-Kiai*, *An English and Chinese Vocabulary*, *in the court dialect*, 1844)、《英华分韵撮要》(*A Tonic Dictionary of the Chinese Language in Canton Dialect*, 1856) 等汉语教科书、词典以及全面介绍中国的《中国总

---

① ［美］卫斐列：《卫三畏生平及书信：一位美国来华传教士的心路历程》，顾钧、江莉译，广西师范大学出版社 2004 年版。

论》(The Middle Kingdom, 1847)。1856 年,卫三畏在临时接任美国驻华使团秘书并代理全权委员数月后,正式接受美国总统的任命担任美国使团秘书,并于 1857 年 1 月辞去美部会的教会工作,这一阶段他的身份从传教士逐渐转变为职业外交家,其汉学研究也走向深入。作为一名曾经的传教士,其最自我得意的事,是在 1858 年利用美国使团秘书的身份,迫使清政府将允许传教士在中国各地自由传教的内容写入《中美天津条约》中,为基督教在中国合法化扫清了道路;作为一位外交家,他长期担任美国使馆秘书、翻译,还先后 9 次代理公使职务,并于 1874 年 11 月 29 日,陪同美国公使不下跪觐见了同治皇帝;作为学者,1874 年夏初,他在上海出版了《汉英韵府》(A Syllabic Dictionary of the Chinese Language; arranged according to the WU-FANG YUEN YIN, with the Pronunciation of the Characters as heard in Peking, Canton, Amoy, and Shanghai),被欧美汉学家赞誉为 19 世纪一件值得大书特书的事件;1876 年 10 月底离任回国时萌发修改或重写《中国总论》的念头,历时 7 年,终于在 1883 年 10 月完成对《中国总论》的大幅度修订出版工作,奠定了他在汉学界的权威地位。回国后不久,卫三畏被耶鲁大学授予名誉文学硕士学位,并担任中国语言文学教授,直至 1884 年 2 月 16 日离世。①

毋庸讳言,卫三畏之所以能在中国取得如此巨大的成就,除了他对中国语言文化的热爱之外,主要得益于其对基督教的虔诚信仰,正如其 1876 年离任回国时他的上海同仁在发给他的一封信中所言:"我们尤其愿意铭记的是,在史无前例的 43 年服务期间,您在与中国人以及在华外国人的所有文字、外事与社会交往中,忠诚而一贯地保持了作为一个基督徒与传教士的本色";他的儿子也总结说:"此时此刻我们看到的是一个传教士,而不是一个学者或外交家离开了他曾经选择的这片土地。"②

周振鹤先生为《卫三畏生平及书信》等《基督教传教士传纪丛书》写序时认为,新中国成立以前,在华的外国人以商人、外交官与传教士为主,其中传教士的数量最大,他们在中西关系史及中西文化交流史上都起着重要的作用,传教士奠基了欧洲汉学的基础,"同样,英美等国汉学的

---

① [美] 卫斐列:《卫三畏生平及书信:一位美国来华传教士的心路历程》,顾钧、江莉译,广西师范大学出版社 2004 年版,第 35、65、86、95、151、155、175—184、266、274、309—311 页。

② 同上书,第 285—286 页。

建立,也是新教传教士筚路蓝缕的结晶"。① 卫三畏一人兼具文化商人、外交官和传教士三重角色,其对美国汉学的贡献更是可想而知。所以,现代学者,尤其是中国学者,似乎更注重卫三畏的汉学成就,更愿意视其为美国的汉学研究奠基人和汉学权威。卫三畏传纪的中译者顾钧先生在其专著《卫三畏与美国早期汉学》中指出:卫三畏"是最早来华的美国传教士之一,从1833年到达广州至1876年离开北京,他是早期传教士中在华时间最长、对中国最了解的一位,亲身经历了两次鸦片战争、太平天国运动等给中国社会和中外关系所带来的深刻变化";是"耶鲁第一位汉学教授,也成为美国历史上最早的汉学教授,见证了美国汉学从业余走向专业的历史。在他身上,业余汉学和专业汉学实现了某种结合";"他是美国最早的汉学刊物《中国丛报》(Chinese Repository,1832—1851)的编辑者(1848年后为主编)和主要供稿人之一;他的代表作《中国总论》(The Middle Kingdom)改变了此前美国人通过欧洲著作来了解中国的状况,从这个意义上开创了'美国'汉学。"②

就笔者而言,则更愿意将其视作近代汉语官话研究的奠基人。因为他不仅在《中国丛报》、《中国总论》等刊物和著作上有对汉语研究的散论,编写有《拾级大成》、《英华分韵撮要》等汉语教科书和词典,更重要的是编纂了《汉英韵府》这部集大成的汉英大辞典,其导论对汉语官话进行了非常详尽的阐述。正如张西平先生所言:"该书对于19世纪的中国音韵学研究有着很高的价值,它提供给我们研究当时官话、方言的最重要的原始材料。在一定意义上可以说,要讲清明末清初官话的问题,要梳理近代以来的中国方言,没有传教士的语言学研究成果是绝对不可能的,高本汉的成名之作《中国音韵学研究》的秘密之一就在于他充分使用了来华传教士的汉语研究著作,特别是传教士关于方言的研究著作。"③ 而要研究19世纪的汉语官话,梳理卫三畏当时对汉语官话的认知是不可或缺的环节,因为他亲历中国人的语言生活时间长达近半个世纪,地域横跨大江南北,其著述当是权威可信的。

---

① 周振鹤:《基督教传教士传纪丛书序言》,载卫斐列《卫三畏生平及书信》,顾钧等译,广西师范大学出版社2004年版,第2—3页。

② 顾钧:《卫三畏与美国早期汉学》,外语教学与研究出版社2009年版,第9页。

③ 张西平:《传教士汉学研究的新进展》,载顾钧《卫三畏与美国早期汉学》,外语教学与研究出版社2009年版,第4页。

二 卫三畏所认知的汉语官话、方言与汉文的关系

卫三畏在中国虽然生活、工作了43年，但由于前半段主要生活和游历在广州、上海等地，加之其初学汉语时所依据的是马礼逊的英汉字典，能直接辅佐其学习了解汉语的是他的上司裨治文以及《中国丛报》上对于汉语的相关介绍，所以，其对官话的认识基本来自马礼逊和裨治文等对汉语的认知，这些传教士虽然认识到中国的北方和西南省份通行官话，但认为带入声的"南官话"才是"正音"（true pronunciation），而且，为了传教，他们也非常重视对广东话、闽南话的学习研究。①

1837年7月，卫三畏在《中国丛报》第六期第三册刊登文章介绍英国传教士麦都思所编写的修订本《汉语福建方言字典》②时，完整地移录了该字典的前言，在此前言中，麦都思写道：地方土话不仅有别于官话，各省之间的方言也是有很大差别的，所以，一个福建的居民往往听不懂广东人的话语，作者常常要替这两个邻省的人担任翻译；即便是在同一个省内，有时候方言差别也很大，人们会因为相隔一条河流，一座山脉，或者一片原野，因方言的差异而难以进行有效的沟通。福建省有十个县，自然有很多不同的方言，如果全国十八个省都如此的话，整个帝国将会有两百多种不同的方言；"如果一个人正在考虑学习汉语，但不十分期待与中国人进行口语交流，或者希望与所有省份的上流阶层人员和政府官宦打交道的话，当然需要学好官话；不过，如果其交流只局限于某一个地区，以及必须与当地居民群体打交道的话，最好还是学习那个地方的特定方言。"③ 为字典做宣传的卫三畏显然是认可麦都思

---

① 陈辉：《19世纪东西洋士人所记录的汉语官话》，《浙江大学学报》（人文社科版）2010年第6期，第106—108页。

② 《汉语福建方言字典》，英文全称为：*A dictionary of the Hok-Këèn dialect of the Chinese language, according to the reading and colloquial idioms, containing about 12,000 characters*。作者为英国伦敦会传教士麦都思（W. H. Medhurst），该书原本由东印度公司出版社（the press of the honorable East India Company）1831年在巴达维亚（Batavia，现印度尼西亚雅加达）起印，后来由于一些变故，断断续续持续到1834年4月，印刷了860页中的前320页后又中断，待麦都思进入中国大陆后，在多方面的要求和支持下，终于于1837年6月在澳门修订并印刷完整部字典。（参见 *The Chinese Repository* Vol. VI—July, 1837. —No. 3 pp. 142—143）

③ W. H. Medhurst, Preface of *A dictionary of the Hok-Këèn dialect of the Chinese language*, *The Chinese Repository* Vol. VI—July, 1837. —No. 3 p. 144.

对汉语官话与方言的此种认知的。因此,这个时期的卫三畏将学习和研究汉语的重点放在了粤语上,除 1841 年与裨治文合编了《广东方言中文文选》以外,1842 年还编写出版了《拾级大成》,此书的另一个英文原名为 Progressive Exercises to Facilitate the Study of That Language, Especially Adapted to the Canton Dialect, 书名明确了它是一本广东方言的教科书,而 1856 年出版的《英华分韵撮要》也是一本广东话音韵英汉字典。所以,要了解卫三畏对汉语官话的全面认识,必须到其 1874 年出版的《汉英韵府》和 1883 年出版的《中国总论》修订本中去寻找答案,这两本书是他作为美国外交官与中国上流社会和朝廷官员乃至皇帝交流近二十年,对中国社会各方面尤其是语言文化有了全面深入地认识后写成的,其对官话的阐述才更为客观而真实。

《中国总论》第十章"中国语言文字的结构"大部分是在将汉字、汉文、汉语与欧洲的拼音、语言、文字相比较中展开的。卫三畏认为,中国的大趋势之所以总是重新统一,是因为中国人的"同一语言"的特点;中国的语言文字之所以历经数千年代异时移而变化不大,成为依然存在的唯一的活语言,"应当归因于表意文字的特点和完全缺少以音作为符号的整体音素";欧洲的拼音文字是记录语言的符号,但汉字、汉文则不同,语音是从属于文字的,中国的话语倒过来依赖于文字符号,"文字的形状和意义更强地结合在一起,每个读者可以随意发音,或按当地教师所教的音来读。他的'土腔'也不妨碍同那些使用同样书写符号的人进行思想交流";汉字虽然是表意文字,"然而,中文中的每个字都像拼音文字一样发音,有些不只一个音来表达不同的意思;因此,虽然字不能表达它所指事物的音,而音确是字的表现。"正是由于这些特性,中国语言在各地发生的地方性变化非常多,"发音如此分歧,一个音的确和另一个音同样正确,很不容易判定哪种是方言、是土语,或者是讹误";"同一的书写文字将人民大众团结在一起,方言往往被讨论这个问题的人看作使用习语的变化,不受发音和表达方式的分歧的限制。按这一定义,只有四、五种方言(如果不是有书写文字联成一体,就可以说是四、五种语言了),然而有数不尽的土语、土腔。"其中,"朝廷用语,也称官话,或'曼达林',是国家正式语言(即中文,中国话),不能称之为方言。所有受教育的人都要学,都会说,不论他出生在帝国的任何地方,都不可能假装要学,却不会用官话交谈。

这是东北部各省①，尤其是河南、山东、安徽通行的语言，但和朝廷、京城多少有些差异。这种语言的特征是音调柔和流畅，全然没有刺耳的带辅音的结尾，风行流音和唇音。一些说官话的省份，有部分地方如浙江、江苏的东部，喉音很普遍，声母变软或者有所改变"；由于是单音节文字，中国人注重元音声调的准确，相对不大注意辅音，有总的或地方性的字典，但"中国人并不比其他民族更加重视从字典学习母语的发音，他们只能随后部分地约束其中变化。可以正确地说，没有两个中国人说的话一模一样，然而，通过普遍理解的文字作为手段，人类中最大的人群聚集在一个政府之下，毫无困难地表达自己，从事种种营生"。②依卫三畏的言下之意，中国尽管有"官话"，但其发音也是因地、因人而有所差别，好在汉字、汉文为此种语言发音上的差别填补了沟通上的缺陷。

如果说，《中国总论》的对象是欧美国家的普通读者，卫三畏对中国语言尤其是官话的这种介绍只是一个概要的话，那么，《汉英韵府》中的论述，则是极为详尽的。卫三畏花了11年的时间艰辛编成的《汉英韵府》名义上虽然是一本字典，但它不仅容量大，四开本，共1356页，而且，为帮助读者更好地了解汉语、汉文，在正文前还写了10页前言和长达84页的导论，以解释汉语、汉文的特点和该字典的编纂思路。导论将汉语分为8个部分来论述：（1）《五方元音》所见官话；（2）拼写系统；（3）送气音；（4）声调；（5）汉字的古音；（6）方言类别；（7）部首；（8）字根。

在导论中的第5部分"汉字古音"标题下，卫三畏特别注明该部分乃英国伦敦会传教士艾约瑟·迪谨（Joseph Edkins）所撰，字典正文中每个音节的古音也是由他所提供。不过，既然卫三畏采用艾约瑟的文章作为自己导论的一部分，想必是同意艾约瑟对汉语的认知的，也可看作卫三畏的观点。在这部分文字中，艾约瑟指出：

> 现在的官话不能作为认读"反切"的依据，它们必须从"等韵"

---

① 当时的传教士们往往将北方少数民族地区称为鞑靼地区，所以，卫三畏所言的东北部并不是指现在的东北地区，而是指华北地区的东部省份。

② 卫三畏：《中国总论》，陈俱译，上海古籍出版社2005年版，第402—432页。

或称"韵尾分类"中所用梵文字母的音值加以推导,"等韵"是《康熙字典》中的一个介绍栏目。

"等韵中"的 36 个声母读如其相对应梵文字母的音值,如下:见 k、溪 k'、郡 g、疑 ng……①

落款于 1710 年的御制序言和敕令应该被视为证据证明沈约的发音被当做了这本字典的标准。这包含了三层意义:一是古老的中原语音仍然存在于杭州、苏州及其周边地区,它们提供了辅音;二是广东、福建西南部的方言和部分古中原方言提供了间元音和尾音;三是确定和验证保留在这些方言中的古音的对比标准存在于这些梵文字母和古老的字典中。②

"现在的官话不能作为认读'反切'的依据"这一句说明,当时的官话语音与《康熙字典》所定的正音——"沈音"是脱节的。这里,艾约瑟坚持了他的一贯立场,他早在其 1864 年的《汉语口语(官话)语法》一书的修订本中就对马礼逊依据《五车韵府》、《康熙字典》标注官话语音提出过异议,言:"外国人应当认识到现代字典中的正字法代表的是古代的发音,十有八九的中文字典保留了已被遗忘的千年以前的语音,马礼逊依据中文原作《五车韵府》编写非常有用的音节字典时,没有注意到他所依从的语音绝对不是官话,而完全是一种发音而已。"③ 1894 年,他在《中国评论》(The China Review)上依然撰文指出:"官话语音是新发展起来的,被认为是没有必要在这本反映书面语的国家词典(《康熙字

---

① 艾约瑟所列的 36 个声母实际上就是广韵 36 字母,不过,可能是印刷错误,"群"、"照"、"影"三字分别被错印成了"郡"、"昭"、"景"。他所谓的梵文字母音值是用罗马字母标写的,分别为:见 k、溪 k'、郡 g、疑 ng、端 t、透 t'、定 d、泥 n、知 ch、t、彻 ch'、t'、澄 dj、d、娘 ni、帮 p、滂 p'、並 b、明 m、非 f、p、敷 f、p'、奉 v、b、微 v、b、m、精 ts、清 ts'、从 dz、心 s、邪 z、昭 ch、ts、穿 ch'、ts'、状 dj、dz、審 sh、禅 zh、景 yy、晓 hh、喻 y、匣 h、来 l、日 j。这个对音转写引用自法国传教士、著名汉学家儒莲(Stanislas Julien)的著作《中国典籍中出现的梵文译解》。(Methode pour dechiffrer et transcrire les noms sanscrits qui se rencontrent dans les livres chinois,1861)

② S. Wells Williams, A Syllabic Dictionary of the Chinese Language, Shanghai: American Presbyterian Mission Press, 1896, pp. XXviii - XXix.

③ Joseph Edkins, A Grammar of the Chinese Colloquial Language, commonly called the Mandarin Dialect, Shanghai: Presbyterian Mission Press, 1864, p. 9.

典》）中标注出来的。书面语是文人学士们使用的语言，《康熙字典》中没有一例标注官话发音的情况。"① 这也正是卫三畏放弃马礼逊的汉英字典及其汉字音节表，而采用《五方元音》作为蓝本编写《汉英韵府》的原因。他在前言中这样写道：

> 1863 年，我开始采用《五方元音》作为编排汉字的蓝本编写字典，而没有追随马礼逊，马礼逊似乎并不知道《五方元音》这本书。吸收当地人的音节编排比制作一个新的来得容易和保险，因此，我这本字典几乎完全遵循那本著作。尽管它的发音可能不同于任何讲官话地区所听到的，但可能比较接近于长江以北地区所听到的口语的总的平均值，它不拘泥于单个城市和省份的口语，例如北京等。在为大众应用的著作中采用此种近似值的方法要比只选一个点好，它允许每个学生将这个标准活用于他所在地区听到的语音，而且，这也是当地人他们自己在寻求的字典。我们几乎不可能指望有比这个更管用的万能的中文发音。②

现实中的汉语官话，每个地方都有差别，卫三畏只能短中取长，选择了总体而言相对接近于大多数长江以北地区官话发音的《五方元音》作为汉字的发音标准。由此，《汉英韵府》导言的第一部分就叙述了"《五方元音》中所见官话"，卫三畏如此开篇：

> 中国大部分受教育阶级者的语言被称之为"官话"（kwan Hwa）或者官方的语言，并以官廷语言或"曼达林"著称，它被使用于整个扬子江以北地区，且没有多大语言风格和语法结构上的区别，同时也被用于扬子江以南除福建和广东以外的大部分地区，成为十六个省份的主要语言。福建和广东两省的大部分地区其方言在语言风格和语法上呈现许多变异，以至于那里的受教育者在对汉字总体学习的基础

---

① Joseph Edkins, "The Mandarin: A Modern Form of Speech", *The China Review*, Vol. 21, No. 3, 1894, p. 203. 转引自江莉："近代来华西方人认识中的汉语官话"，《现代语文》2011 年第 11 期，第 18 页。

② S. Wells Williams, *A Syllabic Dictionary of the Chinese Language*, Shanghai: American Presbyterian Mission Press, 1896, pp. v–vi.

上被特别赋予学习官话的义务，以便能够与北方受教育者进行口语交流。①

紧接着，作者从表意文字语言的特性出发分析认为，受过教育的中国人已经彻底被训练成主要依赖于他们的眼睛去获得词汇的全部含义，他们的书写语言远比口语言简意赅。中文的字典大致分三类方法编纂：一是自然的方法，将近义词集合于导引词下，如《尔雅》等；二是分析的方法，将词汇以部首的方法排列，如《说文》、《字汇》、《正字通》、《康熙字典》等；三是以音节或韵律的方法归类，此方法是梁代的沈约和神珙借鉴了印度佛教声母与韵母相拼合的原理，《佩文韵府》可能是用此种方法编纂的最大字典。《汉英韵府》之蓝本《五方元音》——包括东、南、西、北、中五个地区，即所有地方的元初之音，它是通行于华中和华北地区的宫廷语言的词汇表，初版于 1700 年，几乎与《康熙字典》编于同一个时期，而《康熙字典》的编纂很可能是受到了它的启示。与它同类的早期著作是出现于 13 世纪的《中原音韵》和后来的《中州全韵》。它由年希尧增补后于 1728 年分四卷重印。《五方元音》名义上为 20 个辅音，实际上有 36 个声母，名义上 20 个韵类，如果包括入声，实际则为 38 个韵母，这些声母与韵母拼合成 532 个汉语音节。相比而言，广东话有 707 个音节，福建话有 928 个音节，而上海和宁波以及整个江苏和浙江地区所听到的语言其语言风格和发音更多地被同化于官话，所以很少有当地学者编纂这些地方的方言字典；北京的官话与直隶、山东等省的官话区别很小，已经受到了威妥玛先生的重视，在《寻津录》中列出了 25 个声母、43 个韵母拼合成 397 个音节，在《语言自迩集》中增加到了 420 个音节，但由于没有入声，其音节远少于以上其他地区语言，甚至还不到福建话音节的半数。

关于汉语汉字的声调，卫三畏认为它不同于任何使用重读音和强调音的语言，那些使用重读音的语言不同的语调（tones）大多只是改变句子的语气，而中文的"声"（shing）则是用以区别字的含义，如"氲、雲、陨、运、聿"有相同的音节，但却有 5 个不同的声调区别音值，区分含

---

① S. Wells Williams, *A Syllabic Dictionary of the Chinese Language*, Shanghai: American Presbyterian Mission Press, 1896, p. xi.

义。因为在《汉英韵府》正文中除了《五方元音》的读音外，还标有古音以及广东、汕头、厦门、福州、上海、芝罘等地的读音，在导言中还有北京、汉口、上海、宁波、福州、厦门、汕头、广东等8种方音，所以，卫三畏沿用了在其《英华分韵撮要》为广东话标音的八个声调符号，根据《中国丛报》的介绍，这套标音系统实际上最初是由麦都思发明用于《汉语福建方言字典》中。① 它们被分别标于字的四个角，如下图：②

汉语八声符号图

北京话只有此套系统中的上平、下平、上声和去声。为使读者有一个清晰的比较，卫三畏在"方言类别"章节中专门附录了《圣谕广训》的一部分文字，标注了它们的官话和北京、汉口、上海、宁波、福州、厦门、汕头、广东等8种方言读音的声调，并用京、汉、沪、宁、福、汕、广7种方言词汇进行了翻译并注音。值得注意的是，在字典正文中，卫三畏特意用"南话"声调标注在每个汉字的四角，并用北京音标注罗马字及声调，曰："这本字典的每一个汉字依据《五方元音》，为南话（nan hwa）标注了合适的声调，以上平、下平、上声、去声的顺序排列，单列入声字，并在每个字的下面标有北京发音及声调。在其下方留有空白，以便学生能自己填上任何另外方音。南话的五声和京话的四声依据《英华

---

① *The Chinese Repository*, Vol. XI—January, 1842. —No. 1 p. 44.
② S. Wells Williams, *A Syllabic Dictionary of the Chinese Language*, Shanghai：American Presbyterian Mission Press, 1896, p. XXvii.

分韵撮要》的同一套系统标注。"① 例如，该字典正文第810页的"削"字条目如下图：

```
SIOH.
Old sound, siak.  In Canton, séuk; — in Swatow, siak; — in Amoy, siat; — in Fuhchau, siòk and swòh; — in Shanghai, siòk; — in Chifu, shòa.

削    From knife and a likeness.           敀 | to correct and polish.        | 骨難填 I could not make it
sio'  To cut or pare off, to shave,        職 | to dismiss from office.       up if I scraped my bones.
siao  to scrape off; to erase; to          到薄 scraped very thin.            髲 to shave the whole head.
A'ué  extort from; to despoil, to          地 to seize territory.             稍挥 sleazy, as cloth.
      seize territory; to deprive          其 | 他滋甚 his [state] is al-     | to trim down; to revise
      of title or rank; impove-            ready greatly impoverished and     and correct, as a composition.
      rished; debility; a graver           reduced in size.                   | 面光 to lose the respect of
      with which to erase characters.                                         others.
      批 | to trim, to mend, as a pen.    針尖上 | 鐵 petty gains.            | 跡 no traces are left.
```

　　卫三畏之所以如此重视南话，想必与他对官话的认知有关。他专门写了第六部分"方言类别"，用以介绍官话及各地方言与汉字汉文的关系。他认为，汉语书写语言的特性使得有必要解释"方言"（dialect）这个词的用法。在中国这个广袤的土地上，汉文之于各地语言的变异与拉丁文之于西班牙语、意大利语等语言的关系是完全不同的，没有一个汉字具有全国所有方言统一的读音，但反而言之，也不是说，汉文是一种死的语言，官话是可以被言说和书写记录的，威妥玛的练习题以及《红楼梦》足以证明汉语与其他语言一样既可以写也可以说。北京官员们的对话交流同样也完全可以用合适的汉字写下来，毫无困难。只是中国当地的学者难以告知汉字在不同方言中的不同读音，所以，官话与其说是一种方言（dialect），还不如可以被看作中国的口语（the Chinese spoken language），它通行于18个省份中的15个省；艾约瑟先生将北京、南京和成都认作三种官话变异的中心。南京话被称为"南官话"和"正音"，其使用可能最广，被描述为到处"通行的话"；北京话也以"北官话"或"京话"为人熟知，现在最为时髦，最具宫廷特色，犹如伦敦的英语或者巴黎的法语，被看作帝国公认的宫廷语言；两者间有两个主要区别，一是在 i 和 ü 前的 k 辅音变成 ch 或者 ts，二是入声字派入其他声调之中。

　　正如卫三畏在其《中国总论》中论及的那样，汉字的发音尽管因地而异，但汉文的同一性是维持中国统一的力量。他说："毫无异议，即使在同一种方言中，也不会有两个中国人发同样的音，然而，这并不会削弱

---

① S. Wells Williams, *A Syllabic Dictionary of the Chinese Language*, Shanghai：American Presbyterian Mission Press，1896，pp. XXi – XXvii.

其书写语言维护人们团结的非凡力量。"①

三 《汉英韵府》中的官话语音

曹聚仁（1900—1972）先生于1927年秋在杭州火车站旧书肆购得《汉英韵府》，惋惜该书不为国人称道既久，写《跋汉英韵府》刊于当年《浙江图书馆报》，向国人推荐此书，赞此书有三点胜于本国辞书，其首即关于音韵。"方音庞杂，理董为难；此书独能汇集各各方音于一系统之下，使读者见一音而各音之转变皆明，得一音为之枢纽，而各字之音变可识，岂非今日治音韵学者之利器？"② 该书语音的"枢纽"音就是官话音，不过，如前节所述，书中实际上有三种官话语音：一是以罗马字顺序排列的，以罗马字转写为单位的汉字音节，它代表的虽然是《五方元音》中的读音，即中国北方地区官话语音的折中音，但标注在每一个汉字四角的声调却是"南话"的声调，如音节"SIOH"，该音节下有汉字"削"字，右下角标有符号"，"，为入声；二是古音，它大部分取自《康熙字典》所引用的《唐韵》、《广韵》等历代韵书的读音，尤其以《康熙字典》正文前的"等韵"为则；三是位于每个汉字底下的、带声调符号的罗马字转写，它是北京音，如"削"字底下标注有"sio'"、"'siao"与"'h'üé"三个读音，皆无入声符号。加之与广东、汕头、厦门、福州、上海、芝罘等地方音的相比照，使得这本字典的汉字读音既有理论标准，又可让外国读者活用于不同目的的汉语学习之中。

第一种语音乃《汉英韵府》"枢纽"音中的主体，它在《五方元音》本身已然对北方地区官话音取平均值的基础上，又掺进了南方音的声调，所以，它并不是当时某地官话的实际语音，但以此为参照习得的汉语当能实用于中国的大江南北。《汉英韵府》导言中的"带汉字举例的声韵母音节表"（table of initials and finals with characters to illustrate the syllables）构成了除声调以外的此种语音的全部特征，而字典正文中每个音节下的第一个汉字即这张音节表的例字。卫三畏在音节表前介绍说：他从《五方元

---

① S. Wells Williams, *A Syllabic Dictionary of the Chinese Language*, Shanghai: American Presbyterian Mission Press, 1896, p. XXxi.

② 曹聚仁：《跋汉英韵府》，《浙江省立图书馆报》，1927年第1卷。北京图书馆出版社编：《近代著名图书馆馆刊荟萃续编》（第15册），北京图书馆出版社2005年版，第392页。

音》的二十个"字母"中析出了 36 个声母，从 12 个韵母中析出了包括 12 入声在内的 38 个韵母，以其为经纬构成 1368 个音节，但实际存在数目是 460 个，加上一部分汉字的读音较难分辨，所以总共列出了 532 个音节和例字。36 个声母具体如下：

梆 p、铇 p'、木 m、风 f、斗 t \ tw、土 t' \ tw'、鸟 n \ nw、雷 l \ lw、竹 ch \ chw、虫 ch' \ chw'、石 sh \ shw、日 j \ jw、剪 ts \ tsw、鹊 ts' \ tsw'、系 s \ sw、云 y、金 k \ kw、桥 k' \ kw'、火 hw \ h、蛙 w \ ng \ ø

卫三畏利用包含了这些字母的英语单词对这些罗马字母的发音作了具体说明，笔者依其说明拟音值分别为：

[p]、[p']、[m]、[f]、[t]、[tu]、[t']、[t'u]、[n]、[nu]、[l]、[lu]、[tʃ]、[tʃu]、[tʃ']、[tʃ'u]、[ʃ]、[ʃu]、[ʒ]、[ʒu]、[ts]、[tsu]、[ts']、[ts'u]、[s]、[su]、[j]、[k]、[ku]、[k']、[k'u]、[xu]、[x]、[v]、[ŋ]、[ø]

可见，以上 36 个声母中，除去辅音加元音 [u] 的拼合音以及半元音 [j] 外，实质上与《音韵阐微》官话音中的 21 个声母无甚区别，与金尼阁《西儒耳目资》的声母基本相同。

卫三畏析出的 38 个韵母则为：

天 ien \ an \ üen、人 ǎn \ in、龙 ung \ ing \ ǎng、羊 ang \ iang、牛 iu \ eu、獒 ao \ iao、虎 u \ uh、驼 o \ oh \ ioh、蛇 é \ üé \ eh \ üeh \ ieh、马 a \ ah、豺 ai \ iai、地 i \ ui \ ü \ sz' \ 'rh \ éi \ eh \ uh \ ih \ üh

值得注意的是，卫三畏并没有将此 38 个韵母照搬列入音节表中，实际上此 38 个韵母中，uh、eh 是重复出现的，代表汉字"而、二、尔、耳、迩"读音的 'rh 大概是因为在英文中不属元音字母之故，未被单独列出，而是被插入其古音 i 韵母中，所以，以上 38 个韵母在音节表中只出现了 35 个，另外，卫三畏又加了 en、ia、iün、iüng 和 un 这五个韵母，合计为 40 个韵母。按英文字母顺序排列如下：

a、ah、ai、anǎn、ang、ǎng、ao、é、eh、éi、en、eu、i、ia、iai、iang、iao、ieh、ien、ih、in、ing、ioh、iu、iün、iüng、o、oh、sz'、u、ü、üé、üeh、üen、uh、üh、ui、un、ung

根据卫三畏的发音说明，h 在作为尾音时几乎不发音，这表明，h 在被写于音尾时，只起到了一个入声音的标记作用，当时的北方官话中入声音几乎消失。这样，ah、eh、ieh、ih、ioh、oh、üeh、uh üh 等 9 个韵母除了 eh、ieh、ioh、üeh 没有相对应的 e、ie、io、üe 音以外，其余 5 个不存在音值上入声和非入声的区别意义。剩下的 35 个韵母加上被卫三畏当作辅音附在 t、n、l、ch、sh、j、ts、s、k、h 等字母后发 [u] 音的 w 与这些韵母拼合生成的 wa、wai、wan、wang、wéi、wen、wo 等 7 个韵母，共为 42 个韵母。它们的音值和例字如下：

a [a] 楂、ai [ai] 挨、an [an] 斩、ǎn [ən] 真、ang [aŋ] 盎、ǎng [əŋ] 争、ao [au] 昭、é [ɛ] 者、eh [e] 折、éi [ɛi] 肥、en [en] 占、eu [aʊ] 周、i [i] 衣、ia [ia] 遐、iai [iai] 鞋、iang [iaŋ] 香、iao [iau] 晓、ieh [iɛ] 颉、ien [ian] 贤、in [in] 欣、ing [iŋ] 京、ioh [jɔ] 学、iu [ju] 休、iün [yən] 熏、iüng [yəŋ] 兄、o [o] 河、sz' [ɿ] 思、u [u] 朱、ü [y] 虚、üé [yɛ] 靴、üeh [ye] 血、üen [yen] 玄、ui [ui] 追、un [un] 准、ung [uŋ] 中、wa [ua] 花、wai [uai] 揣、wan [uan] 欢、wang [uaŋ] 黄、wéi [uɛi] 亏、wen [uen] 川、wo [uo] 火。

以上 42 个韵母无论数量还是音值均与宁忌浮先生拟出的《音韵阐微》官话时音之 34 个韵母有较大的出入，但却接近于李新魁先生拟出的《西儒耳目资》41 个韵母，更近似于金薰镐先生拟出的《西儒耳目资》42 类韵母。① 金薰镐先生认为："利（玛窦）、金（尼阁）所记的明代官话音系基本上是以当时南京音为基础的，可是利、金二人在中国期间接触的官话是出自操各种方言之人之口，难免没有方音的掺杂和对官话的曲解

---

① 宁忌浮先生拟出的《音韵阐微》官话时音韵母参见宁忌浮《〈音韵阐微〉的反切》，中国音韵学研究会、汕头大学文学院编《音韵论集》，中华书局 2005 年版，第 162 页；李新魁先生拟出的《西儒耳目资》41 个实际韵母参见李新魁《汉语等韵学》，中华书局 2004 年版，第 338—339 页，他认为《西儒耳目资》反映的是当时山西的方音；金薰镐先生拟出的《西儒耳目资》42 类韵母为：（1）ɿ ʅ 贽质（2）u 诸（3）i 衣（4）u 乌（5）iu 鱼（6）a 丫（7）ia 鸦（8）ua 瓦（9）ɔ 阿（10）iɔ 药（11）uɔ 窝（12）io 欲（13）uo 屋（14）e 格（15）iɛ 叶（16）yɛ 月（17）ɚ 而（18）iə 叶（19）uei 未（20）ai 爱（21）iai 溢（22）uai 歪（23）au 澳（24）iau 尧（25）uɔn 碗（26）an 安（27）uan 弯（28）aŋ 盎（29）iaŋ 阳（30）uaŋ 王（31）ien 烟（32）iuɛn 远（33）əu 欧（34）iəu 有（35）ən 恩（36）in 音（37）uən 温（38）iuən 云（39）əŋ 硬（40）iŋ 应（41）uŋ 翁（42）iuŋ 用，参见金薰镐《西洋传教士的汉语拼音所反映的明代官话音系》，《古汉语研究》2001 年第 1 期，第 36 页。

的情况发生。"[①] 如果金薰镐先生的结论正确，那么，从《汉英韵府》的声韵母与《西儒耳目资》基本一致的情况来看，卫三畏虽然以《五方元音》为蓝本，但在标注罗马字读音时，实际上却更偏重于南京官话，而非其所谓《五方元音》原本的北方官话音的平均值。这与他对汉语官话的理解是一致的——"南官话"是"正音"，是到处"通行的话"，使用的范围最广。

当然，他也没有轻视最为时髦的"京话"，在每个汉字下单独标注了北京音。北京音与"曼达林"（Mandarin）之间，声母上的主要区别有：

（1）在 i 和 ü 前的 k［k］辅音变成 ch［tʃ］，k'辅音变成了 ch'［tʃ'］。如江 kiang→chiang、溪 k'i→ch'i、句 kü→chü、渠 k'ü→ch'ü 等。

（2）j［ʒ］转写成了 zh［z］。如如 jü→zhu、人 jǎn→zhǎn 等。

（3）大部分 ng［ŋ］音变成了零声母 ø，如爱 ngai→ai、安 ngan→an、遨 ngao→ao、欧 ngeu→eu 等，但有些同类字不变，如艾、庵、岸、敖等字。

（4）个别 w［v］声母消失，如䴏 woh，→u'、屋 wuh，→'uh（喔、握、兀、鋈等字皆同此变化）。

韵母上的主要区别有：

（1）大部分汉字的入声尾音 h 消失，且改写了右下角的入声符号"，"。如：察 ch'ah，→，ch'a、百 poh，→'pai、力 lih，→li'、服 fuh，→? fu 等，但有一部分字虽然改变了入声符号"，"，不过，h 尾音依然存在，如色 she，→seh'、食 shih，→，shih 等。

（2）ch、ch'、sh 声母后的 i 韵母消失。如之'chi→'ch、痴 ch'i→'ch'、使'shi→'sh、事 shi'→sh'等。

（3）ch、ch'、sh 声母后的 ing 韵母变成 ǎng。如征'ching→'chǎng、诚，ch'ing→，ch'ǎng、声'shing→'shǎng 等。

（4）j 声母后 ü 韵母变成 u 韵母。如如，jü→，zhu、儒，jü→，zhu、汝'jü→'zhu 等。

（5）大部分 é、eh、o 与 oh 韵母变成了 ö，卫三畏没有用英语单词具

[①] 金薰镐:《西洋传教士的汉语拼音所反映的明代官话音系》,《古汉语研究》2001 年第 1 期，第 38 页。

体比况说明 ö 的音值，只是说这个音很少在南方方言中听到，但在江苏和北方地区作为尾音很常用，在直隶，它趋向于发喉音化的颚音。如者 'ché→'chö、则 tseh，→，tsö、德 teh，→，tö、热 jeh，→zhö'、何，ho→，hö、喝 hoh，→.hö 等。但也有一部分同类字音节不变，或者变成了 ih，有些只是入声声调派入它声。如耶，yé→，yé、也 'yé→'yé、叶 yeh，→yeh'、业 yeh，→yeh'、窝 wo→.wo、日 jeh，→.zhih 等。

声调上的区别：不像"南话"分上平、下平、上声、去声和入声五个声调，"京话"中只有四个声调，没有了入声调符号"，"，但一部分汉字的罗马字音节转写还有"h"入声音尾。

以上就是《汉英韵府》中所谓"曼达林"（官话）的声韵母系统与"京话"声韵母的差别。"京话"声韵母对于"南话"的变异，表明北京官话进一步受到了北方语音体系的影响，向现代汉语普通话又近了一步。不过，从整体框架而言，"南话"与"京话"没有特别大的区别，即便是入声，"南话"中也已经完全没有 k、t、p 尾音的区分，只剩下一个几乎不发声的"h"尾音而已。

总而言之，卫三畏以其在中国近半个世纪对汉语的研究和应用，通过《汉英韵府》等辞书，比较客观、全面地向我们呈现出 19 世纪中国大地汉语官话的"实况"。当时的官话正音是有一个理论标准的，那就是《康熙字典》中"等韵"，它以"沈韵"为基础，这个理论标准约束和维护了全国各地官话发音的趋同性；不过，汉字的表意特性也使得各地的官话发音呈现出许多地方特色，异化出了蓝青官话，南京官话和北京官话是它们的代表，南京官话以其正统性被使用得更广泛些，北京官话因其政治上的地缘优势，则更为时髦，更具宫廷化特点，然而，两者之间除了"入声"方面的差别以外，总体上没有多大的不同；"京话"的一些声韵母特征告诉我们，当时的北京官话已经非常接近现代汉语普通话。

第三章 日本汉学家所认知的汉语官话

《隋书·东夷传》曰：倭国"无文字，唯刻木结绳。敬佛法，于百济求得佛经，始有文字"。① 日本的文字史从佛经传入开始，日本对于汉字音韵的研究也与遣隋使、遣唐使中的留学僧相关；纵观日本的教育史，江户时代以前，僧侣掌握了文化教育的大权，各地的寺院兼具私塾的功能，承担了初等教育的职责，僧侣的社会地位很高，如最澄和尚和空海和尚就是著名的大教育家。进入江户时代，虽然有幕府掌控的学问所、藩校等贵族学校传播儒学，但承担世俗子弟教育的还是寺院所办的"寺子屋"。② 因此，探寻日本对汉语官话的研究文献，首先离不开日本僧侣的著述；其次，明清时期，日本基本上未进入中华皇朝的藩属朝贡体系，加之大多数时间两国都闭关锁国，有限的贸易往来局限于长崎与江、浙、闽、粤之间，所以，唐通事成了此间中日经贸文化往来不可或缺的桥梁，为此，唐通事们的汉语教材及其身边的日本汉学家关于汉字音韵的著述也成了检视明清官话实态的重要工具。

第一节 唐音学与冈岛璞及其唐话教材

一 唐音学的兴起

相对于中国的明代，日本是南北朝、室町和战国时代，明皇朝基于倭寇等原因，实行了"片木不得下海"的海禁政策，而日本在这个时期大多处于战乱分裂状态，所以，这一时期的中日之间只有有限的勘合贸易和一些走私贸易往来，很少有文化上的交流，不太可能有日本的知识人士去

---

① 魏征等：《隋书》，中华书局1973年点校本，第1827页。
② 王桂编著：《日本教育史》，吉林教育出版社1987年版，第50—53、84—90页。

关注明朝的官话问题，只是有个别诸如《禅林类聚音义》（1556年）等小学书出现于佛家寺院[①]，内及汉字的日语读音和汉语音韵问题。《禅林类聚音义》一书虽然对《禅林类聚》中出现的难字难词依据《大广益会玉篇》、《古今韵会举要》等中国字韵典籍注写了反切读音[②]，但从中难究其对明朝官话的认知。

明清鼎革，中国的江南地区处于清人入主与抗清复明的动荡之中，而日本则进入了全面统一的江户时代，德川幕府闭关锁国，将对外交往集中于长崎进行管理。这个时期，有大批中国人因求援抗清、避难、逃禅、经商以及担任通事而涌向长崎，并辗转进入日本本岛的京都、江户等地，使得日本文化迎来高度华化大盛的局面。"在避难人中，有高僧如真圆、觉海、超然，分别创建长崎三大中国寺庙，即兴福寺、福济寺及崇福寺；有传授汉画的逸然性融；有传授小儿科，并以诗书著称的独立性易，即戴笠，字曼公，与同时去日的另一戴笠（字耘野）同姓同名；有开日本黄檗宗的隐元隆琦，并传中国艺术与食品，提倡唐风与建筑；又有心越兴俦，诗文书画，冠于一时，传授琴道。……高僧之外，纯粹的学者，首推朱舜水，他不仅是明末清初到日本去的中国人中最有学问的人，恐怕也是

[①] 《禅林类聚音义》又名《类聚四喜管苍集》，日本曹洞宗名刹见龙山乘国寺住持信及半云和尚（1491—1571）66岁时所撰，成书于弘治丙辰年（1556）十月，是对中国佛教典籍《禅林类聚》20卷本中所出现的难字难词的注音和训解，共分4卷。京都大学图书馆、山梨县永昌禅院、早稻田大学图书馆、东京无穷会图书馆神习文库等处藏有抄本，虽然根据书中内容判断，京大藏本乃后几种藏本的底本，但目前京大本仅剩第四卷，永昌院本也有不少散佚之处。编纂此书的缘由可见作者自序（早大本），其云："余至于六十六岁丙辰之春，有客从容而谓余曰：《禅林类聚》二十卷之内，略纂其难字解之。余曰：我从幼年以来，守不立文字之旨，总不知闳肆之术，况及老年者，稀而前后忘失，不获考字书，何以解之乎哉？虽然如是，以吾昔之惑测子今之恳，子暂待有日矣。客退，而乃考诸部之字书，以粗记之，诚是以管见测苍苍而已。缩《类聚》二十卷，作兹四卷而象四喜。古人云：久旱逢初雨，他乡遇旧知，洞房花烛夜，金榜题名时。是则古人四喜也。因名兹书于《四喜管苍集》。不可备他见，子窃披见之，而改易刁刀之疑，穿凿鲁鱼之误，予为幸者。弘治丙辰小春下浣日，见龙山主紫阳之信及前豚老秃半云序。"（参见冈田希雄《〈禅林类聚音义四喜管苍集〉解说》，《立命馆文学》，第五卷，第一号，1938年，第78—99页；高松政雄《〈禅林类聚音义〉札记》，关西学院大学《人文研究》，1993年，43(2)，第41—55页；高松政雄《〈禅林类聚音义〉三本对校考》，关西学院大学《人文研究》，1994年，44(2)，第1—15页。）

[②] 高松政雄：《〈禅林类聚音义〉札记》，关西学院大学《人文研究》，1993年，43(2)，第46页。

历史上中国人对日本文化影响最大的一个人。……其他不甚知名的士大夫与僧人（包括明亡后逃禅的士大夫），以日本为托身之所的，不可悉数。至于客商与日本所称的'唐通词'即舌人，对长崎中、下级社会的华化，也有极大的影响。"① 在这样的华化氛围中，一批仰慕中华文化，并积极向唐通事和东渡日本的高僧们学习汉语的日本有识之士应运而生，形成了学习并研究汉语语音的一门学问"唐音学"。

"唐音学"的始祖当推冈岛璞（1674—1728）及其弟子荻生双松（1666—1728，字茂卿，以号徂徕行于世），师徒二人在熟习汉语官话，编辑出版了一批汉语教材的同时，还于1711年专门成立了"译社"，冈岛璞亲自担任译师。"译社"主张废弃传统的"和式汉文训读法"，倡导直接用汉语阅读中国经典尤其是明清白话小说，句读并翻译刊印了《水浒传》和《忠义水浒传》等文学作品，从语言和文学两方面对后世产生了很大的影响。② 荻生徂徕在1691年前后口述并由其弟子笔录的《译文筌蹄》之序言"题言十则"中论道："此方学者以方言读书，号曰：和训。取诸训诂之义。其实译也。而人不知其为译矣。古人曰：读书千遍，其义自见。予幼时切怪古人：方其义未见时，如何能读？殊不知，中华读书，从头直下，一如此方人念佛经陀罗尼，故虽未解其义，亦能读之耳"；"此方自有此方言语，中华自有中华言语，体质本殊，由何吻合？是以和训回环之读，虽若可通，实为牵强。"③ 在荻生徂徕看来，日语与汉语相异，且今语又异于古语，所以，单纯用日语训读汉文犹如隔靴搔痒，难得要领。学会华人言语，并在"国音"、"和训"的基础上附以新译，这才是日本学者读书的"筌蹄"。荻生徂徕如此理论，在长崎还进行了具体实践。"予尝为蒙生定学问之法，先为崎阳之学，教以俗语，诵以华音，译以此方俚语，绝不作和训回环之读。始以零细者二字三字为句，后使读成书者，崎阳之学既成，乃始得为中华人。而后稍稍读经子史集四部书，势如破竹，是最上乘也。"④ 换句话说，日本人要想读经史子集，

---

① 方豪：《方豪六十自定稿》，台湾学生书局1969年版，第176—177页。
② 西原大辅：《江户时代的中国语研究——冈岛冠山与荻生徂徕》，东京大学比较文学·文化研究会《比较文学·文化论集》，第9号，1992年，第13—19页。
③ 荻生徂徕口述、吉臣哉笔录：《译文筌蹄》，大阪书房，明治九年（1876）补刻，早稻田大学图书馆藏本，第11—13页。
④ 同上书，第16—17页。

首先得学会华语，荻生徂徕称之为"崎阳之学"。① "崎阳"者，即华人对长崎的称谓，而彼时日本人称华语为"唐音"、"唐话"、"唐语"等，"唐音学"由此在日本兴起。不仅有隐元隆琦用以黄檗宗诵经用的《禅林课诵》（1662年）、《毗尼日用录》（1664年）以及心越兴俦的琴书《和文注音琴谱》（1710年）、《琴学入门》（1787年）等用假名标注了唐音（主要以南京官话为主）的书籍问世②，而且，更有冈岛璞等日本人编纂的唐话专门教材雨后春笋般付梓流通。

二 冈岛璞及其唐话教材

关于冈岛璞③，初刊于文化十三年（1816）的原念斋之《先哲丛谈》

---

① 根据近代日本学者中村久四郎的研究，当时，日本人学习汉语语音并用之于阅读汉文之事，没有一个统一的学名，主要有以下这些称谓："唐音学"（《过庭纪谈》卷一）、"崎阳学"（《唐语便用序文》）或"崎阳之学"（《徂徕集》、《译文筌蹄》）、"长崎流"（《诗文国字牍》）、"长崎样之学问"（《诗文国字牍》）、"华音直读"（《徂徕集》、《竹山国字牍》）、"华音之读"（《倭读要领》卷中）等。而对于当时汉语的语音，日本人竟然有多达68种称谓，如唐音、唐话、唐言、唐译、明音、清音、华语、华言、支那音、官话等。（参见中村久四郎《唐音の意義功用及び「華音之名師」岡島冠山について》，《桑原博士還暦記念東洋史論叢》，京都弘文堂书房，1931年，第350—355页。）

② 有坂秀世：《国語音韻史の研究》，明世堂書店1944年版，第215—216页。关于东皋心越琴谱汉字注音的语音问题，山寺三知的《〈东皋琴谱〉歌辞汉字标音初探》一文有详细论述。（见黄大同主编《尺八古琴考》，上海音乐学院出版社2005年版，第305—316页。）

③ 对于冈岛璞及其所编唐话教材的研究，日本学者的文章有很多，近代的有中村久四郎的《唐音の意義功用及び「華音之名師」岡島冠山について》（原载《桑原博士還暦記念東洋史論叢》，弘文堂书房，1931年）等代表作，现代的有奥村佳代子的《江戸時代の唐話に関する基礎研究》（原载《関西大学東西学術研究所研究叢刊》第28集，关西大学出版部，2007年）、冈田袈裟男的《江戸異言語接触——蘭語・唐語と近代日本語》（东京笠间书院，2006年）等，但这些论文和著作大多没有对汉语官话的语音问题展开专门的讨论；中国方面，有严绍璗《中国文化在日本》（新华出版社，1993）等著作论及冈岛璞与明清通俗文学，近年来，也有许多学者开始关注以冈岛璞为代表的江户时代汉学家及其唐话教材问题，代表性的有鲁宝元的《日本江户时代冈岛冠山编唐话教本在日本汉语学习史上的地位和特点》（《国际汉语教学动态与研究》2006年第1期）、吴丽君《江户时代唐话篇第三卷——〈唐话便用〉的编写特点与研究价值》（《国际汉语教学动态与研究》2006年第2期）以及该二位学者主编的论文集《日本汉语教育史研究 江户时代唐话五种》（外语教学与研究出版社，2009年），但对官话语音问题展开讨论的文章同样也不多。张升余《日语语音研究——近世唐音》（外语教学与研究出版社，2007年），内中有南京官话语音专题以及近世唐音与明清中国语音的比较研究，不过，这是一本日文著作，从内容上判断，该书应该是同作者之《日语唐音与明清官话研究》（世界图书出版西安公司，1998年）的日文修订增补版，是以日语语音的视角切入问题，对于南京官话的讨论，也只是以利玛窦的《西字奇迹》、金尼阁的《西儒耳目资》和马提尔的《官话类编》为依据，而不是以冈岛璞、文雄等日本唐音学家的著作本身来考察官话语音体系；谢育新2010年博士论文《日本唐通事唐音与十八世纪的杭州话南京官话》似有关于杭州话与南京官话语音问题的比较研究，但尚未听闻付梓出版，难见其详。

有其大致的生平简历。曰：

> 冈岛冠山，名璞，字玉成，号冠山，通称援之，后改弥太夫，长崎人。
>
> 冠山始以译士仕于萩侯，受其月俸，自慙为"贱役"，辞而家居，专修性理学，独以此鸣于西海。尝应足利侯忠囿（户田大隅守）之聘，来于江户，无几致仕。至浪华，讲说为业。又至江户，至平安，前后皆以其精于华音，从游颇众矣。首唱稗官学于世，先是虽有从事之者，未甚精之，及冠山起，始能详明于其说云。
>
> 冠山始校定罗贯中《水浒传》，施国译，将刊布于世，未至见其刻成而殁。……
>
> 冠山以享保十三年戊申正月二日殁于平安，享岁五十五，葬于慧日山。所著有《唐话纂要》、《唐译便览》、《雅俗类语》、《唐语便用》、《字海便览》、《华音唐诗选》、《尺牍便览》、《通俗水浒传》、《通俗元明军记》、《通俗明清军谈》、《小说读法》等。①

出生于长崎的冈岛璞，自1692年起赴长州为藩主毛利吉就担任译士，1694年毛利吉就死后，他回到长崎担任唐通事职。1701年，冈岛辞职离开长崎，赴京都翻译徐渭的《云合奇踪》，于1705年改名《通俗皇明英烈传》出版，并于当年赴江户（即现在的东京），1707年赴黄檗山，进而在大阪周围居住至1710年，再转至江户。②

冈岛璞熟读经史，精通儒学，对儒学讲论有独到之处，且对稗官小说颇有研究，被日本近世学人尊为稗官学的鼻祖。《先哲丛谈》曰：

> 近世以稗官学鸣于世者……等皆以冠山为之先鞭。物徂来亦与冠山友善，受象胥于冠山，每读稗史，未觉了，必问之冠山。
>
> 冠山讲说经史，诲督生徒，其所为大异于世儒。世之儒者，必以仁义道德、治乱兴废辩论郑重，间涉烦冗，不生伸欠者少。冠山专言

---

① 原念斋：《先哲丛谈》（后），东京东学堂1892年版，日本国立国会图书馆藏本，第63—64页。

② 西原大辅：《江户时代的中国语研究——冈岛冠山与荻生徂徕》，载东京大学比较文学·文化研究会《比较文学·文化论集》，第9号，1992年，第14页。

时世目击之事实，于唐山，则明末清初，于我邦，则庆元以降。自谓不如此，不甚近于人情。

冈岛璞之所以注重对稗官小说的研究，实际上与其学习唐话有密切关系。与其同时期的日本儒者、精通汉语和朝鲜语的外交家雨森芳洲（1668—1755）在《橘窗茶话》中有相关评论，曰："我东人欲学唐话，除小说无下手处，然小说还是笔头话，不如传奇，直截平话，只恨淫言亵语，不可把玩，又且不免竟隔一重靴，总不如亲近唐人，耳提面命之为切矣。""或曰学唐话，须读小说，可乎？曰可也。然笔头者文字，口头者说话，以平家物语以成话，人肯听乎？""冈岛援之只有《肉蒲团》一本，朝夕念诵，不顷刻歇。他一生唐话，从一本《肉蒲团》中来。"① 此话虽然有些夸张，但也反映了白话小说对于当时日本人学习唐音的重要性。

冈岛璞的汉语老师是国思靖（1661—1713，姓国造，名熙，字玄贞，号尘隐，谥号思靖），而国思靖所师从的明人蒋眉山、明僧道亮，两人皆来自浙江，一曰勾越人，一曰杭州人，所以，国思靖既通汉语官话音韵，又能闽浙方言，他"留志音韵于律吕调声，无不该通，最达华音，旁暨杭、闽之方言土语，悉咸记得。与舶来清客对话，不用通词，当时以译闻于崎者，多皆系于授受者"②。名师出高徒，冈岛璞在众多长崎通事中出类拔萃，《唐话纂要》序中，其朋友高希朴赞赏他说：

（冈岛璞）一起一坐，一笑一咳，无不肖唐。尝在崎阳，与诸唐人相聚谈论，其调戏谩骂，与彼丝发不差，旁观者惟辨衣服知其玉成……海内解音者，闻名詟服，望风下拜。③

冈岛璞不仅自己精通汉语，而且前后编写了《唐话纂要》、《唐译便览》、《通俗忠义水浒传》等 20 部汉语教材和中国白话小说注释或日译

---

① 雨森芳洲：《橘窗茶话》卷上，大阪文荣堂 1786 年版，早稻田大学图书馆藏本，第 22—23 页。
② 东条琴台：《先哲丛谈续篇》卷之三，东京千钟房 1884 年版，日本国立国会图书馆藏本，第 18—19 页。
③ 冈岛璞：《唐话纂要》（一），东京出云寺和泉掾 1718 年版，日本早稻田大学图书馆藏本，第 4—5 页。

本，句读刊印了《大清康熙帝遗诏、新帝登极诏》，[1] 培养了荻生徂徕、朝冈春睡、太宰纯等唐音学者，朝冈春睡编写的《四书唐音辨》（1722年刊），用假名在各个汉字右侧注写了南京音，左侧注写了浙江音；[2] 太宰纯的《倭读要领》（1728年刊）探讨了日本人阅读四书五经所应掌握的技巧，他在"倭音说"一章中还特别指出："南京之音乃天下之正音，中华之人也以是为则。"[3]

其时，唐音学者们是知道官话的北京话与南京话之别的。雨森芳洲的《缟纻风雅集》记录了某一次冈岛璞与在日朝鲜译官的对话，曰：

> 玉成（即冈岛璞）：曾闻长兄会说北京话，果如此么？
> 昌周：略略晓得。长兄会讲南京话，难得！难得！
> 玉成说曰：我本长崎人，我长崎原来南京人来得多，所以晓得南京话。今日和你讲唐话，另外有趣！
> 玉成：今日我们说唐话，心里快活，没有疲倦。[4]

这一段对话告诉我们，会讲北京话的朝鲜译官和会讲南京话的冈岛璞，他们间最易沟通交流的工具则是"唐话"。"唐话"也被称为"俗话"——汉语的日常口语。之所以朝鲜译官会讲北京话，笔者在第一章中多有论及，此处不再赘述，而冈岛璞讲南京话，一方面是由于他交往的中国人大多来自江南，另一方面则与他们的"南京之音乃天下之正音"的认知有关。近代日本学者有坂秀世认为："从师从冈岛冠山学习华音的朝冈春睡所编《四书唐音辨》中的南京音与浙江音对照注音来看，冈岛显然官话和俗话皆通。由于当时与长崎直接交通往来的主要是中国中部和南部地区，唐通事们所学的官话无疑是'立四声、唯更全浊为清音'的南京官话。……在《唐话纂要》中采用了俗话的冠山，到编印《唐译便

---

[1] 中村久四郎：《唐音の意義功用及び「華音之名師」岡島冠山について》，《桑原博士還暦記念東洋史論叢》，京都弘文堂書房1931年版，第361—364页。

[2] 有坂秀世：《国語音韻史の研究》，明世堂書店1944年版，第217页。

[3] 陈辉：《泰西、海东文献所见洪武韵以及明清官话》，《浙江社会科学》2011年第1期，第132页。

[4] 雨森芳洲：《雨森芳洲全书·缟纻风雅集》，关西大学出版广报部1979年版，第102页。

览》、《唐音雅俗语类》、《唐语便用》时，不知不觉转向了官话。"①

不过，笔者认为有坂秀世只说对了一半。冈岛璞既通官话又通俗话，精通四书五经和诸子百家，自小就与来自江、浙、闽等不同地方的长崎华人都有往来，不可能不知道官话的重要性。②他之所以从编纂《唐译便览》（1726年）起放弃"俗话"，改用"官话"，与当时日本的这些汉学家们对汉语的认识以及清政府语言政策的明朗化有关。

正如此前笔者所引，冈岛的徒孙无相文雄在《三音正伪》中明确指出："其中原所用之音有二类，官话之与俗话也。俗话者，平常言语音也。官话者，读书音此之用。其官话亦有二，一立四声唯更全浊为清音者是；一不立入声不立浊声唯平上去唯清音者，谓之中州韵，用为歌曲音。二种通称中原雅音，支那人以为正音。其俗话者，杭州音也，亦曰浙江音。"③也就是说，杭州音虽是"俗话"，但也是中原之音，且是"平常言语音"，作为实用汉语教材，冈岛起先用"平常言语音"注写汉字读音，完全合乎情理。白樫仲凯希八甫在《跋唐话纂要》中写道："唐话者，华之俗语也。彼土人虽燕居晤语，必有熟字成语，而四声五音，清浊轻重，相应于其间不肴乱。言语宜简，文字调停，焕然可观。盖俗一变，

---

① 有坂秀世：《国語音韻史の研究》，明世堂書店1944年版，第219—220页。关于这一点，张升余在其《日语语音研究——近世唐音》中分析原因认为：冈岛璞在学习唐话初期，跟清人王庶常、上野玄贞（即国思靖）等学的是杭州音，由此从事通事工作，在编唐话教材时也用了杭州音，但后来认识到了官话的共同性和必要性，特别是他与通用南京官话的黄檗宗禅僧交往后，或是从大阪从事唐话教学以后，注意到了官话的重要，所以才改为官话音，自享保十一年（1726）后，他著述的《唐译便览》（1726）、《唐音雅俗语类》（1726）、《唐音便用》（1735）等唐话教材都改用了官话音。（参见《日语语音研究——近世唐音》，外语教学与研究出版社2007年版，第28页。）

② 藤原安治在为《唐话纂要》所写的序言中赞扬冈岛璞曰："精通华之音与语，一开口，则铮铮然成于金玉之声，一下笔，则绵绵乎联于锦绣之句。乃以是而鸣于当世，赫赫惊人耳目，郁郁流崎远近者，有年于兹也。"而白樫仲凯希八甫所写的"跋《唐话纂要》"中则曰："玉成冈岛君，世家长崎，少交华客，习熟其语。凡自四书六经，以及诸子百家稗官小说之类。其声音之正，与词言之繁，颇究其闲奥，且质之于大清秀士王庶常者，而后华和之人，无不伸舌以称叹之。"（冈岛璞：《唐话纂要》（一）（六），东京出云寺和泉掾，1718年版，日本早稻田大学图书馆藏本，序第1—2页、跋第1—2页。）

③ 无相文雄：《三音正伪》（乾），出版者不详，1752年版，韩国国立中央图书馆藏本，第10、11页。

则可以至于雅；雅一变则可以至于道；惟在学者之变通如何焉耳。"① 关于雅俗，当时的日本京兆尹伊藤长胤为《唐译便览》写序时说：辞本无雅俗之分，古代的《国风》诸篇本来就出自里巷歌谣，只是由于时代变迁，语言日新，现在就不容易读懂了，于是，"古者唯见其雅，而今者唯见其俗"；擅长华音的冠山子（冈岛），辑成《唐译便览》五卷，"以国音四十八字母，标以唐话，旁以国字，唐音和训及译语皆具也。其功亦勤矣。操觚之士，取而诵之，则其求知古，亦庶几乎。"② 紧接着，在正文前，冈岛本人特意说明："每字注官音并点四声，题用本邦イロハ四十余字，以分其部，而使看官便于览之。"伊藤长胤这段论雅俗的话中，内容既包括了词语，也包含了语音。当时，清政府于康熙五十五年（1716）编成刊印《康熙字典》（与冈岛璞《唐话纂要》的初刊时间享保元年即1716年为同一年③），其内汉字的音韵点划成了国家正式的汉字读音与书写标准，其影响势必逐渐波及包括冈岛在内的日本汉学家。据当代日本学者松冈荣志考，《长崎官府贸易外船赍来书目》中记载有宝历己卯年（1759）赍来的书，内有二条船载有《康熙字典》，一号船：十九部百十四套，十二号船：四部四十四套。"一年一共23部《康熙字典》运到日本，这就是它在日本读书界很受欢迎的佐证之一"；不过，早在享保二十年（1735），就有日本书商提出翻刻《康熙字典》的申请，所以，"从享保五年（1720）到二十年（1735）的十五年之内肯定有《康熙字典》的底本从中国赍到日本的事实"；在汉方医师香川修庵（1683—1755）于1730年前后撰成的《一本堂行余医言》中，有93处引用了《康熙字典》，"这可谓《康熙字典》在享保十五年以前被赍

---

① 白樫仲凯希八甫：《跋唐话纂要》，载冈岛璞《唐话纂要——和汉奇谈》（六），东京出云寺和泉掾1718年版，日本早稻田大学图书馆藏本，第1—2页。

② 伊藤长胤：《唐译便览序》，载冈岛璞《唐译便览》（一），京都五车楼1726年版，日本早稻田大学图书馆藏本，第1—3页。

③ 从早稻田大学图书馆等藏本来看，《唐话纂要》虽然刊于享保三年（1718），但从高希朴仲顿甫和白樫仲凯希八甫分别为该书所写的序言和跋语的落款时间——"享保元年（1716）秋九月"判断，《唐话纂要》已经在此前完稿。日本学者松村恒先生认为，《唐话纂要》前五卷初刊于1716年，第六卷是1718年再版时追加的。恰恰就是这本追加的第六卷，在每个汉字的四角标注了平上去入四声的附圈符号。不过，这不是冈岛璞实际请教华人后记录下的声调，而是抄录自《广韵》的声调。（参见松村恒《Analecta Serica》，《大妻比较文化》第12卷，2011年，第99、100页。）

到日本的证据"。①

冈岛璞编写《唐话纂要》,"其声音之正,与词言之繁,颇究其闲奥,且质之于大清秀士王庶常者。"② 那时的日本,习惯于将明清更替期间赴日的中国人称为"唐人"、"明遗",目前,我们虽然无从可考王庶常为何人,但他既被指称为"大清秀士",说明他刚刚过海赴日不久,新出刊的《康熙字典》之"以古为正"③,完全有可能通过王庶常而影响到冈岛璞,于是冈岛不仅在 1718 年再版《唐话纂要》时,追加了标注有平上去入四声符号的第六卷。而且,在其后编写《唐译便览》等汉语教材时,为让读者(操觚之士)能"取而诵之,则其求知古",便以"官音",即书面语音,取代了原先被称为"俗话"的杭州音。

简而言之,在清政府出刊《康熙字典》这本代表官方语言文字标准的辞书之前,冈岛璞采用汉语"俗话"即"平常言语音"的杭州音编注了《唐话纂要》,在《康熙字典》问世之后,他则改用带平上去入四声的"官音"编写了《唐译便览》、《唐语便用》等汉语教材。

三 《唐话纂要》、《唐译便览》等教材唐音的假名标注法及音值

唐音学的书籍在注写汉字的汉语读音时,用的是假名,冈岛璞的《唐话纂要》、《唐译便览》也不例外。要通过《唐话纂要》、《唐译便览》中的假名注音来探究当时的汉语语音,首先得确定当时的每个假名的音值。然而,假名是表音文字,它表的是音节,所以也容易随时代变化而发生变化,且有地方口音的差异。例如,19 世纪初欧洲的著名日本学家西博尔德(Siebold, Philipp Franz Von, 1796—1866)所著《日本》,在介绍日本国国名时说:"Japan 被当地居民称为 Nippon 或 Niffon, Nitsi 或 Nitsu 意为太阳,Hon 或 Fon 意为源头。"④ 就此可以看出,当时的"日本"之

---

① 松冈荣志:《江户医家与〈康熙字典〉》,载北京师范大学辞书研究与编纂中心编《中国字典研究》第二辑上册,中国社会科学出版社 2010 年版,第 107—116 页。

② 白樫仲凯希八甫:《跋唐话纂要》,载冈岛璞《唐话纂要——和汉奇谈》(六),东京出云寺和泉掾,1718 年版,日本早稻田大学图书馆藏本,第 1 页。

③ 《康熙字典》凡例第三条曰:"今则悉用古人正音,其他俗韵概置不录。"(见《王引之校改本康熙字典》,上海古籍出版社 1996 年版,第 7 页。)

④ Ph. FR. VON SIEBOLD, *Nippon I*, LEYDEN:BEI DEM VERFASSER, 1852,东京农工大学图书馆藏本,第 17 页。

"本"的发音"ホン",既被读作 hon,也被读作 fon,假名"ホ"正在从古日语的 fo 向现代日语的 ho 变化发展之中。好在当时的长崎不仅有唐通事,而且还有好多为日本与荷兰贸易往来担任语言中介的"阿兰陀通词"(荷兰语称为"Tolk,Taakman"),与唐音学差不多同步,荷兰语学也在这些通词们的语言实践中于 18 世纪初逐渐形成。① 被日本人尊为洋学鼻祖的青木敦书(1698—1769,字厚甫,号昆阳)从宽保二年(1742)起陆续撰写了《和兰货币考》、《和兰话译》、《和兰话译后集》、《荷兰樱木一角说》等著作,内中有大量对荷兰文语音的假名注写,并且还有荷兰文字专论《和兰文字略考》三卷(撰于 1746 年前),日本近代学者大槻文彦博士收藏有 1746 年青木敦书亲书的抄本,于大正六年(1917)誊写并写了个"解题"。② 现代荷兰文始自 17 世纪初,是音素文字,读音相对稳定,加之日本的"阿兰陀通词"最初是由以葡萄牙语为对象的"南蛮通词"转变而来,所以,与在日耶稣会 1603 年刊印的《日葡辞书》(VOCABVLARIO DA LINGOA DE IAPAM com a declaração em Portugues)对假名的罗马字注音以及现代日语假名音值相比照,就能相对正确地推导出 17 世纪上半叶日语假名的音值。笔者整理《唐话纂要》、《唐译便览》所用假名及符号音值如下:

冈岛璞唐音学教材所用假名音值表③

ア	イ	ウ	エ	オ	ン		
a	i	ɯ	e	o	n 或 ŋ	位于每个汉字四角的附点"。"或	
カ	キ	ク	ケ	コ	キャ キュ キョ	"·"分别表示汉语四声:	
ka/k'a	ki/k'i	kɯ/k'ɯ	ke/k'e	ko/k'o	kja/k'ja kju/k'ju kjo/k'jo	上 去	
サ	シ	ス	セ	ソ	シャ シュ ショ	平 入	

---

① 关于"阿兰陀通词"、日本的"荷兰语学"、"兰学",可参见日本学者板泽武雄的专著《日蘭文化交渉史の研究》(吉川弘文馆,1986 年版),内有非常详细的研究论述。

② 大槻文彦:《和兰文字略考解题》,青木敦书《和兰文字略考》抄本(1746 年),早稻田大学图书馆藏本,1917 年,第 1—5 页。

③ 由于日语假名音值并非本文主题,所以,在此不展开具体的讨论。本假名音值表是笔者参阅了有坂秀世的《国语音韵史の研究》(明世堂书店,1944 年)、土井忠生、森田武、长南实编译《邦译日葡辞书》(日本岩波书店 1980 年版)、陈辉的《论早期东亚与欧洲的语言接触》(中国社会科学出版社 2007 年版),青木敦书《和兰文字略考》抄本(早稻田大学图书馆藏本,1917 年)和《世界大百科事典》中小泉保所撰"日本語"条目之表 1"音素と音声の対応"(平凡社 2007 年版)等资料后拟音而成。

续表

sa ʃi sɯ se so タ チ ツ テ ト ta/tˢa tʃi/tʃ tsɯ/ts te/tˢ to/tˢo ナ ニ ヌ ネ ノ na ɲi nɯ ne no ハ ヒ フ ヘ ホ	ʃa ʃɯ ʃo チャ チュ チョ tʃa/tˢa tʃɯ/tʃ ɯ tʃo/tʃ o ニャ ニュ ニョ ɲa ɲɯ ɲo ヒャ ヒュ ヒョ	位于假名右上角的圆圈"°"，说明发该假名时，须撮唇舌居中而呼出①	
ha/fa çi/fi ɸɯ/fɯ he/fe ho/fo マ ミ ム メ モ ma mi mɯ me mo ヤ ユ ヨ ja jɯ jo ラ リ ル レ ロ	çja/fja çjɯ/fjɯ çjo/fjo ミャ ミュ ミョ mja mjɯ mjo リャ リュ リョ	位于上下两个假名之间的圆圈"○"，说明此二个假名不能像发日语音那样，发生元音同化，须独立而连贯出声②	
la li ər/lɯ le lo ワ ヰ ウ ヱ ヲ wa wi wɯ we wo ガ ギ グ ゲ ゴ	lja ljɯ ljo ギャ ギュ ギョ	位于注音假名后的"、"，表示重复前一个假名，实际起到长音符号的效果	

---

① 关于这个右上角的圆圈点，有好多日本学者做过研究，但认为意义不明确。例如，松村恒先生在《Analecta Serica》一文中指出："ハ、ヒ、フ、ヘ、ホ上的半浊点毫无问题，但附在モ、ス、サ上的白圆圈作用不明。因为是有规则地被使用，可以想象定有某种含义，譬如是否是表示拗介音之类，现在还无法弄明白其真实含义"。（参见《大妻比较文化》第12卷，2011年，第100页。）笔者从宽文十年（1670年）所刻《慈悲水忏法》下卷末"国字旁音例"的注音说明中受启发，认为冈岛璞是延用了黄檗宗和尚诵经注音的符号。其中有一条说明曰："凡旁音有用小圈于上者矣。如イ°、キ°字须撮唇舌居中而呼之也；如サ°字音自齿头而出，犹合ツア二字而呼之也；如ソ°字音又自齿头而出，犹合ツヲ二字而呼之也；如セ°字音又自齿头而出，犹合チエ二字而呼之也；如テ°、ト°字须合上下齿而呼之，犹不正呼其体而唯呼其用也；如パ°、ヒ°等字，先闭唇激而发音。余仿此。"（参见长崎宫田安氏藏《慈悲水忏法》，平安城田原道住刻，1670年。转引自冈岛昭浩《近世唐音の重層性》，《语文研究》1987年第63期，第39页。）不过，这种标记方法对于ハ行假名本身就有h/f两种辅音选项而言，右上角标半浊点后就容易混淆。如"黒ぺ"明显采用的是h辅音，而"必ピ、劈ピ"等字采用的则显然又是p辅音，没有规律可循。

② 关于两个假名之间的圆圈，日本学者观点不一。六角恒广先生认为："使用'○'，以防前后音的母音同化"。（参见六角恒广《日本中国语教育史研究》，王顺洪译，北京语言学院出版社1992年版，第276页。）笔者认为六角恒广的观点有一定道理，因为日语属于阿尔泰语，有元音和谐现象，所以当单词为闭口音结尾时，ア段音往往转发成オ音，如"好ハウ"、"高カウ"，就会变成"好ホウ"、"高コウ"，中间夹了圆圈符号"好ハ○ウ"、"高カ○ウ"，是为了提醒读者不能以读日语的方法发生音变。

ga/ŋa gi/ŋi gɯ/ŋɯ ge/ŋe go/ŋo	gja/ŋja gju/ŋju gjo/ŋjo	
ザ ジ ズ ゼ ゾ	ジャ ジュ ジョ	
dza dʒi dzɯ dze dzo	dʒa dʒɯ dʒo	
ダ ヂ ヅ デ ド	ヂャ ヂュ ヂョ	在官音中以ツ注写附点"・"在右下角的所有入声字的尾音。
da dʒi dzɯ de do	dʒa dʒɯ dʒo	
バ ビ ブ ベ ボ	ビャ ビュ ビョ	
ba bi bɯ be bo	bja bjɯ bjo	
パ ピ プ ペ ポ	ピャ ピュ ピョ	
pa/p'a pi/p'i pɯ/p'ɯ pe/p'e po/p'o	pja/p'ja pjɯ/p'jɯ pjo/p'jo	

《唐话纂要》、《唐译便览》等这些冈岛璞的汉语教材在用假名注写汉字读音时，并没有一个具体的凡例说明，而且，从上表所列的假名音值来看，也不完全是照搬日语假名，通过"゜"、"○"等辅助符号使得用以注写唐音的假名音值有所偏离，特别是因为在日语中没有前后鼻音之分，所以唐音[n]、[ŋ]都被注写成了"ン"，这也许可以适合于江浙吴语前后鼻音不分的状况，但并不适合于官话音，难怪后来有一些日本汉学家明确指出假名并不适合于注写汉字的唐音。如博物学家佐藤成裕（1778—1847）在其《中陵漫录》中写道："经再三考虑，《唐话纂要》及注了唐音的《唐诗选》，注得甚不好，近来用阿兰陀假名注音，颇感仿佛其正的唐音，余亦用此假名注千字文。"① 所谓"阿兰陀假名"，即荷兰文字母。笔者认为，其实用"阿兰陀假名"标注汉字读音也未必完全合适，如[r]与[l]、[n]与[ŋ]等汉语中的音位差别在荷兰文字母中同样也找不到一对一的完全对应。

四 《唐话纂要》假名注音所体现的杭州话语音特征

《唐话纂要》前四卷将汉语词汇以字数分类，卷一是"二字话"和"三字话"；卷二是"四字话"；卷三是"五字话"、"六字话"和"常言"；卷四是"长短话"；卷五则是名称词汇分类集，从"亲族"、"器用"、"畜兽"到"小曲"、"疋头"共15类词汇；卷六如前所述，是1718年再版时增补的，内容是两篇因果福报的故事及其日译，"孙八救人得福"和"德容行善有报"，故有副标题曰"和汉奇谈"。它不仅体例相异于前五卷，且注音方法也不同，在汉字的左下、左上、右上、右下四角

---

① 佐藤成裕：《中陵漫录》卷一，第六项，转引自六角恒广《日本中国语教育史研究》，王顺洪译，北京语言学院出版社1992年版，第278页。

加小圆圈分别标出平上去入四声，甚至个别词汇的读音与前五卷有出入。如"水"字从"スイ"变成了"シュイ"；"更"字从"ケン"变成了"ケﾟン"；"事"字除个别依旧是"ズウ"外，几乎都变成了"スウ"，听起来更接近北方官话。具体分析《唐话纂要》的注音状况，大致可以归纳出以下一些音韵特征：

第一，是关于声调和入声韵。

不知道是因为编者无法把握杭州音的声调，还是没有找到标写多于四声的方法，《唐话纂要》前五卷都没有声调，至于卷六的平上去入四声，正如现代日本学者松村恒先生所言，乃抄录自《广韵》，与当时的杭州音应该没有直接的关联性。而且，本应是入声的汉字都没有任何表示入声韵尾的假名。如卷一第一页"二字话"中的"享福"、"快乐"、"快活"中的"福ホ"、"乐ロ"、"活ウヲ"，都没有入声韵尾，即便是卷六的汉字在右下角标出了表示入声调的小圈，但注音中也依然没有入声韵尾。

第二是关于声母。

守温三十六字母在《唐话纂要》中大多能找到假名注音，以七音列表如下（加了括号的为没找到的字，笔者通过同音字拟出）：

杭州音三十六字母假名对照表

	全浊	全清	不清不浊	全浊	次清	全清
牙音			疑ニイ	（群）ギュン	溪キイ	见ケン
舌头音			泥ニイ	定デイン	透テ○ウ	端トハン
舌上音			嬢ニャン	（澄）ヂン	（彻）チヱ	知ツウ
唇重音			明ミン	并ビン	（滂）パン	帮パン
唇轻音			微ウイ	奉フヲンホン	敷フウ	非フイ
齿头音	（邪）ヅヱ、	心スイン		从ヅヲン	清ツイン	（精）ツイン
正齿音	（禅）ヂヱンゼン	审シン		床ヂャンチャン	穿チヱン	照チャ○ウ
喉音			喻イユイ	匣ヤ	晓ヒャ○ウ	影イン
半舌音			来ライ			
半齿音			日ジ			

从以上表格可以看出，当时的杭州音除了床母有清、浊两读以外，清、浊、次清与不清不浊依然分明。不过，喻母与影母已经合流，但疑母依然存在，如"呆ガイ"、"我ゴウ"、"碍ガイ"、"硬ゲエン"，相同于

如今的吴越方言，发软腭鼻音 ŋ，一些疑母字有两种读法，一种发硬腭鼻音 ɲ，一种与喻母、影母同音，为零声母，如"宜ニイ或イ"、"议ニイ或イ"等字；另外，泥母与嬢母也已合二为一；日母则与现今的闽南话相同。

如此，从《唐话纂要》中我们可以析出 ɲ、n、ŋ、g、k、k'、d、t、t'、dʒ、tʃ、tʃ'、dz、ts、ts'、m、b、p、p'、w、f、s、ʃ、j、ç、l、ø 共 27 个声母，除零声母外，与耶稣会传教士利玛窦所编《西字奇迹》的罗马字注音系统 26 个声母有着惊人的相似性。[①]

第三是关于韵母。

没有闭口鼻韵母 m，如"心スイン"、"审シン"等，都为前鼻韵母；鱼、语、御韵母没有发生 [u] 音变，均为 [y]，如"处チユイ"、"书シユイ"、"如ジユイ"、"住ヂユイ"、"徐ヂユイ"都发 [y] 音，不同于现代普通话的 [u] 韵母；相异于周边吴越方言，"二、儿、耳、迩、而"等日母字都发作零声母的"ルウ [əl]"，"耳"字有时注音为"ル、[ər]"，与现代普通话相同；不仅如此，词汇中还出现了大量带"儿"的词，如"盆儿"、"箭儿"、"钉儿"、"衫儿"、"砲儿"、"笛儿"、"箪儿"、"纸儿"、"尺儿"、"锁儿"、"猫儿"、"蛇儿"等，比比皆是，与后来用官音注音的教科书《唐语便用》形成了鲜明的对照。《唐语便用》卷六末尾有与此相对应的分类词汇，它们都是单个汉字词，如"箭"、"盆"、"纸"、"尺"、"砲"等[②]。杭州话的这种多"儿"字词汇的语言特点一直保留到今天；"走ツエ○ウ"、"狗ケ○ウ"、"斗テ○ウ"、"牡メ○ウ"、"口ケ○ウ"、"候ヘ○ウ"等字是 [ø] 韵母，既相异于周边的吴越方音 [iou] 韵母，也不同于现代普通话的 [ou] 韵母，此发音习惯同样也保留至今；前后鼻音韵母不分，如"贫ビン"与"平ビン"、"真チン"与"正チン"都标注为"ン"韵母，虽说日语中鼻音只有一个假名"ン"，但日本人是知道汉语中有前后鼻音之分的，所以，他们在音读汉字词汇时，前鼻音发"ン"，后鼻音则作长音处理，如"贫"念ヒン、"平"念ヘイ、"真"念シン、"正"念セイ等。不过，《唐话纂要》

---

① 关于《西字奇迹》的"利玛窦式汉语罗马字注音系统"请参见本书下篇第二章第一节"耶稣会士对汉字的解析与认知"。

② 冈岛璞：《唐语便用》卷六，京都五车楼 1725 年版，日本早稻田大学图书馆藏本，第 25 页。

中对杭州音注音不作前后鼻音分注，也可能与日本人难以区别前后鼻音音值有关。

综合以上《唐话纂要》所反映的杭州音声调、声母与韵母特点，可以说，既保留了清、浊声母分明等中古汉语的语音特征，又深受北方官话音系影响，没有了入声和入声韵，且形成了备受人们关注的词汇"儿"尾化现象。这正好是杭州历史上前后两次深受北方话影响所留下的印迹。第一次为宋室南渡，宋朝皇帝、官僚以及随之逃来杭州的北方官民所操的北方官话与吴语相杂，形成了接近于官音的杭州话。明人郎瑛（1487—1566）在其《七修类稿》中讨论"杭音"时说："城中语音好于他郡，盖初皆汴人扈宋南渡遂家焉，故至今与汴音颇相似。……惟江干人言语躁动，为杭人之旧音。"① 第二次是由于顺治二年清军占领杭州，大量旗兵入主杭州主城区，兵民混杂相处一百多年，"使杭州话在受南宋官话影响的基础上，又受到旗人北方话的影响，杭州话的官话色彩更浓了，并使城外江干一带的土话与城里的话渐趋一致，杭州话的范围又扩大了些。"② 可以说，《唐话纂要》的杭州音音韵特征佐证了这一结论，而这恰恰正是杭州话之所以被唐音学家们当作清朝的汉语口语即"平常言语音"来学习的原因所在。

五 《唐译便览》假名注音所体现的官话语音特征

与《唐话纂要》不同，《唐译便览》共五卷，前四卷是将日常汉语会话翻译成日语后以句子的第一个假名按"伊吕波歌"的顺序排列，并在每一卷的卷首都写明该书注写的是唐话官音，曰："每字注官音并点四声，题用本邦イロハ四十余字，以分其部，而使看官便于览之。"③ 而且，在每个汉字之左下、左上、右上、右下四角加小黑点分别代表平上去入四声；第五卷则稍有不同，"每字注官音并点四声，是卷题不用イロハ，而但载长短杂句也。"仔细阅读这五卷《唐译便览》的假名注音后，笔者大致归纳出以下一些音韵特征：

第一是关于声调和入声韵。

---

① 郎瑛：《七修类稿》，上海广益书局1935年版，第229页。
② 鲍士杰：《说说杭州话》，杭州出版社2005年版，第52页。
③ 冈岛璞：《唐译便览》，京都五车楼1726年版，日本早稻田大学图书馆藏本，第1页。

《唐译便览》的每个汉字分别用小黑点标注了平上去入四声，那它的依据是什么呢？编者只说了是"官音"，并没有具体说明依据与出处。为此，笔者将其与分四声的《广韵》、《平水韵》和《洪武正韵》一一作了比对，发现完全吻合的是《洪武正韵》。例如，卷一首页的"越更壮健钦羡钦羡"、"几时动身打点停妥了么"、"每失款待有慢有慢"、"快些回来不可路上住脚"、"至今未有信耗好生忧念"、"详细查照没一些差池"、"听了情由却是有趣"等句子，每个字的四声完全吻合于《洪武正韵》的四声①。其中，"待"字在《广韵》、《平水韵》中为上声，在《洪武正韵》中为上声和去声，《唐译便览》中小黑点在右上角，即为去声；"耗"字在《广韵》、《平水韵》中皆为去声，在《洪武正韵》中为平声和去声，而《唐译便览》中的小黑点在左下角，即为平声。可见，《唐译便览》的四声所依据的是《洪武正韵》。不过，对于入声字，《唐译便览》并没有照抄《洪武正韵》的十个入声分类而分出k、t、p尾音，只是笼通地将所有入声字以假名ツ结尾。例如，"脚キョツ"、"越ヱツ"、"法ハツ"等，如果将这个ツ理解为日语中的"促音"的话，那么，我们就可以推知当时的汉语官音中入声已经没有k、t、p尾音区别，但有笼统的喉音化倾向。

第二是关于声母。

《唐译便览》中基本上也能找到守温三十六字母的假名注音，以七音列表如下（加了括号的为没找到的字，笔者通过同音字拟出或从同是官音的《唐语便用》中找出）：

官音三十六字母假名对照表

	全浊	全清	不清不浊	全浊	次清	全清
牙音			疑ニイ	群キュン	溪キイ	见ケン
舌头音			（泥）ニイ	定テイン	透テ〇ウ	端トハン
舌上音			嬢ニャン	（澄）チン	彻チツ	知チイ
唇重音			明ミン	并ピン	滂パン	（帮）パン
唇轻音			微ウイ	奉ホン	（敷）フウ	非フイ
齿头音	邪スエ、	心スイン		从ツヲン	清ツイン	精ツイン

---

① 其中的"么"字，被标成了入声，显然是误刻，因为该书其他地方"么"字皆为平声，且其假名注音为"マア、"，并没有入声韵尾"ツ"。

续表

	全浊	全清	不清不浊	全浊	次清	全清
正齿音	（禅）チエンセン	审シン		床チャン	（穿）チエン	照チャ○ウ
喉音			（喻）イユイ	（匣）ヒャツ	晓ヒャ○ウ	影イン
半舌音			来ライ			
半齿音			日ジツ			

相比杭州音，官音中的全浊声母全部变成了清音；泥母与嬢母声母相同；但"我ゴウ"、"呆ガイ"、"碍ガイ"等疑母字依然发软腭鼻音 ŋ；一些疑母字则有两读，如"议"、"宜"、"义"、"艺"、"仪"等字既可读作"イ"，也可读作"ニイ"，即既可与喻母、影母合流为零声母，又可以发硬腭鼻音 ɲ；匣母与晓母声母相同；令人怀疑的是，官音的日母居然也与现今的闽南话相同，如"如ジユイ"、"汝ジユイ"、"熟ジヨツ"、"肉ジヨツ"，声母均为 [dʒ]。如此，我们可以从上表中析出 ɲ、n、ŋ、k、k'、t、t'、dʒ、tʃ、tʃ'、ts、ts'、m、p、p'、w、f、s、ʃ、ç、l、ø 等22个声母，除了疑母有软硬腭两种鼻音 ɲ、ŋ 之分，以及日母为 dʒ 而非 ʒ 以外，几乎无别于耶稣会传教士金尼阁所编《西儒耳目资》中的21个声母①。

第三是关于韵母。

《唐译便览》与注杭州音的《唐话纂要》有着基本相同的韵母特征，即前后鼻音韵母不分，例如："品"和"平"都念"ピン"、"真"和"正"都念"チン"、"门"和"猛"都念"モン"；没有闭口鼻韵母 m，"心スイン"、"审シン"等上古音为闭口鼻韵的字都为前鼻韵母；②"儿、而、耳、二"等日母字都发作零声母的"ルウ [əl]"，不过，没有杭州音的"ル、[ər]"以及词汇"儿尾化"的倾向。遗憾的是，由于《唐译便览》没有注音凡例，所以，笔者难以一一找出该官音系统的全部韵母。

综上所述，冈岛璞在编撰《唐译便览》时，已经注意到了清政府对

---

① 关于《西儒耳目资》所记的汉语声母请参见本书下篇第二章第二节"《西儒耳目资》与'三韵'兑考的基础"。

② 前后五卷《唐译便览》唯有卷一第7页的"恨"被注成"ヘンム"，是闭口鼻音韵 m，但其他地方"恨"都读作"ヘン"或"ヘエン"，是鼻音 n，且也没有其他是闭口鼻音韵结尾的汉字。

于汉语官话规范的重视。不过，当时清政府刚刚才出刊了《康熙字典》，还没有刊布官韵《音韵阐微》，所以，冈岛璞与近一百年前的耶稣会传教士金尼阁、曾德昭等人一样，将南京话当作了官音标准音，一方面，以明初的官韵《洪武正韵》为样本，定出了平上去入四声；另一方面，又在声韵母和声调方面不完全照搬《洪武正韵》，单就声母看，《唐译便览》并没有"洪武韵"的31字母，而与《西儒耳目资》有着基本相同的声母系统，两者间的细微差异也许由近一百年的时间差造成，也许由罗马字母和日语假名的记音系统差异导致。无论如何，冈岛璞所编唐音学教材，呈现了18世纪初日本汉语学家们所认知的汉语官话——"杭州音"与"南京音"。"杭州音"是"中原所用之音"之"俗话"，是"平常言语音"，也就是口语，是一种受了旗人北方话影响的汉语口语；"南京音"则是两种官话音中其中非"歌曲音"者，即"立四声，唯更全浊为清音者"。后者是冈岛璞的徒孙无相文雄的观点，至于文雄对于唐音的具体认知与记音，详见于其所编撰《磨光韵镜》、《三音正讹》等音韵学著作。

第二节　文雄与《磨光韵镜》、《三音正讹》

唐音学经冈岛璞、荻生徂徕师徒二人的努力后，逐渐从汉语的应用实践发展为音韵学的理论探讨。唐音学所研究的对象不再局限于实用汉语会话，唐音学家们的著述也不只是编撰汉语教科书，而是开始探讨语法与音韵学理论。如荻生徂徕著《译文筌蹄》（初编6卷1715刊、后编3卷1796年刊），其开篇首先论述了对于汉文汉语的十条研究心得"题言十则"，提出中华人多说"读书"，其实不如说是"看书"，因为汉字的读音因地域不同有方音差异，而对于日本人而言，则更是一种训释，叫作"和训"，而当代人则是"和译"等[①]，而后，作者在书中列举了大量汉文的实词、虚词，并一一解说了它们的具体用例；又如，太宰纯著《倭读要领》（1728年刊），考辨了日语的"吴音"、"汉音"和汉语的"华音"，探讨了日本人用"华音"习读四书五经等儒家经典的具体要领，书中明确指出：南京音乃天下之正音，中华人亦以是为则；"吴音"和"汉

[①] 荻生徂徕口述、吉臣哉笔录：《译文筌蹄》，大阪书房，明治九年（1876）补刻，早稻田大学图书馆藏，第1—13页。

音"原本都是中华之音,然而,随着历史的变迁,以及其中的一些误传,以现今的中华南京之正音来比对的话,丝毫都不像了。① 京都的儒学教授原双柱(1718—1767),则撰文指出了学习实用汉语与研究汉语音韵学的区别,曰:"为接待今之唐人、成为唐通事而练习唐音,与为运用于研究声韵学而学练唐音,其学习方法大不相同。今来长崎之唐人,均东南沿海诸郡唐人。南京为南京音,漳州为漳州音,福建为福建音,各自方音乡谈不同。同为南京音,又有苏州、杭州、松江、宁波等等方言之区别。所以,接应今之唐人,立志于什么都能通其语言者,须首先锻炼第一俗言,熟悉各地乡谈,无论声韵雅俗正否,均须据唐人言语,与之相合。为运用于研究声韵学而学练唐音,则大为不同。与今之唐人未通,不曾介意,唯考诸韵书,方辩知古今之变、雅俗之别,正得失,明是非,只操其本来之正音。今来长崎之楚闽越唐人操之乡谈声音,来自实地,须冶炼,此乃为运用于研究声韵而学练唐音之方法。"② 无相文雄就是将唐音学之语音学习上升到了音韵学研究的成就者。

无相文雄(1700—1763)作为江户时代净土宗的名僧,日本稍大一点的辞典一般都有介绍。18世纪末刊印的《诸家人物志》将他归入"太宰门人"③,即太宰纯的唐音学弟子。无相俗姓中西,法名文雄,字溪,号莲社,京都了莲净寺第17世,常自称尚絅堂、黄鹤楼主人。丹州人,14岁在京都出家,后至江户传通院修学,广涉和汉典籍,并从太宰纯学习唐音,鼓吹华音研究。回到京都后出任了莲寺住持,逐渐成为"江户时代系统性研究汉语音韵学的第一人"④。晚年住锡大阪传光寺,享年64岁。撰有《磨光韵镜》、《三音正讹》、《广韵字府》、《古今韵括》、《韵镜律正》、《九弄弁》、《指要录》、《字汇庄岳音》、《和字大观抄》、《经史庄岳音》等和汉音韵学著作。

---

① 太宰纯:《倭读要领》(上),江都书肆嵩山房藏板1728年版,第6、8页。
② 六角恒广:《日本中国语教育史研究》,工顺洪译,北京语言学院出版社1992年版,第286、287页。
③ 南山道人:《诸家人物志》(上),大阪伊丹屋善兵卫1799年版,日本国会图书馆藏本,第57页。
④ 有坂秀世:《国語音韻史の研究》,明世堂书店1944年版,第218页。

一 《磨光韵镜》、《韵镜指要录》、《翻切伐柯篇》等著作所论唐音[①]

文雄的《磨光韵镜》原刻于延享甲子年（1744），再刻于天明七年丁未（1787），三刻于安政四年丁巳（1857），现日本东京大学藏有其上下卷原刻本，台湾师范大学藏有安政四年刊本。[②] 笔者所依者为日本早稻田大学所藏原刻本。早稻田大学图书馆不仅藏有《磨光韵镜》原刻本，而且还有《磨光韵镜后篇》原刻本，以及京都了莲寺文雄第 7 世传人鹤峰戊申（1788—1859）的《磨光韵镜口授记》写本。《韵镜指要录》和《翻切伐柯篇》构成《磨光韵镜后篇》上下两卷，由文雄的弟子丹山小松寺住持文龙在文雄过世后作序刊印。近期日本一些古旧书店还有售天明八年（1788）大阪伊丹屋善兵卫刊《大全磨光韵镜》，不仅包括《磨光韵镜》前后篇，而且还有《磨光韵镜字库》上下卷。1981 年，日本勉诚社出版过由林史典解说的《磨光韵镜》和《重校正字磨光韵镜·磨光韵镜字库》文库本。文雄的另一篇重要著作《三音正讹》似乎不常见，现日本京都大学图书馆、九州大学图书馆藏有宝历二年（1752）柳田三郎兵卫刊本，东京大学文学部图书室藏有天明八年（1788）柏原屋清右卫门

---

① 目前，日本及中国学界对《磨光韵镜》研究的相对较多，但对《磨光韵镜后篇》研究的相对较少，对《三音正讹》研究得更少。日本音韵学一般将《磨光韵镜》归入《韵镜》系列中展开研究，此方面，中国学者李无未先生撰有《日本学者的〈韵镜〉研究》（见《古汉语研究》2004 年第 4 期）、《〈韵镜〉考：日本江户后期〈韵镜〉学构建》（见《古汉语研究》2012 年第 2 期）、《日本传统汉语音韵学研究的特点》（《厦门大学学报》2007 年第 6 期）等文章进行了较好的综述与考论；当代日本学者对文雄音韵学著作中的唐音有过专论的是冈岛昭浩，他的《近世唐音の重層性》（见日本《语文研究》1987 年第 63 期）和《文雄におけるムとン—『磨光韻鏡』華音の十七转十九转ム表記の意味》（九州大学文学部《文学研究》1988 年第 85 期）等文章讨论了文雄著作中出现的唐音特点；汤泽则幸先生，他的《文雄における韻鏡と唐音》一文（见《筑波学院大学纪要》2010 年第 5 集）则是对文雄著作中《韵镜》与"唐音"之间的关系进行了非常具体的分析；台湾学者林炯阳先生在 20 世纪 80 年代末发表《〈磨光韵镜〉在汉语音韵学研究上的价值》一文（见联合报文化基金会国学文献馆编《第一届中国域外汉籍国际学术会议论文集》，1987 年；该文还刊载于《东吴文史学报》1987 年第 6 期），对《磨光韵镜》有过综合性介绍，并分析了它在汉语音韵学研究中的价值。然而，囿于笔者乃瓮里醯鸡之辈，似乎鲜见通过《磨光韵镜》前后篇以及《三音正讹》而专论汉语官话的文章。

② 林炯阳：《〈磨光韵镜〉在汉语音韵学研究上的价值》，载联合报文化基金会国学文献馆编《第一届中国域外汉籍国际学术会议论文集》，台北市联合报文化基金会国学文献馆 1987 年版，第 169—170 页。

刊本，另外，韩国国立中央图书馆也藏有1752年刊本，笔者所依者为韩国藏本。

《磨光韵镜》首篇由文雄的唐音学老师太宰纯作序，曰："我日本近世之人亦颇有好《韵镜》者，自释宥朔开奁以下为之解者亦多不知几家，然其人皆不学华音，徒以方俗讹音言之，呼三十六母尚不能辨其五音清浊，况其余乎？夫不解华音而治《韵镜》，犹无耒耜而耕，不能一发也。……雄师者，平安人也。少游学于关东，尝从予问文字。予时有以告之。师好华音又好韵学，西归之后，潜心于韵学十有余年，自言如有得也。"①

文雄自己也写了"《磨光韵镜》序言"，其第1条说明了编纂该书的原委，曰："昔者，宗仲蠹鱼之余出乎意裁焉，尔来诸家增损者不下数十本……愈订愈误。"大阪堺市僧人宗仲等曾在17世纪末年起出刊《校正韵镜》等校注《韵镜》的著作，结果适得其反，错误越来越多，故此，作者在考订顾野王《玉篇》、孙愐《唐韵》的基础上，校之韩道昭《五音集韵》、刘鉴《经史正音切韵指南》等韵书，"遂校成一本，于是，可谓《韵镜》复原也"②；在《磨光韵镜》卷下之"《韵镜》索引"中，文雄还指出：《韵镜》自问世以来，后人大多不懂其"本"，所以在中国无甚影响；在日本，虽有诸多疏要，但谬妄不可言也。"明镜被尘翳者，殆乎千载，雄之此举，欲一除尘翳，故以'磨光'题云。"③ 作者自认为，他编撰的此本《磨光韵镜》，使原本应该起音韵学镜鉴作用然而却又晦涩难懂的《韵镜》重放光彩。

文雄的这本《磨光韵镜》，在《韵镜》原本43"转"也就是43韵图的基础上，添加了元人刘鉴所作的《切音指南》之十六"摄"，将《广韵》206韵分成了"通、江、止、遇、蟹、臻、山、效、果、假、宕、

---

① 太宰纯：《磨光韵镜序》，《磨光韵镜》（上），京都八幡屋四郎兵衛1744年版，日本早稻田大学藏本，第2—4页。

② 无相文雄：《磨光韵镜》（上），京都八幡屋四郎兵衛1744年版，日本早稻田大学藏本，第1页。

③ 无相文雄：《磨光韵镜》（下），京都八幡屋四郎兵衛1744年版，日本早稻田大学藏本，第1—2页。

梗、流、深、咸、曾"16大韵部，①"参订文字凡四千两百七十有九，以括尽天下字音。取自《广韵》者，三千八百四十三，《集韵》四百三十一，《玉篇》三，《韵会》一，《集成》一也。"② 4279个汉字也就是4279个汉语代表音节系数归入43韵图中；"今附翻切为字础，一依《广韵》"；"每字将国字译三音，'汉'为右，'吴'为左，'华'为前"。③ 即每个汉字右侧用片假名注有日语的"汉音"，左侧为日语的"吴音"，下方则有"华音"的反切上下字及其片假名注音，反切上下字录自《广韵》。其详尽明了，远甚于《韵镜》原图。

　　文雄编成此《磨光韵镜》后，希望以其为尺度，比对被并称为"和音"的日语汉字音"吴音"、"汉音"以及当时在日本流传的"唐音"也即"华音"，他认为，如果牙舌唇齿喉半舌半齿七音、清浊三十六母、平上去入四声，与之相一致的读音即为正音，相异者为不正，或是讹舛。他认为："近世传习中华正音，当称'华音'，俗称为'唐音'。其音也，呼法严如七音四声，轻重、清浊、开口合口、齐齿、撮口等之条理分明也。正之《韵镜》，则如合符节，故学音韵者，必不可不由'华音'；学'华音'者，必不可不由《韵镜》"④；在讨论七音三十六母时，他说："七音之别，微密辄难是非，且以'杭州音'律之，乃《韵镜》近是。"⑤ 在论五音清浊时，他说："'晓'、'匣'二母，清浊二音素不同，混之以为一

---

① 经笔者比对，文雄此举实际上仿自元禄九年（1696）版宗仲的《校正韵镜》。该本《校正韵镜》是在南宋绍兴辛巳年（1161）以及嘉泰三年（1203）张麟之两次作序的重刊本基础上，增加了"五音五位之次第"图，也就是日语五十音图的喉舌牙齿唇分类图，并且，在43韵图的每图左侧206韵上方加入了16"摄"。《校正韵镜》是由日本僧人宗仲校订、清原宣贤题跋，京都川胜五郎右卫门刊印。清原宣贤在题跋中言及校订者为"泉南宗仲论师"，目前日本学界对此有不同的解读，有人认为是大阪和泉大鸟郡南宗寺的某个名叫"仲"的"论师"，有人认为是大阪堺市光明院的僧人"宗仲"；如果依照文雄的《磨光韵镜序》，以及后来三浦茂树所撰《韵学楷梯》（1856年）"序言"提及的"泉州堺府宗仲者镂梓"，则应该是大阪府泉州堺市某个寺院名叫"宗仲"的僧人。
② 无相文雄：《磨光韵镜》（上），京都八幡屋四郎兵衞1744年版，日本早稻田大学藏本，第2页。
③ 同上书，第1页。
④ 无相文雄：《磨光韵镜》（下），京都八幡屋四郎兵衞1744年版，日本早稻田大学藏本，第6页。
⑤ 同上书，第10页。

者,'中原雅音'也";①"《康熙字典》'心'、'审'为清浊,'来'为全清者,非矣。不可据,疑有乡音。"② 在《指要录》首篇"《韵镜》大旨"中,文雄指出:《韵镜》并非只是反切之图,"乃正文字音韵之镜子……又,凡文字有形音义之三,字书亦可分三类。如《说文》、《玉篇》、《海篇》、《字汇》、《正字通》、《康熙字典》乃形类之字书,亦云是为'篇';《唐韵》、《广韵》、《礼部韵》、《洪武正韵》等乃音类之字书,亦名是为'韵书';《尔雅》、《广雅》等乃义类之字书……《韵镜》举韵书之要领,简约备义,既是韵学之入门,亦乃韵学之阃奥。"③ 在《指要录》中论"三十六母"时,文雄说;"有了三十六母之后,有人将之合并为三十二,或三十,或二十,如《韵表》、《通雅》等,是皆视'中原雅音'为'正音'的偏见所致。"④

可见,文雄的音韵学既继承了他的师辈冈岛璞和太宰纯的主张,认为学音韵,必须从"华音"即"唐音"入手,同时,他还提出了另一个衡量的尺度,那就是《韵镜》。正如日本当代学者汤泽则幸所论:文雄的音韵学,同时存在"《韵镜》绝对主义"和"'唐音'绝对主义",因为有前者,所以能证明"唐音"即"正音",通过其前者的证明,确定了"唐音"在音韵学上的使用价值,然而,当"《韵镜》绝对主义"与"'唐音'绝对主义"发生矛盾时,后者则发生动摇,并让位于前者,因为"唐音"的矫正基本上也需要通过拥有绝对性权威的《韵镜》来进行。⑤是故,文雄在《磨光韵镜后篇·指要录》中专列一节论述了"华音",译录如下:

> 前版《磨光韵镜》中,每字附"华音"及"汉音"、"吴音",其中"华音"即世所谓"唐音",二者为一。传至我邦长崎者,有官

---

① 无相文雄:《磨光韵镜》(下),京都八幡屋四郎兵衞1744年版,日本早稻田大学藏本,第11页。
② 同上书,第13页。
③ 无相文雄:《磨光韵镜后篇·指要录》,京都山本长兵衞1773年版,日本早稻田大学藏本,第1—2页。
④ 同上书,第21页。
⑤ 汤泽则幸:《文雄における韻鏡と唐音》,《筑波学院大学纪要》2010年第5集,第26、28、31页。

话，有俗话。俗话中有杭州、漳州等之不同。前版所载者为"杭州音"，此音大氐合于韵书之规矩，故取之为"正音"。然，其音亦有谬传者，逐一是正于韵书，施之以国字。所谓"官话"，亦云中原之雅音，明朝人崇此音，卑"杭州音"，有人称其为"吴音"。又曰"三十六母"据"吴音"而立，云诸字书、韵书用"吴音"作成，终废"三十六母"，成"三十母"，或"二十母"，省去浊音，只用清音；或废入声变平上去三声，或至"哐嚨上去入"之五声。予按："三十六母"守清、次清、浊、清浊之四音，使清浊均等，妙契天地自然之道理，能辨万国之音，乃相应微妙之神造。"杭州音"协此字母，得音之正。唐宋敕撰韵书皆符合此规矩，岂能以"吴音"相讥。其"中原雅音"，清浊完全与三十六母相左，明人崇是者，虽可谓时世之风俗，但似乎不知音之是非，将杭州作为"俗音"，将"中原音"称为"雅音"，亦云"中州音"，亦云"官话"。更字母、滥清浊者，以予见之，乃明人之倒见。唐宋以上之韵书叶"杭州音"，不叶"中州音"，故予崇"杭州音"，视"中州音"为"俗音"。①

关于华音的正俗之别以及官话、俗话的概念，文雄在另一部著作《三音正讹》中则以汉文进行了更加明确的论述。曰：

> "华音"者，俗所谓"唐音"也。其音多品，今长崎舌人家所学，有官话、杭州、福州、漳州不同。彼邦舆地广大，四方中国音不齐。中原为"正音"，亦谓之"雅音"。四边为"俗音"，亦谓之"乡音"。其中原所用之音有二类，"官话"之与"俗话"也。"俗话"者，平常言语音也。"官话"者，读书音此之用。其"官话"亦有二：一立四声，唯更全浊为清音者是；一不立入声，不立浊声，唯平上去，唯清音者，谓之"中州韵"，用为歌曲音。二种通称"中原雅音"，支那人以为"正音"。其"俗话"者，"杭州音"也，亦曰"浙江音"。予按："中原雅音"者为不正。何居？牴牾唐宋正律韵书也。唐有《唐韵》，宋有《广韵》、《礼部韵》、《集韵》，皆遵京师正

---

① 无相文雄：《磨光韵镜后篇·指要录》，京都山本长兵衞1773年版，日本早稻田大学藏本，第28—30页。

律，其制也咸分三十六母，作反音自有清、次清、浊、次浊之别，符合《韵镜》及《指掌图》矣。而"中原雅音"与此戾矣。清浊弗分，反切动相滥矣。加之"疑"、"喻"相通，"禅"、"日"往返，"非"、"奉"密比，"泥"、"孃"如一，宋濂、梅膺祚之音系焉。岂谓之正邪？故清吴任臣往往驳之："尚有未尽也"。至乎"中州韵"，则吴氏有断："周氏《中原音韵》，北曲奉为玉律，其入声作三声处，久乖正音……"其"浙江音"也，以予观之，皦如"正音"哉，以符合唐宋正律韵书也。予也与中原绵邈，加以侏离之习，亦幸与有闻大方之音颉颃数千载，商榷二音，乃知浙江之醇乎者矣。虽违众，吾从"浙江"。其"浙江音"，醇则醇矣。不无小疵，所以有附论也。又《日月灯》及"康熙音"，清浊差异者，自一方乡音也而已。不古今通方论矣，故不取也。①

在文雄看来，明末吕维祺所编《音韵日月灯》中的汉字读音以及清皇帝敕撰的《康熙字典》的字音，于《韵镜》有清浊差异者，并不是官话正音，乃"一方乡音而已"。当然，文雄也为清朝的官话辩护，对于有人说"近世所谓'唐音'者，清朝所作为之'鞑音'也，非'中华音'"，文雄举例加以驳斥，认为满人自有满语和满文，满文看起来像蝌蚪，不可能变更中国之音成如今之"唐音"。他认为，如今的"唐音"只不过是明代之延续，曰："今之'华音'，不创为于鞑氏，明音亦尔。"②

通过《三音正讹》乾卷的理论性述论后，文雄在《三音正讹》坤卷对《韵镜》四十三转（图）中所出现汉字的日语"吴音"、"汉音"和汉语"华音"的正讹一一进行了考辨和假名注音。其凡例第5条特别说明："'华音'亦有正俗，尽校韵书反切，正之《韵镜》，去俗归正也。虽震旦人不能悉正焉。故与震旦人对话，将今之'正音'行之者不可乎。'俗话'者姑可随'俗音'也。今之'正音'者，论核古今韵书，努力芟俗者也。彼'官话'者，亦属不正，识者勿怪矣。"③ 这里，《韵镜》又一

---

① 无相文雄：《三音正讹》（乾），出版者不详，韩国国立中央图书馆藏本1752年版，第10—12页。

② 同上书，第12页。

③ 无相文雄：《三音正讹》（坤），出版者不详，韩国国立中央图书馆藏本1752年版，第2页。

次显示了绝对性权威地位。

文雄的弟子丹山小松寺住持文龙在明和壬辰年（1772）为《磨光韵镜后篇》作序时也指出："近来世多言华音者，乃崎阳舌人家攸传。亦有官话，有俗话，有漳州、福州等不同。至其论正讹也，清浊轻重七音呼法自有契合韵书规矩，独'杭州音'稍近乎是，而支那诸音岂翘此？"① 在文雄和文龙看来，在所有"唐音"中，只有"杭州音"才称得上是汉语的"正音"，而非中国人所说的"官话"或"官音"。

如此，文雄在音韵学上的研究成果，特别是他这种对于《韵镜》的尊崇态度，也为其弟子们广为引用和推介。如他的得意门生、儒学家近藤六之丞（1723—1807，名笃，字子业，号西涯），在吸收《磨光韵镜》以及文雄口授的音韵学见解后，编成《韵学筌蹄》一书，由文雄作序于宽政六年（1794）正式出版，内中除了一些近藤自己的音韵学研究心得以外，大量的是以"无相师云"一句起头，加以转述文雄的各种音韵学观点。近藤说："《韵镜》之音，古代之音也。唐朝以前的音大多统一，不会像后世那样会因人而违、因书而易。言是为'古音'，《广韵》、《玉篇》等之外，还有陆德明所撰《五经音义》，皆是'古音'。今《磨光韵镜》下所示反切以《广韵》之反切作为附录也。如此，每个文字下都附有反切，使韵图完全成了古音。"② 以古为正，文雄师徒们的此种做法，可以说，与康熙敕命编撰的《音韵阐微》做法极为相似，《音韵阐微》"每韵中同音之字汇于一处，每音第一字下注明其音，今将旧翻切列于前，系以《广韵》、《集韵》旧名，有不备者，缺乏他书可参证者，并存之"；"唯'三十六字母'与汉文合，今仍其旧"；"'二百六韵'之名，附存《广韵》、《集韵》之旧焉。"③ 笔者以为，虽然文雄轻视《康熙字典》的字音，视其为"乡音"，其相关著述也均未提及《音韵阐微》，但既然是研究"华音"的音韵，他既不可能忽视清政府的语言政策，又不可能无视清朝人语言生活的实际状况，无视"官话"的存在。于是，他

---

① 文龙：《磨光韵镜后篇序》，载无相文雄《磨光韵镜后篇》，京都山本长兵衛1773年版，日本早稻田大学藏本，第2页。

② 近藤笃：《韵学筌蹄》，东京雁金屋久兵卫1794年版，日本早稻田大学藏本，第39—40页。

③ 李光地等：《文渊阁四库全书·音韵阐微》（240），台湾商务印书馆1972年影印本，第3—6页。

一方面仿《康熙字典》、《音韵阐微》，以古为正编写《磨光韵镜》，以《韵镜》为准则，强行认定"中原雅音"或曰"官话"为不正，反称"俗话"的"杭州音"为"醇音"甚至"正音"，在每个汉字底下用片假名注写了"杭州音"；但另一方面他又编写了《三音正讹》的坤卷，内中"华音"的注释内容基本上以"官话"语音为主，毕竟那是明朝延续下来的"官音"，而非"鞑音"。

二 《三音正讹》坤卷所反映的汉语官话音系

《三音正讹》坤卷以《韵镜》中的"转"为单位，各"转"内又以小韵为组，一一列出了大部分出现在《韵镜》43图中的汉字及其读音，分日语的"吴音"、"汉音"和汉语的"华音"，这"三音"分别进行正讹考辨。其凡例第一和第二条曰："三音各有'正音'，有'俗音'。其俗有讹者、谬者、非者。讹谓讹转，其过小也；谬谓错谬，失本，过大矣；非者本非是，过尤甚矣"；"正讹音也，莫善于鉴《韵镜》"。文雄以《韵镜》为尺度，在每个汉字的右侧列出了汉字三种音的正音，并在下面用文字进行了具体说明。在"华音"栏目中，除了第1转第1小韵字组的说明中，特意强调"杭州音"与"正音"相符以外，其他文字说明几乎都是关于"官话"音的，另有少部分"俗音"作为"官话"音的替补。译录其第一转华音如下：

> 蓬ボン、篷ボン、槰ボン、暴ボ，属并母，以浊为正。"杭州音"是也。如若读作ポン、ポン、ポン、ポ，帮滂并三母如一音的话，那便是"官话"，似乎不正。冯ウヲン、凤ウヲン、伏ウヲ、复ウヲ、服ウヲ、鞴ウヲ、匐ウヲ，将属奉母数十字发成フホン、フホン、フホン、フホ，滥用非敷奉三母之音者为官话。同ドン、童ドン、僮ドン、铜ドン、桐ドン、筒ドン、瞳ドン、动ドン、洞ドン、恫ドン、独ド、髑ド、读ド、椟ド、犊ド、渎ド，将属定母的数十字发成清音トン、トン、トン、ト，端透定三母之音不分者为官话。虫ヂョン、仲ヂョン、逐ヂョ、轴ヂョ、舳ヂョ，将澄母之字发成清音チョン、チョ，知彻澄三母不分者为官话。孔页ゴン，将群母发成コン，见溪群相混者为官话。弓キョン、宫キョン、躬キョン、菊キョ、鞠キョ，将这几个字发成コン、コ音的是官话。穷ギョン、驧ギ

ヨ、毬ギョ,将这几个音变成清音,发成コン、コ音者为官话。丛ヅヲン、樅ヅヲン、聚攴ヅヲン、族ヅヲ将丛母之音发成ツヲン、ツヲ的为官话。崇ヂョン、崇リヂョン,将其改发チョン者为官话。洪ヲン、红ヲン、虹ヲン、鸿ヲン、澒ヲン、閧ヲン、觳ヲ、斛ヲ,将属匣母的数十字读成清音ホン、ホ,晓匣音往来者为官话。①

从以上第1转华音大致可以管窥一些官话音的特点。首先,从声调而言,官话与正音一样,虽然有入声字单列,但基本上没有了"入声韵"。至于官话的声母,显然已经变浊为清,且晓、匣声母往来互用。综合全部43转的"官话"声母,还有以下一些特征:疑、微、喻、影母都已变为零声母;泥、孃声母相同;日母字中的第4转之"儿、尔、迩"、第6转的"二、貳"以及第8转的"而、耳、饵"等字变成了零声母和很特殊的韵母,发作"ルウ[əl]";对于日母,文雄特别指出:用假名只能附注相近的音,它是介于"ズウイ"与"ニウイ"之间,并触发鼻音的一个音,所以,笔者拟其音值为[ʒ];晓、匣两个喉音清浊声母混同,但可能是因为日语假名音值的缘故,有时为喉音清声母[h],有时为舌面清擦声母[ç],与现代普通话中的舌面清擦声母[x]略有不同。为直观起见,依照文雄的具体说明,笔者还是以三十六字母为单位,清列《三音正譌》中的官话声母如下:

	全浊	全清	不清不浊	全浊	次清	全清
牙音			疑 ø	群 k、k'	溪 k'	见 k
舌头音			泥 n	定 t、t'	透 t'	端 t
舌上音			孃 n	澄 tʃ、tʃ'	彻 tʃ'	知 tʃ
唇重音			明 m	并 p、p'	滂 p'	帮 p
唇轻音			微 ø	奉 f	敷 f	非 f
齿头音	邪 s	心 s		从 ts、ts'	清 ts'	精 ts
正齿音	禅 ʃ	审 ʃ		床 tʃ、tʃ'	穿 tʃ'	照 tʃ
喉音			喻 ø	匣 ç、h	晓 ç、h	影 ø
半舌音			来 l			
半齿音			日 ʒ			

---

① 无相文雄:《三音正譌》(坤),出版者不详,韩国国立中央图书馆藏本1752年版,第4页。

第三章　日本汉学家所认知的汉语官话　　239

　　由此可见，《三音正讹》中的官话声母系统总共为 19 个声母，除了晓、匣母的 ç 或 h 稍不同于 x 以外，其余 18 个声母基本与《音韵阐微》中的声母相同。它们是 p、p'、m、f、t、t'、n、l、k、k'、ç（h）、tʃ、tʃ'、ʃ、ʒ、ts、ts'、s 和 ø。

　　不过，值得注意的是，在第 8 转的"疑、拟イ"，第 13 转的"劓、倪、蜺、霓、輗、掜、詣、羿イ"和第 15 转的"艺イ"以及第 42 转的"凝イン、嶷イ"等疑母字没有官话音，只有正音和俗音，正音中虽然为零声母，但它们的俗音分别为"ニイ"和"ニン"，说明官话从俗，有与泥、孃母相同的声母 n；第 27 转中的疑母字"莪、娥、鹅、我、饿"等也没有官话音，只有正音"ヲ、"和俗音"ガウ"，同样也说明这些字官话从俗，发音"ŋou"，是软腭鼻音 ŋ 声母；还有，第 20 转中的"文、闻、纹、吻、问ウヱン、物ウヱ"等微母字也只有正音和俗音，没有官话音，其俗音"ウヱン"和"ウヱ"让人觉着有微母 v 声母的存在。这一点正好与《音韵阐微》中的南音相吻合，《音韵阐微·凡例》中有说明曰："疑、微、喻三母南音各异，北音相同。"[①] 因此，如若算上官话俗音声母的话，《三音正讹》的声母是 21 个。

　　《三音正讹》的官话韵母系统，通过 43 个"转"，以及内中 16 "摄"，再加上 16 "等"，大体上可以清理出以下韵母：

摄＼转	格内序号为"转"号			
通	1. oŋ、o、ioŋ、io	2. 同 1		
江	3. aŋ、a、uaŋ、ua、iaŋ、ia			
止	4. i、ɯ	5. oi、ui	6. 同 4	7. i、ui
	8. 同 4	9. i	10. ui	
遇	11. y、uo	12. u、ou、y、uo		
蟹	13. ai、i	14. oi、ai、ua	15. ai、i、ui、iai	16. ai、ua、oi
臻	17. i、iʔ	18. en、e、on、o、un、u、in	19. im	20. u、un、uon、uo、iun、iu

---

[①] 李光地等：《文渊阁四库全书》第 240 册《音韵阐微》，台湾商务印书馆 1972 年影印本，第 8 页。

续表

摄＼转	格内序号为"转"号			
山	21. ien、uen	22. uan、ua	23. a、ien、ie、an、en、e、uan、uen、ue	24. oan、oa、ien、uen、uan、ua、ie
效	25. au、iau、uau	26. iau、uau		
果	27. o	28. ou		
假	29. a、ue、ie、ia	30. ie、ua		
宕	31. aŋ、a、uaŋ、ua、iaŋ、ia、uo	32. aŋ、uaŋ、ua		
梗	33. eŋ、e、iŋ、iʔ	34. iŋ、oŋ	35. eŋ、iŋ、e、iʔ、i	36. oŋ、o、ioŋ
流	37. u、iu、eu			
深	38. in、im、i、iʔ			
咸	39. am、a、ɯam、em、e	40. 同39	41. uam、ua	
曾	42. eŋ、iŋ、i、e、iʔ	43. oŋ、o		

在统计以上表格过程中，笔者注意到：第19转的"勤、懃、芹、近キイム"（im），第38转的"琴、擒、禽キム"、"吟イム"、"魚岑、岑ツイム"、"寻スイム"、"葚チム"和"谌、甚シム"（im），第39转的"覃、潭、昙、谭、湛タム"、"甜、簟テム"、"钳、俭キエム"、"蚕、谗、僭ツアム"、"梣、梺、赡シエム"、"咸、鹹、函、赚ハム""嫌ヒエム"（am 或 em 或 ɯam），第40转的"谈、郯、淡タム"、"严、俨イエム"、"慭、暂ツアム"、"潜、渐ツアム"、"巉ツアム"、"酣ハム"（am 或 em 或 ɯam），第41转的"凡、帆、范、笵、梵フワム"（uam）等的官话音为鼻音闭口韵 m（正音也然），非常近似于《音韵阐微》中的 −m 尾。据台湾林庆勋先生研究，《音韵阐微》中也有 am、əm、iam、 im、uam 五个收 – m 的阳声韵。① 《三音正讹》中的 ɯam 可以理解为囿于片假名注音限制所致，实际上与 iam 无别；另外，第 17 转的"疾、嫉ツイツ"，第 33 转的"剧、屐キイツ""席、夕スイツ"，第 35 转"寂ツイツ"，第 38 转的"集ツイツ"和"习、袭スイツ"以及第 42 转的"聖ツイツ"，还有入声韵"ツ"残留（正音也然）。这与文雄一方面比较强调《韵镜》的准绳作用，另一方面又大多实际接触来自浙闽地区的华人有关，所以，他的记音有鼻闭口韵及一些入声古音遗存。② 不过，他的入声是笼统的，与《音韵阐微》留有 – t、– k、– p 韵尾之别有所不同。

鉴于日语假名中只有 a、e、i、o、u 五个元音，所以从文雄的记音中笔者能推导出来的官话音韵母也只能基本局限于这五个元音以及由它们组合而成的复合元音范围之内，但这并不影响我们认识其韵母体系之大概。去除上表中重复出现的韵母，实际韵母为 47 个，附加一个没有 p、t、k 区分的入声韵喉音 iʔ，以及在声母系统中已经提到的日母字"儿、尔、迩、二、贰、而、耳、饵"［əl］这个特殊的韵母，共计 49 个，清列如下：

a、ai、am、an、aŋ、au、

e、em、en、eŋ、eu、

i、ia、iai、iaŋ、iau、ie、ien、im、in、iŋ、io、ioŋ、iu、iun、

o、oa、oan、oi、on、oŋ、ou、

u、ɯ、y、ua、uam、ɯam、uan、uaŋ、uau、ue、uen、ui、un、uo、uon、

iʔ、əl

《音韵阐微》中有 61 个韵母，如果减去 12 个以［p］、［k］收尾的入声韵，与［t］入声韵合并计算，则刚好为 49 个韵母。③ 从数量和音值上

---

① 林庆勋：《〈音韵阐微〉研究》，台湾学生书局 1988 年版，第 355—357 页。

② 据有坂秀世、张升余等学者研究，太宰的老师冈山璞所学的汉语主要是国思靖的杭州音和来自福建的黄檗宗禅僧的南京音，太宰传给无相文雄的汉语语音应该也是这两种。（参见有坂秀世《国语音韵史の研究》，明世堂书店 1944 年版；张升余：《日语语音研究——近世唐音》，外语教学与研究出版社 2007 年版。）需要说明的是，虽然《三音正讹》中"华音"的片假名注音不分前、后鼻韵，都写作ン（n），这是由于日语中本身不分前后鼻音所致，根据其同一"转"汉字的日语"吴"、"汉"音假名注音以短、长音区别前、后鼻音来判断，其所注"华音"应该是有前、后鼻音之别的，所以笔者拟音时分出了 n 和 ŋ，但难以判断两者间差别是否清晰。

③ 林庆勋：《〈音韵阐微〉研究》，台湾学生书局 1988 年版，第 374 页。

看，《三音正讹》的官话韵母体系除入声韵喉音化以外，基本近似于《音韵阐微》的韵母系统。

雍正六年（1728），皇帝下达粤闽籍官员必须学会使用官话的圣谕，这一年《音韵阐微》刊印，而《三音正讹》编成出版于24年后的1752年，从文雄相关著述对《康熙字典》的熟知程度不难推测，《音韵阐微》或多或少，或间接或直接会对文雄编注《三音正讹》中的官话音产生影响。所以，其官话音之声调和声母与《音韵阐微》的完全一致，其韵母系统除入声韵以外基本相似。

事实上，《康熙字典》中载有《等韵》，《音韵阐微》的承修者李光地在其《榕村别集》之"等韵辨疑"中将三十六字母分为北方音和南方音，并言："等韵凡三十六，今云二十一者，以京师、江宁府及中州之声为凡也"；"古韵之为正也。然古人读入声字，皆与上三声相近，故其气长以舒，诗篇既可与上三声叶用，而施之歌曲，亦无短促梗格之病，今南方度曲者，到入声字，亦不得不转而求北音矣。"[①] 在其《榕村集》中还写道："等韵有三十六母，邵韵有四十八行，以今音对之，则今音所缺者多，即如疑、微两母必不可缺者而今京音无之，故满字亦无之，则此两字无音可对。"[②] 文雄《三音正讹》对"中原雅音"中的两类"官话"之介绍正好与此相吻合，即前节所引"一立四声，唯更全浊为清音者是；一不立入声，不立浊声，唯平上去，唯清音者，谓之'中州韵'，用为歌曲音"。而其官话音与俗音的"疑、微"声母有无之别正好也是李光地所说的"今京音"（北音）与"江宁府音"（南音）声母系统之差别。林庆勋先生研究认为《音韵阐微》全书所反映的韵母"是以北方官话为基础的读书音"[③]，如前节所引，文雄在书中也称："'官话'者，读书音此之用"。

不过，我们也不能忽略18世纪日本汉学界对汉语的总体认知同样也会影响到文雄在《三音正讹》中对华音的注音。正如当代日本学者村松一弥所指出的那样：西川如见（1648—1724）和本居宣长（1730—1801）

---

① 《清代诗文集汇编》编委：《清代诗文集汇编》（160），上海古籍出版社2010年版，第538—539页。

② 李光地：《文渊阁四库全书》第1324册《榕村集》，台湾商务印书馆1983年影印本，第939页。

③ 林庆勋：《〈音韵阐微〉研究》，台湾学生书局1988年版，第307页。

的观点就是江户时代日本知识分子对唐音所形成的一般性认识。[1] 长崎出身的天文地理学家西川如见在其《增补华夷通商考》卷之一的'南京'条目中曰"词（语言），十五省共以此国之词（语言）为上"[2]；国学家本居宣长在其《汉字三音考》中则说；"今之音，诸州各稍有异，然无大别，其中，以南京、杭州之音为正"。[3] 而文雄的汉语老师太宰纯则明确说过："南京之音乃天下之正音，中华之人也以是为则。此乃明朝将该地升格为南京，依照帝都配备百官守护，成学士大夫缙绅先生汇聚地之故"。[4] 以此推断，文雄虽然没像李光地那样具体点明什么地方的音是官话的代表语音，但笔者以为他所注的官话音应该是受南京音（或曰江宁府语音）之影响的，特别是内中的入声韵[5]。这也正是《三音正讹》入声韵不同于《音韵阐微》入声韵的最大原因。

三　夷夏之辩与华音正俗

话说回来，在关于什么是汉语的标准音问题上，太宰纯和文雄师徒的

---

[1] 村松一弥：《清俗纪闻·后记》，载村松一弥编《清俗纪闻》，东京平凡社1980年版，第221页。

[2] 西川如见：《增补华夷通商考》（一），京都甘节堂、学梁轩同刻，早稻田大学藏本，1708年版，第3—4页。

[3] 本居宣长：《汉字三音考》，京都藤井文政堂1785年版，日本早稻田大学藏本，第33页。

[4] 太宰纯：《倭读要领》（上），东京江都书肆嵩山房藏板1728年版，第6—7页。

[5] 据赵元任先生《南京音系》一文可知，19世纪初的南京语音中，"［ʔ］（喉部关闭作用）在入声字单念或短句尾入声字重念时有之，平常入声字不过短就是了，并没有喉部关闭作用。"（见《赵元任语言学论文集》，商务印书馆2002年版，第277页。）这与文雄《三音正讹》所记官话音的入声韵基本一致，说明一个半世纪后的南京话入声韵变化不大。另外，日本学者岩田宪幸《从日本江户时代的材料看"南京"、"南京话"的问题》一文讨论了"南京话"、"南京音"可能有别于与"南京官话"、"南京官话音"的问题，他认为，出版于享和辛酉年（1801）的《磨光韵镜余论》卷下3a中的"故杭州音亦曰南京音"这段文字，以及西川如见、本居宣长等的关于南京音和杭州音的叙述会使"通常认为浙江音（杭州音）和南京音是两种语音，有区别"的观念产生动摇。（见《吉林大学社会科学学报》2014年第2期，第158页。）笔者基本同意岩田先生的观点，但认为，西川如见和本居宣长已经指出"诸州（语音）各稍有异"，并没有说"杭州音绝对等同于南京音"；而由比无相文雄晚两辈的释利法校阅出版的《磨光韵镜余论》，虽然也冠以"无相文雄撰"字样，但正如利法在正文前所写"例言"第一条所指出的那样："旧本颇多脱落，重复又甚。予乃采集众本，删冗补阙，其所援引证正书凡一百五十余部"（见日本国会图书馆所藏《磨光韵镜余论》，浪速书林积玉圃文荣堂，1801年刊本），该书究竟哪些部分已被利法修改，读者很难得知，将《磨光韵镜余论》的文字视作无相文雄的原始观点，其可靠性值得怀疑。

观点表面上是不尽相同的。太宰认为中国人"以南京音为则",所以南京音为天下"正音"。而文雄则主张:尽管中国人认为"中原雅音"是"正音",但对照《韵镜》,"杭州音"或者说"浙江音"才"瞰如'正音'"。套用汤泽则幸的说法,前者是"'唐音'绝对主义",而后者则是"《韵镜》绝对主义"。笔者以为,他们两者貌似有差异的观点在实质上是不矛盾的,都暗含着同一个"夷夏之辩"的逻辑。

明清鼎革,钱谦益曾赋诗《后秋兴之十三》,对退守台湾的郑成功之死感叹曰:"海角崖山一线斜,从今也不属中华。更无鱼腹捐躯地,况有龙涎泛海槎。望断关河非汉帜,吹残日月是胡笳。嫦娥老大无归处,独倚银轮哭桂花"。① 诗中"海角"所指台湾,而"崖山"则是指南宋最后一个皇帝沉海之处。在钱谦益看来,宋为元灭,明为清替,汉人的中华江山从此不复存在。日本唐音学家们则认为,夷狄变夏,其实早就开始了。1744年仲夏日,雨森芳洲在与京都相国寺的两位禅师交谈中,谈到孔子的"微管仲,吾其披发左衽矣"一句时说:"厥后,历汉经晋,至北魏,有中国之半,至元,至清,用夷变夏之毒成矣……中国之所以为北胡,其弊由于之也。中国之人,不知自鉴,徒以欲区区议论文字与繁文伪饰,为维持国家之资,可悲也夫!"② 言下之意,蒙古人、满人入主中原之后,中国便彻底成了"北胡",而原本的中华语言文字也就成了"伪饰",不可能不受胡人的影响而发生变化。在这一点上,太宰、文雄师徒的观点与雨森芳洲是基本一致的。③

太宰在为文雄的《磨光韵镜》写序时说得明确,曰:"夫人言有自然

---

① 孙之梅选注:《钱谦益诗选》,人民文学出版社2009年版,第364页。
② 雨森芳洲:《芳洲口授》,大阪河内屋喜兵卫1848年版,早稻田大学图书馆藏本,第7页。
③ 关于这一点,不仅是日本的音韵学家,连"凡所施为,一遵华制"的朝鲜,有许多精通音韵的士人也持类似观点。如屡次出使明朝的柳梦寅(1559—1623),早在17世纪初就在其《十三辨》一文中指出:"若中国则出入晋、六朝、五季、胡元叁四百年间,或戎狄以乱之。礼乐风俗尚难保,矧区区音韵,岂独全叁代之旧乎?或以中外都鄙分话言醇疵,而去戎远近,则不之论,是大不可也。今兹顺天府,因元之旧处天下北话称'官话',指江南为'乡谭'。彼江南者,亦拘中外都鄙之分,不敢自是。余焉知江南之韵,尚保其故?此本根者反因其讹也钦。何以证其然也?圣制韵书,以谐五声六律。"他还认为,中国由于数百年不以诗赋取士,所以中国士人大抵不辨韵学,远不及自幼赋诗下韵的朝鲜士人。(见民族文化推进会《韩国文集丛刊·於于集》63,首尔景仁文化社1996年影印本,第595页)

之音韵焉。古人任其自然，罕有讹舛，盖夷蛮戎狄言语各殊，待译而通。中国则受先王同律同文之治，而其言自然正，所以古人未有精核音韵者也。自秦汉以降，中国之人迁徙无常，加以四夷杂居于中国，至于两晋之际，天下之人殆乎华夷相半，于是中国自然之音，厕以侏离，遂致有古今音不同。此韵学之所以作也。……今《韵镜》以悉昙家法，施诸中国字音，固非中国素所有也。然是法精微，可以正音韵，可以辨华夷韵学之书。"[1] 他认为《韵镜》是一本可以辨别华夷汉字音韵的工具书。不过，他在自己撰写的《倭读要领》中专门指出：吴郡自六朝以来，繁华无双，君子汇集，风气由俗变雅，语音也随之而正，尤其是到了明朝，南京成为开国之都，成学士大夫聚集之地，于是，中国人以南京音为则，以南京音为天下正音。太宰的此种观点与西川如见的观点相吻合。西川如见在其《增补华夷通商考》中将南京列于中华十五省之首："二京——南京（省或直隶）、北京（省或直隶）"；在具体介绍南京时则曰："春秋之吴国也。古云金陵。云其城下为应天府。唐时云江宁是也。唐土第一之上国也。今清朝亦以天子之亲属为城主。……词（语言），十五省共以此国之词（语言）为上，就如同日本以山城之词为上。今日本读来字韵与南京同音之文字多。唐土吟诗亦以此国之音律为本。"[2] 而在其对北京的介绍中则说："词（语言）与南京同，音律少强。"[3] 不仅北京、河南的语言与南京无不同，还有山东、山西、陕西、江西、四川等省也相同，只是有的音律稍强，有的音律稍有区别。而在介绍浙江省时，则说："城下云杭州府，春秋时越之国也。与南京同为上国……人物风俗与南京同，词（语言）与南京无别。"[4] 这说明，南京话与其人物风俗一样，乃全中国十五省的标杆。

而文雄在《三音正讹》的首篇——"音韵总论"中则曰："今之所论者惟汉字音……国有中边，时有古今，岂无异同邪？三代以降，汉魏及北

---

[1] 太宰纯：《磨光韵镜序》，《磨光韵镜》（上），京都八幡屋四郎兵衛1744年版，早稻田大学图书馆藏本，第1—2页。

[2] 西川如见：《增补华夷通商考》（一），京都甘节堂、学梁轩同刻，日本早稻田大学藏本1708年版，第3—4页。

[3] 同上书，第7页。

[4] 西川如见：《增补华夷通商考》（二），京都甘节堂、学梁轩同刻，日本早稻田大学藏本1708年版，第1页。

朝之音，大抵与唐宋明时音相同，间不无小异。至若南朝，则其音绝殊异唐宋人。论江左音，皆有吴音之讥矣。非徒南朝有异，亦有诸方异。隋陆词曰：吴楚则时伤轻浅，燕赵则伤重浊，秦陇则去声为入，梁益则平声似去。方今之世，杭州、漳州、官话各异，历朝多品，可思而知也。"① 他认为，历代胡人与汉人的迁徙杂居，使得汉语发生了多种变化，所以有了多种汉字读音，以《韵镜》鉴之，分清浊声母的"杭州音"为最"醇"，官话虽被现在的中国人称为"正音"，但其实不正，中国人也往往将江左音即南京音讥为吴音。他在此前的《磨光韵镜》中就特别指出：韵学并不起始于江左，亦非沈约首创，"上古作文字，必有字音。字音繁杂，必可类摄，所以立韵也。其韵虽不可知时，施之章句，故六经间有韵语。汉魏晋宋齐梁之间，赋诗皆押韵，岂创乎江左？……韵学备韵书全之世，尚四方中国之音不齐，况数千载之上，与今岂得全齐？与未闻其世有韵书，其传久失矣。孰能得尽知于古？"② 好在后来出现了《韵镜》，根据他的推断，《韵镜》当问世于唐晚期，因为"空海于唐中期德宗之时入唐，学得音韵，归朝后著有《文镜祕府论》，其中虽有详论四声之事，然未有七音三十六母之说，由此可知，止唐中叶未有《韵镜》兴"。③ 既然《韵镜》是目前所知最早最全的音韵图谱，且是唐末之物，理当用它作为尺度来校衡元、清夷变夏之后的汉字读音。

对此，同样也精通音韵学的本居宣长在其《汉字三音考》中有异于太宰、文雄师徒，采取了不同的立场看问题。他在该书中首先提出了"皇国正音"的观点，认为日本是御照万国而坐的"皇大御国"，天皇乃万国之大君，他国国王理当系数称臣服事"皇国"。"皇国"之方位居万国之初，就好像人身之元首，万物万事皆胜美其中，尤其是人之声音，其言语之正与美，更胜于万国之优。其音清朗靓丽，比如在日中仰瞻晴天，丝毫无云，且又单直无迂曲，真天地间之纯粹正雅之音也。所以，他崇假名而卑汉字，认为"汉国"（中国）的字甚多且烦而不便，言文不一，是

---

① 无相文雄：《三音正讹》（乾），出版者不详，1752年版，韩国国立中央图书馆藏本，第1页。

② 无相文雄：《磨光韵镜》（下），京都八幡屋四郎兵卫1744年版，日本早稻田大学藏本，第3页。

③ 无相文雄：《磨光韵镜后篇·指要录》，京都山本长兵卫1773年版，日本早稻田大学藏本，第9页。

"死言"（死的语言）。不仅"汉国"如此，其他诸外国也不例外。而"皇国"之言乃"生言"（活的语言），其音仅五十二，甚少然正音全备，无阙者。由此种立场出发，本居宣长开始论汉字的"汉音"、"吴音"和近世刚刚兴起的"唐音"。自然，他将前两种音也分为"皇国"的与"汉国"的。对于"汉国"的"汉音"、"吴音"与"唐音"，一方面，他从"汉国"内部分析了"汉音"、"吴音"与"今之唐音"的正与俗，认为"汉音"乃彼国的"中原之音"，在汉代相对于"胡国"而自称为"汉"，与自号为"中国"是同一个意思，所以，即便朝代变更后，依然沿用"汉"的名号，同理，相对于"吴音"，"汉音"也就是"中国之音"的代名词；"吴音"当然是吴地之音，不过，若相对于中原的"汉音"而言，四边之国，当各有其音，为何偏偏单"吴音"有其称并与"汉音"相并列呢？那是因为从三国时吴国据此地起，晋东迁后成王都，南朝各代皆以此地为都城，相对于"汉"，便有了特殊称谓"吴音"。彼国内确实因"汉音"乃中原之音，所以自古以来以为正，而"吴"原本为蛮夷之地，其"吴音"被认为不正。但这实际上就像彼国人常常自夸自己为"中国"一样，什么都以自己的为正，他国的为不正，他们的这种观点仅仅是一己私论而已。人声的正与不正，并不是由此而决定的，实际上也无法确定何为正。紧接着，他还以小号字写了注释，批驳了太宰纯等人的观点，即"吴"由原来的蛮夷之地变成繁华风流之地、特别是变成了南京后，其音也发生改变，然后变成了天下之正音的看法。他认为，即便君子聚集，繁华风流代代相传，然而，吴地近世之音还是旧来乡音六七分，他方之音三四分，并没有根本的改变，只是因为六朝以来代代以此为都，所以，万事皆以此地的为优，于是其语音听起来似乎也正雅了。其实，南京音成了"正音"也未必是定论，彼国有人依旧认为中原之音才是正音。另一方面，他又特意跳出以中华为中心的框框，站在"皇国"的立场，论述了汉语音韵的正与不正。他说："其实也不是没有胜劣。要说胜劣，'吴'比'汉'其地方稍近于皇国，其音也比'汉'稍近于正雅。"接着，他不无调侃地说；"此方自古定吴汉二音，尤尚'汉音'，然而却又多用'吴音'，当因以自我出发之'势'罢了。"本居宣长还专门写了"今唐音之事"一节，他说：所谓"唐音"，乃指唐国之音，因古今不同，所以分"唐音"和"今唐音"。"汉音"与"唐音"并非一个是雅音，一个是俗音，两者无区别，近世有狂儒辈将唐国指称为"中国"、"中华"，将"唐音"称为"华音",一派狂言。不过,他也承认,今之唐音,各州虽然稍稍有别,但无大异,其中"以南京、杭州之音为正"。但他又特别指出:此方近世儒者将"今唐音"当作古之正音加以推崇,乃大误也。"今唐音"并非上面所说的等同于"汉音"的"唐音",而是经过代代讹舛者。抑或彼国之音不如"皇国"之音清朗单直,乃朦胧浑成之音,由于溷杂迂曲,不得不渐渐加以转变。从上古至唐代,当发生了变化,然其差别不得其详。只是至唐代其音还算正,其后,宋稍违于古,经元至明,成了大大的讹舛。诸字此彼悉讹,企图以韵图来校正,也只是以讹音正讹音,徒劳无益。明代以《洪武正韵》为正确的韵书,它其实也不是不违古,反倒是《康熙字典》,虽然是非常近期之物,然而其音释皆依古韵书,所以,比较适宜。① 如此,本居宣长既间接地认可了唐代之物《韵镜》的有效性,又一反中国传统的华夷观,肯定了清国的敕撰《康熙字典》。

由上可见,本居宣长与太宰、文雄师徒虽然以不同的华夷观论述了"唐音",但他们所揭示的史事是一致的,那就是18世纪的南京话在汉语中有很高的地位,几乎通行于中国;而《韵镜》则被共同认可为检验汉字读音正俗与否的好工具,杭州话最接近于《韵镜》之音。

不过,《韵镜》虽好,但对日本人而言,并非好懂,是故,19世纪中叶,精通音韵学的汉方医师三浦茂树(1778—1860、号道斋)编辑出版了由无相文雄原考、远藤笃撰次的和汉音韵学文献集,作为学习研究《韵镜》等音韵学著作的初级教材,取名《韵学楷梯》,"以为初学之筌蹄,学者由此捡《韵镜》,则庶乎不差矣。"② 在该书的序言中,三浦梳理汉语和日语的语音变迁史,曰:"秦汉以来,胡族暴侵,中国苦辛不可胜言。秦筑万里长城,汉聘侍姬而求和亲。自兹以降,历岁之间,五方率职,四隩入贡。其称静谧者,亦华夷相半。迄两晋之际,鲜卑胡人慕容廆为平州牧辽东公,拓跋猗卢陉北为王,后称元魏。唐太宗玄宗虽改其蔽,五季相踵残之。赵宋豪杰之辈,犹不能回其狂澜。北夷蒙古乱入京师,强战檀称帝,卒为胡元之世。是时也,言语侏儷,音韵洧讹,而其为古音者

---

① 本居宣长:《汉字三音考》,京都藤井文政堂1785年版,日本早稻田大学藏本,第1—2、30—35页。

② 三浦茂树:《韵学楷梯序》,大阪河内屋和助1856年版,日本早稻田大学藏本,第6页。

亡矣。其何得以核诸？幸我皇朝有古言假字。其为假字也；吴音先传，汉音后来，皆所口受于彼也。採此方言，其例有二：曰假音；曰取义。假音者，不必用其义也。取义者，不必用其音也。捡之于《韵镜》……由此观之，千岁不变，古音赖明，岂其不然也哉！"① 在三浦茂树看来，无论日本，还是中国，汉字的读音随着时代的变迁，都有了变化，尤其是汉语，由于北方胡人的交替入主中原，为胡语所染，元朝之后，古音早已不存，唯有求助于《韵镜》，才能获知汉语正音。显然，三浦所持的是中国人的传统华夷观，但他也为日本因有假名保留了汉字古音而自豪。

正由于三浦认为胡元之后，汉语音韵被彻底混淆，所以，他对曾是南宋都城的杭州话更加情有独钟。在《韵学楷梯》所辑的"三十六字母"篇中，《磨光韵镜》中原本"汉音"在汉字之右、"吴音"在左，"华音"或"唐音"在下的注音格式，被改成了"右旁'汉音'、左旁'吴音'、下'杭州音'（パンチウオン、タウイン）"。② 这实则上就是对《磨光韵镜》中所谓"华音"或"唐音"的更加直接的解释，其所用"华音"乃"杭州音"是也。该篇还进一步指出："欲正唐音，须以杭州音读正确三十六字母和二百六韵母"；"相传杭州云震旦第一正音也。"为此，编者三浦用小字注释曰："唐音品类多，有漳州、福州、杭州、南京、中州等之不同，今用杭州音，乃《磨光韵镜》所依据是也。""亦历世之有韵书，唐有《唐韵》，宋有《广韵》，元有《蒙古韵》，明有《正韵》，如此，协韵书者称为正音，乖之则为讹音云。学得《韵镜》后，当知是非得失。"③ 言下之意：唐音有地域的不同，亦有时代的变化，只有符合《韵镜》的读音才可以称之为"正音"。《韵学楷梯》编成刊印于1856年，可见，直至19世纪中叶，日本人对于汉语官话和正音的认识一直秉承着无相文雄《磨光韵镜》等韵学论著的观点。这从一个侧面表明，清人入主中原后，虽有两种大体上被公众认知的官话，立入声的"南京音"和无入声的"中州音"，但它们都不及"杭州音"更合于韵书，更接近于唐宋古音。

《音韵阐微》乃清代敕撰的官韵，可能是由于"夷夏之辩"之故，包

---

① 三浦茂树：《韵学楷梯序》，大阪河内屋和助1856年版，日本早稻田大学藏本，第3—5页。

② 三浦茂树：《韵学楷梯》（上），大阪河内屋和助1856年版，日本早稻田大学图书馆藏本，第37页。

③ 同上书，第43页。

括本居宣长在内的以上所及日本江户时代的音韵学家们都未言及该韵书，不过，笔者以为，他们的言论与《音韵阐微》之承修者李光地的一些观点颇为相似。例如，李光地说："等韵三十六字母沿习已久，然其所以区别之源多莫能明其故。吴人有强谓其方言备此诸母者，考察其口中之音，亦不过四声有清浊耳，且仍不能具三十六之数也。"① 而文雄则说："浙江音"有清浊之分，符合唐宋韵书，然而，"醇则醇矣。不无小疵"；李光地说："等韵凡三十六，今云二十一者，以京师、江宁府及中州之声为凡也。"② 西川如见则说：南京话与北京、河南的话一样，全中国十五省通用。如此说来，唐音学家们所阐述的中国当时的语言生活状况基本可信。退一步讲，如果南京官话不能通行于中国大部分地区，而杭州话的声韵母不更近于汉语古音韵，那么，日本的大小通事以及直至19世纪中叶的汉学家们学汉语就没有必要学南京话，而且其中的很多人也没必要再加学杭州话了。

（本节主要内容作为阶段性研究成果曾以《无相文雄汉语音韵学著述所见明清官话》为题发表于《浙江大学学报》（人文社科版）2014年第6期）

第三节 《亚细亚言语集》等汉语教材所见北京官话

两次鸦片战争后，西方列强的坚船利炮轰开了中国闭关锁国的大门，中国的近邻日本也开始走上明治维新的道路。西方的"国家"概念以及国与国之间的外交方式开始影响中日关系。1871年，中日签订了两国历史上第一个平等的《修好条规》和《通商章程》。③ 为适应中日关系的新局面，日本的外务省、陆军参谋本部以及民间人士与组织纷纷建立汉语教

---

① 李光地：《文澜阁四库全书》第1324册《榕村集》，台湾商务印书馆1985年影印本，第813页。
② 李光地：《榕村别集》卷一，清道光刻本《榕村全书》第9—10页，转引自叶宝奎《明清官话音系》，厦门大学出版社2001年版，第191页。
③ 由于汉文还是当时日本的官方语文之一，所以汉文在条约中还略占优势地位。《修好条规》第六条规定："嗣后两国往来公文，中国用汉文，日本国用日本文，须副以译汉文，或只用汉文，亦从其便。"（见宋志勇、田庆立《日本近现代对华关系史》，世界知识出版社2010年版，第37页）

育机构，培养精通北京官话的翻译、外交、贸易和谍报人才。以中日《友好条规》生效年为契机，从1876年开始，日本的汉语教学一边倒地从南京官话转向了北京官话。"日清外交场合需要北京话，此后的日本以北京话进行中国语教育，所谓'清语''支那语'、'华语'通常就是指北京话"。[1] 外务省的"汉语学所"、文部省的"东京外国语学校"、民间人士广部精等举办的"兴亚会支那语学校"、陆军的"共同社"等教育机构聘请薛乃良、龚恩禄等北京满族旗人开始教授北京官话，[2] 进而，外务省和陆军参谋本部直接派员长驻北京学习汉语，聘请的教师也是北京土生土长的，如龚恩禄的父亲英绍古等。所用的教科书则大多是英国人威妥玛所编的《语言自迩集》或者根据《语言自迩集》改变的教材，如广部精的《亚细亚言语集支那官话部》，以及后来由长崎通事的子弟、在北京学习了北京官话的吴启太、郑永邦所编的《官话指南》等。[3] 这些汉语学习者的著述和他们所用的北京官话教材反映了19世纪后半期北京官话的音韵体系及其在中国的使用状况。

一　广部精等汉语学家所认知的北京话

日本最早认识到北京官话重要性的自然是专事外交工作的外务省。明治七年（1874）3月17日，外务省向太政官提交报告，要求派员随事实上是首任的第二任日本驻北京公使柳原前光前往北京学习京话和吏文，文曰：

---

[1] 小林立：《敗戦までの中国語教育》（败战前的中国语教育），《香川大学一般教育研究》1972年第2期，第39页。"支那"一词原本源自佛经，当是梵语音译，指称中国，但从19世纪末年后，由于中国在甲午战争中的败北，日本人逐渐改变了这个词的内涵，用以蔑称中国。为反映历史原貌，笔者在文中保留了"支那"、"支那语"等词汇，而没有将其改译成"中国"、"中国语"。

[2] 之所以要特意聘请北京旗人教授北京官话，大约是因为"清朝统治的三百年间，渐渐不使用满语，满族也使用洗练的汉语讲话，旗人是上流阶级的代名词，旗人的语言是北京官话的典范。"（参见安藤彦太郎《中国语和近代日本》，张威忠译，济南出版社1989年版，第25—26页。）

[3] 关于日本的汉语教育从南京话转为北京官话的历史背景与过程，以及日本外务省、文部省、陆军参谋部、民间人士开展北京官话教学活动的教材、教师和教学过程，可以参见六角恒广的《中国语教育史稿拾遗》（东京不二出版社，2002年）、六角恒广《日本中国语教学书志》（北京语言文化大学出版社2000年版）、六角恒广《日本中国语教育史研究》（北京语言学院出版社1992年版）、安藤彦太郎《日本人の中国観》（东京劲草书房1971年版）、《中国语和近代日本》（济南出版社1989年版）以及专题论文报告小林立的《敗戦までの中国語教育》（败战前的中国语教育）（日本《香川大学一般教育研究》1972年第2期）等文献，内中有非常详尽的考论。

> 清国疆域广大，土语乡谈到处各异，楚人语齐人咻之俗，由来已久。满清建国后，苦于汉人之语吱唔不规则，另定北京官话，使满汉官吏一体遵用，尔来都鄙之差益远，始以官吏能京话方能上堂。堂上之官吏听鄙人俚语，以至同国人用翻译。西洋人之学汉语，数十年刻苦，仍烦其难，因其土语乡谈，到处各异。故不学京话难为庙堂公用之谈。驻在彼国各国公使，各携带学生学汉语，由公使雇京人教师授纯粹京话，故当公事便便能言，或觉比清官之语更鲜明。从清国政务上之谕示奏疏至照会献牍，称吏文体，不用经史蕴奥之词，务平俗易通，行文亦有别一派句法。明经之大儒亦不娴熟于吏务，不能理解，似易却难，尤当习学。从当今文部省所设汉语学校选两三名之辈，与柳原公使同行赴北京，使其专习熟上述之学，以备将来要用。①

显然，日本外务省此种对汉语官话的认知非常相似于朝鲜王朝司译院等机构对官话的认识。因为中朝之间紧密的封贡体系，朝鲜外交人员一直与北京的中国高层官吏直接往来，早就认识到了北京官话和"吏文"的重要，而日本则游离于封贡体制之外，仅有民间在长崎等地与中国江南的贸易往来，所以，此前只重视南京官话、杭州话等，而忽略了对北京官话的学习与研究。

既然已经认识到了北京官话对于两国往来的重要，那就得着手培养精通北京官话的人才，然而，汉语学校已备，教师易找，但教材却是难觅。"那时候可以说，不仅在北京，即使在世界上，北京官话的教科书，除威妥玛的这本《语言自迩集》以外，再也没有了。"② 数量的稀少，价格的

---

① 六角恒广：《日本中国语教育史研究》，王顺洪译，北京语言学院出版社1992年版，第80—81页。

② 六角恒广：《日本中国语教育史研究》，王顺洪译，北京语言学院出版社1992年版，第86页。
其实，早在1813年，葡萄牙传教士江沙维（Joachim Alphonse Goncalves，1780—1844）被派往北京做钦天监的工作，因故滞留在澳门，学习了北京官话，并编写出版了《汉字文法》（*Arte China*, Macao, 1829），该书的"散语"、"问答"等都是北京官话，有些内容还是威妥玛《语言自迩集》的蓝本。依照威妥玛在《寻津录》中的说法，因为这本《汉字文法》是用葡萄牙语写成的，几乎没有英国孩子愿意去学，所以，希望自己能写出一本与其风格相同的汉语学习手册。正是由于这种语言的障碍，世界上很少有人知道这本书，也不太可能成为当时日本人学习北京官话的教科书或蓝本。（参见内田庆市《19世纪传教士江沙维对汉语的看法》，《東アジア文化交渉研究》2011年第4号，第229—241页。）

昂贵，使得日本相关人士开始以《语言自迩集》为蓝本修订适合日本人学习的北京官话教材。驻厦门领事福岛九成的《参订汉语问答篇国字解》即是据威妥玛的《问答篇》并参以《语言自迩集》的"谈论篇"改编翻译而成。中国人藕香榭居士在光绪四年（1878）为该书所写的序言中曰："中外通商以来，各邦学华语者多矣。盖华语各省操音不同，而所尚者官音也。"① 不过，出身于长崎士族之家的福岛自己则在序言中称威妥玛的《问答篇》语音乃"纯属燕山之音"。②

此种写序者之间对于北京官话略显矛盾的观点不仅出现在福岛九成的书里，类似的还出现在了《北京官话伊苏普喻言》一书中。受外务省派遣前往北京学习北京官话两年后的中田敬义，于明治十一年（1878）在基督教徒英绍古、龚恩禄父子的帮助下，从日译本《通俗伊苏普物语》翻译完成了《北京官话伊苏普喻言》。应绍古以及英国传教士、北京福音堂堂主艾约瑟·迪谨为此书写的序言认可了中田所译的是北京官话，将中田来中国前自幼所学的南京官话称为"南方华言"。但中田自己在该书的"例言"中则介绍说："支那语中有文话、官话、俗话等种类，各有差别。我侪应答辩论时所用多为官话，然而，正如在此书中，多有杂用，以便于借东挪西。"③ 更加值得我们注意的是，时任京师同文馆总教习的美国北长老会传教士丁韪良（William Alexander Parsons Martin, 1827—1916）在为该书撰写序文时，不知是出于有意还是无意，有悖于书名，称北京官话为"土语"，曰："大日本国中田先生，文学敏赡，夙喜此书，兹译以中华北京土语，公诸同好，是不独可作异方人学习京音者之一助，抑且使绝世之妙喻罕譬，东土咸得读之，其为益岂浅鲜也哉！"④ 作为京师同文馆总教习，理论上也算是清政府的朝廷命官，但其时在他的心目中，北京官话还只是"京音"而已。他的专著 *A Cycle of Cathay*（1896 年）中有一段写其为美国使团秘书卫三畏担任《天津条约》谈判翻译的情形，说："我开始为卫三畏博士翻译，尽管他也是一位中国通，但当时他对中国北方方

---

① 六角恒广：《中国语教本类集成》第一集第二卷，东京不二出版社 1991 年版，第 1 页。
② 同上书，第 2 页。
③ 同上书，第 173 页。
④ 丁韪良：《北京官话伊苏普喻言序》，载六角恒广《中国语教本类集成第一集》，东京不二出版社 1991 年版，第 172 页。

言还不够熟悉。"① 卫三畏的中国谈判对手是直隶布政使，所操的是北京官话，但也被丁韪良说成了是"the dialect of the North（北方方言）"，可见，北京官话此时尚未取得朝廷明确的认可。②

此时在北京学习北京官话的日本外交人员也并没有否定南京官话的意思。作为见习翻译在日本驻北京公使馆工作三年并习得了北京官话的吴启太、郑永邦于1881年编写出版了《官话指南》③，该书除在"凡例"第二条特别指出："京话有二：一为俗话，一为官话。其词气之不容相混，犹泾渭之不容并流"④ 以外，在第一卷"应对须知"里还写了一段关于官话的对话：

> 你懂得中国话吗？
> 略微一点儿。那厦门的话别处不甚懂。
> 中国话本难懂，各处有各处的乡谈，就是官话通行。
> 我听见人说官话还分南北音哪？
> 官话南北腔调儿不同，字音也差不多。⑤

---

① 丁韪良：《花甲忆记》，沈弘等译，广西师范大学出版社2004年版，第106页。
W. A. P. Martin, *A Cycle of Cathay or China, South and North with Personal Reminiscences* (Second Edition), New York, Chicago, Toronto: Fleming H. Revell Company, 1897, p. 157.

② 丁韪良在1910年为自己来华60周年纪念而书写出版的中文版《花甲忆记》（内容有别于沈弘教授翻译自 *A Cycle of Cathay* 的《花甲忆记》）中，已然改称"北京土语"或"北京方言"为"官话"。对于自己替卫三畏担任翻译的同一段回忆，他说："美使约吾暂充翻译，派轮船接吾到大沽。见已有汉文参赞卫廉士，久居广东，文理颇佳，但官话不识一语。吾初习官话，不过与远客谈道之便，孰021议约大事之用之哉？"（见丁韪良、赵受恒《花甲忆记》，上海广学会1910年版，第15页。）此时的丁韪良，已被光绪皇帝任命为二品顶戴的京师大学堂总教习。京师大学堂于1904年开始设置官话科目，要求学员必须习得官音犹如京师之人。作为总教习的丁韪良自然也就改变了对北京话的看法。

③ 六角恒广研究认为，吴启太和郑永邦两人虽然取了中国姓名，但都是日本人，是原长崎通事的子弟。他俩所编的《官话指南》，"在整个明治时代，它不仅确立了'支那语'学习者必读书的地位，而且，该地位经过大正时期，一直保持到了昭和20年（1945）。同时，该书不仅用于日本的'支那语'教学，而且广被翻译，出版了英语版、法语版和注释本，可以说是当时的国际名著。"（见六角恒广《日本中国语教学书志》，北京语言文化大学出版社2000年版，第16页）

④ 吴启太、郑永邦：《官话指南》，福州美华书局1900年版，日本关西大学泊园文库藏本，第3页。

⑤ 同上书，第9页。

第三章 日本汉学家所认知的汉语官话

对于南北官话的异同，曾担任中日甲午战争随军翻译官的西岛良尔与吴启太、郑永邦有着相同的观点。明治三十四年（1901），西岛良尔为大阪外国语学校和清语讲习会编写出版了《清语教科书并续篇》，其第一篇第一章就是"官话的性质"，文曰："支那大陆言语种类复杂，各省都有特殊的语言，南北其字音相异。作为今日清国之语言在此处研究的官话，大体上可以分为南官话和北官话两种，然而，南北官话其组织字音等大略同一，只是随风土之变其发音产生差异，学者既了解其根本就不难推考之。本书所称北官话或京话，即通俗所谓京语是也。将之称为官话，是相对于土话而言，说明它是在支那官府的通用语。"[①]

尽管都认同了北京官话在中国官方的通用语地位，然而，也有北京官话教材编写者对南京官话曾经的正统地位"恋恋不舍"。如陆军教授足立忠八郎编写于明治三十六年（1903）的《北京官话支那语学捷径》，其开篇的"例言"对"官话"、"南京官话"和"北京官话"作了明确的介绍，并特别指出，只有兼而习得南京官话，才算是掌握了"高尚的"官话。文如下：

> 大凡支那言语种类甚多，如欲在支那全国各地尽然应用其便，仅研究就会是一人一世之事业，何况其效果不可指望。是故，相对而言在全国能够通用的范围最广的语言首选当是北京官话，即清国帝都北京之语言。由于其本国的语言不能在全国通行，甚是不便，清国的官商掀起了勤学北京官话之风。随之，在上流社会中，如果不会使用北京官话，就会被视作下流之辈。因此，北京官话通行于支那全国，以此可以与官吏绅商进行对话交流，即所谓"官话"，就是官吏语言之尊称。
>
> 原本，支那在北京官话以外，还有南京官话等，即南京的语言如北京官话那样在上流社会中运用，然而，其范围仅限于南京附近，不能通行于全国。不过，由于该南京官话保留了支那自古以来正确的四声发音，所以，在学习了北京官话之后，兼而修习南京官话的话，就

[①] 六角恒广：《中国语教本类集成》第一集第四卷，东京不二出版社1991年版，第137—138页。

能掌握南北各省全通的高尚的官话。①

从以上这段文字的介绍中，也可以看出，北京官话在当时还只是官吏绅商们自发的流行而已，南京官话尚未失去官话的地位。

不过，也有人笼统地将北京官话称为"支那官话"，而将南京官话作为一种古语遗存或方言排除在了官话范畴之外，如原本学习并教授了"南京口"（南京官话），后又顺势改学、改教北京官话的广部精在其编写的《亚细亚言语集支那官话部》之"凡例"第一条就说："支那言语分为四部，第一官话，第二南边话，第三满洲话，第四岭南话。"② 此处的"官话"应该是单指"北京官话"，因为在广部精写于明治三十五年（1902）的《增订亚细亚言语集》"绪言"中，他将自己请来在日清社教授"南京口"的苏州人周愈（号幼梅）等人称为"支那南边的学者"，并将《汉语跬步》、《琼浦佳话》等传统的南京官话教材称为"长崎通事相传的南边语"教材。③

而进入中国进行了清国事情实地考察的宫内猪三郎在其《清国事情探检录》中认同了广部精的观点，并推介了他的官话教科书。他在谈到中国的"言语之别"时说："言语分岭南话、南边话、满洲话和北京官话四大部分。上海、宁波话属南边话，其中亦有异同，其音声有平上去入之分。北京话没有入声和浊音……学习支那语，有《平仄篇》一书，以此获知平仄。……支那语也可以通过《亚细亚言语集》学习。"④

二 广部精与他创办的北京官话教学机构及所编教材

广部精（1854 或 1855—1909）⑤，出生于上总（千叶县），在主办

---

① 六角恒广：《中国语教本类集成》第一集第四卷，东京不二出版社1991年版，第377页。
② 广部精：《亚细亚言语集支那官话部》（上），东京青山堂书房1897年版，早稻田大学图书馆藏本，第1页。
③ 广部精：《增订亚细亚言语集》，东京青山堂书房1902年版，日本国立国会图书馆藏本，第1页。
④ 宫内猪三郎：《清国事情探检录》，东京清国事情编辑局1894年版，第4页。小岛晋治：《幕末明治中国见闻录集成》（第十一卷），东京ゆまに書房1997年版，第514—515页。
⑤ 据六角恒广考证：广部精的户籍登记是出生于安政元年（1854）7月11日，而其本人的记载则是安政2年（1855）12月19日。（参见六角恒广《日本中国语教育史研究》，王顺洪译，北京语言学院出版社1992年版，第66页。）

"日清社"等民间汉语教学机构后,一度加入陆军担任主计官,后又出任日本制钢公司董事、广濑银行神田支店长等职,病死于明治四十二年8月15日,年仅56岁。[1] 从5岁开始,广部精便在家乡跟随私塾精通汉学的老师认读汉字和学习汉语典籍,大约在明治五年(1872)赴东京某私塾继续学习汉学,1875年起跟原东京外国语学校的中国老师周愈学习南京官话。明治九年(1876),广部精申请创办"日清社",开始南京官话的教学活动。"日清社"倒闭后,广部精在转入"同人社"教汉学和汉语的同时,跟东京外国语学校的中国老师薛乃良、龚恩禄学习北京官话,并以威妥玛的《语言自迩集》为蓝本编写了《亚细亚言语集支那官话部》,1879年6月印刷出版第一卷,于次年出齐全部七卷七册。1880年又编写出版日语翻译注释本《总译亚细亚言语集支那官话部》全四卷。其间,他还先后在陆军参谋本部下属的"共同社"、"汉语会"等机构教授北京官话[2]。

应该指出的是,虽然广部精成立"日清社",以及后来积极加入"兴亚会支那语学校"的汉语教学工作,其本初之目的是与中国友善,希望中国与日本联合起来抗衡欧美列强势力入侵亚洲,正如六角广恒所言:"广部精从事中国语教育,是为了'日清和亲',其意义与以培养翻译为目标的中国语教育有所不同。""日清社的中国观是后来的中国语教育中未曾见到过的健康的中国观。"[3] 然而,事实上,他在"兴亚会支那语学校"教授的学生大多是陆军教导团的下士官,他在"共同社"教授的学生后来大多被陆军参谋本部派往中国刺探收集军事情报,而他的《亚细亚言语集》的出版也有赖于军方人士的赞助。据六角恒广的专门考证,《亚细亚言语集》出版的经济援助者中,除四名不详以外,其他八名"均可认为是军队参谋组织的成员。正是这些人,当时切实需要学习中国语,其他一般人,对中国语的关心极少"。[4] 也就是说,当时日本学习官话的人其用途主要就是军事和外交,他们将北京官话作为学习对象也就不足为奇了。

---

[1] 日本朝日新闻社电子版《日本人名大辞典》(http://kotobank.jp)"广部精"条。

[2] 六角恒广:《日本中国语教育史研究》,王顺洪译,北京语言学院出版社1992年版,第66—75、110—117页。

[3] 同上书,第10、59页。

[4] 同上书,第116页。

据明治三十年（1897）早稻田大学图书馆藏本版权页所示，广部精所编辑的《亚细亚言语集支那官话部》初版于明治十二至十三年（1879—1880）间，明治二十五年（1892）出再刻本（上下两卷合订本），明治三十年出改正版。[①] 明治三十五年（1902）又出了增订版西式装订合订本一册。[②] 关于其内容，六角恒广、内田庆市、陈珊珊等中日相关学者多有介绍，大致如下：

卷1　序（王治本、广部精）、凡例、日语五十音图、散语四十章、散语四十章摘译。（1879年6月出版）

卷2　序（龚恩禄）、续散语十八章、常言、上栏收录欧洲奇话六条。（1880年2月出版）

卷3　序（敬宇中村正直）、问答十章、上栏收录欧洲奇话四条。（1880年3月出版）

卷4　序（刘立安）、谈论五十章、上栏有欧洲奇话三条、续常言一条。（1880年5月出版）

卷5　续谈论五十二章、上栏有续常言九条。（1880年5月出版）

卷6　发音记法例言、平仄篇。（1880年8月出版）

卷7　言语例略十五段、上栏续常言十一条。（1880年8月出版）

据该书"凡例"第一条说明，其大部分内容取自威妥玛的《语言自迩集》，曰："此部多取英国威钦差选《语言自迩集》，及德国翻译官阿氏著《通俗欧洲述古新编》等书，以汇成一本。然间或有削彼字添此字，或有举后件为前件，盖以适邦人习读为顺次。其不见于《自迩集》、《述古新编》者，皆余所作也。切望后君子加订正。幸甚！"[③] 其所谓"皆余所作"的部分，除了"六字话"、"常言"、"续常言"等栏目以外，对于《语言自迩集》的内容也不是全盘照抄，尤其是第一、二卷的"散语章"

[①] 广部精：《亚细亚言语集支那官话部》（上），东京青山堂书房1897年版，早稻田大学图书馆藏本，版权页。

[②] 六角恒广：《日本中国语教学书志》，王顺洪译，北京语言文化大学出版社2000年版，第13页。

[③] 广部精：《亚细亚言语集支那官话部》（上），东京青山堂书房1897年版，早稻田大学图书馆藏本，"凡例"页。

对《语言自迩集》第三章中的"散语"内容"取舍较大"。① 其第四、五卷之"'谈论50章'和'续谈论52章'的蓝本不是《语言自迩集》，而是（威妥玛的）《问答篇》"。② 另据笔者所见，第七卷的"言语例略"对《语言自迩集》第八章中的"言语例略"改动也不小，在《语言自迩集》1867年的初版本③中，只有正文13段加上"附编第十四段（每个字加注了威妥玛拼音）"，而广部精的书中却有"言语例略十五段"，每段内容也并不完全一致。由此可见，该书包含有许多广部精的"自创"成分。

由于时代的变迁，纯汉文文本即便对于学习汉语的日本人而言，读解起来也已非易事，所以，1880年5月后，广部精又陆续编印出版了加注有日语翻译和注解的《总译亚细亚言语集支那官话部》共四卷六册，其"卷一的跋文，叙述了学习中国语的意义，介绍了当时中国语学习的情况和《亚细亚言语集》问世的经过。是一篇研究日本中国语教学史的宝贵文献"。④ 该总译本中关于汉字形声义以及汉语语法的说明内容后来大多被移入了1902年出版的《增订亚细亚言语集（支那官语部全）》中。在笔者看来，总译本"凡例"中对汉语发音的说明以及《亚细亚言语集支那官话部》之初版、总译和增订三套系列书中对汉字的日语假名注音，更为宝贵，因为日本此前的唐话教材皆是假名注音法，所以，它不仅使我们直观地比较南京官话和北京官话之异同成为可能，而且，也为我们比对日本人所记录的北京官话与威妥玛用罗马字所记录的北京官话之间有否差异提供了最直接的样本文献。

三 《亚细亚言语集支那官话部》所见北京官话音韵体系以及与《语言自迩集》的差异

在《语言自迩集》中，虽然威妥玛在第一卷的"发音"和第八卷的"附编言语例略第十四段"中用罗马字为每个汉字标注了北京官话的读

---

① 陈珊珊：《亚细亚言语集与十九世纪日本中国语教育》，《汉语学习》2005年第6期，第64—68页。
② 内田庆市：《〈语言自迩集〉源流及其在日本的传播》，载复旦大学历史地理研究中心编《跨越空间的文化 16—19世纪中西文化的相遇与调适》，东方出版中心2010年版，第54—55页。
③ 日本关西大学亚洲文化交流中心内田庆市先生收藏本。
④ 六角恒广：《中国语教本类集成》第一集第一卷，东京不二出版社1991年版，第8页。

音，但当广部精编辑《亚细亚言语集支那官话部》时，改用了片假名注音。除在卷六"发音记法例言"（即发音标记说明）、"平仄篇"外，对卷一、卷二的"散语章"以及卷三"问答章"章前列出的每个"初见字"即生字和生词用片假名标注了官话读音。① 其实，广部精完全可以依照《语言自迩集》卷一的发音表为这些"初见字"直接抄录上罗马字注音，由他共同参与编辑的另一本《新校语言自迩集散语之部》（明治十三年四月出版）就是如此编排的。② 笔者分析，广部精特意改注片假名的原因大概有三：一是日本唐话教材惯用片假名注音；二是他认为片假名注音同罗马字注音一样科学合理；三是考虑到有许多读者不会英语，无法识读威妥玛的罗马字拼音。

　　日本的汉语教学虽然从南京官话转向了北京官话，但惯性使然，其教学方法却是沿用了唐通事的培养模式，先训练和校正学生正确发日语假名，然后通过假名注音识读汉字的汉语音。中田敬义曾是汉语学所的学生，他回忆说："开始时，练习'アイウエオ、カキクケコ'，现在看起来是笑话，但那时就是用它矫正发音。"③ 六角恒广先生研究认为："这种方法，似乎已成为唐话发音教习的固定程式。在汉语学所，这种形式也被唐通事出身的教师带进来了"；"在东京外国语学校，学生自不必说，教师、教材、教学方法，与汉语学所相比，均没有变化。"④ 广部精创办"日清社"，所聘的汉语老师二口美久、周幼梅等都转自东京外国语学校，用假名识读汉字的教学方法不会不影响到广部精本人，而这也正是所有《亚细亚言语集》版本在开篇都印了日语"五音拗直五位图"的原因之所在。

　　另外，在增订版的"绪言"中，关于发音，广部精有一长段论述。他认为康熙皇帝所谓"汉儒识文字而不识子母，江左之儒识四声而不识七音"（见《御制康熙字典序》）中提及的四声七音，是人们依据发声的自然规律用在日常生活之中的，而康熙帝企图以文字为主，音声为从，借

---

　　① 《语言自迩集》的初版本"散语章"各章前有生字表，但没有罗马字注音，而"问答章"则连生字表都没有。

　　② 兴亚会支那语学校编辑：《新校语言自迩集散语之部》，东京饭田平作，日本关西大学亚洲文化交流中心内田庆市藏本，1880年版。

　　③ 六角恒广：《日本中国语教育史研究》，王顺洪译，北京语言学院出版社1992年版，第30页。

　　④ 同上书，第31、48页。

文字而同天下之音声。然而，虽然汉字在亚洲各地通用，但就是在支那国国内其南北之音都有差异，到了日本、朝鲜等地，则更加不同，绝对不可能统一汉字的音声。随着时代的推移，高尚的语言会因被日常使用而变得不再高尚，音声也会随之产生变化而逐渐远离古韵书，中古之人的平仄四声已经成为古文学者形式上的记忆，很少继续被用于日常生活；日语假名也好，罗马文字也罢，没什么分别，都是用来标记其语言的发音的，理当也可以用于标记支那语、朝鲜语或者其他什么国家的语言。要而言之，以音声为主，文字为从出发，就很好理解原有的音声会随着时间的古今、地理的远近而发生变化，其附注在文字上的发音符号也当然地因之而变化，这也就不难理解支那官话的音声会相异于古书上的注音。① 广部精以音本位的理论出发，将假名与罗马字等同视之，所以，用片假名注音替代威妥玛的罗马字注音法注写了没有浊声母、入声调、入声韵尾的北京官话音。② 当然，广部精不会不知道，用假名是不可能完全精确地标注官话发音的。③ 所以，如同威妥玛在《语言自迩集》卷一中将他使用的元音和辅音罗马字母在标记官话时所赋予的具体音值作了说明一样，他也在"凡例"和卷六的"例言"等栏目中对片假名在标注官话音时有别于日语中正常读音的地方作了具体的说明。例如，为防止ア段音像日语中那样被后面的母音同化成オ段音，在"凡例"第五条特别规定：将原本日语书写法中的"ヤウ"、"カウ"、"ラウ"改写成实际发音的"ヨー"、"コー"、"ロー"或"ヨヲ"、"コヲ"、"ロヲ"，而不改写的话则念成"ヤアウ"、"カアウ"、"ラアウ"（相当于过去唐话教材中两个假名间加个"○"，前后假名不发生元音和谐）；又例如，卷六"例言"第三、四条规定：为区别前后鼻音，前鼻音用"ン"，后鼻音则用"ンヌ"（唐话教材中是不区分的）；例言第二条规定："上半声"（声母）有チ°、ト°、テ°等字时

---

① 广部精：《增订亚细亚言语集》，东京青山堂书房1902年版，日本国立国会图书馆藏本，第7—10页。

② "以国字记支那音于右旁，并付小圈点于该字端，以分四声。其圈在左下为上平，在左上为下平，在右上则上声，而在右下则去声也"；"字音有出气入气之别，即俗云之有气无气也。而初学恐难别，故出气之字，悉于四声圈内更加小点以别之。"（见《亚细亚言语集支那部·凡例》，东京青山堂书房1897年版，早稻田大学图书馆藏本。）

③ 在《总译亚细亚言语集支那官话部·凡例》第六条中，广部精明确表示，"有些官话音是很难用国字标记清楚的，如'人'字等"。（参见六角恒广《中国语教本类集成》第一集第一卷，东京不二出版社1991年版，第324页。）

近如ツイ、ツヲ、ツエ等音；为避免被人误解官话中还有浊声母的存在，"例言"第一条以及总译本"凡例"第六条特意说明：在使用了浊音假名的地方，实际上并不是浊声母，是由于用假名难以精确标写，只好取近似值而已，如"人"字，它既不发"リエン"音，也不发"ジエン"，是介于"ジエン"和"リエン"之间的半浊音，只好把它注音成"リ゛エン"或"レ゛ン"等。

至于日本人可能不识罗马字注音这一点，编写了《北京官话支那语学捷径》的足立忠八郎在其书的"语学练习法"中指出："原本，支那语的发音用国字即我们的假名来识读，不仅非常困难，而且，颇不规则，并不吻合普通的假名使用法，所以，相对而言，还是罗马字缀字法比较正确，容易发音。本书主要用罗马字缀字法，希望避开假名注音，然而，恐怕有学者不解罗马字缀字法，只好有违编者初衷，在上篇附记了假名注音。"① 广部精编辑《亚细亚言语集支那官话部》时，不可能没有相同的担忧。所以，他在修订该书的前两版时，用了片假名注音，而在《增订亚细亚言语集》中，则用了假名和罗马字并注的方法，汉字右侧是片假名，底下是罗马字拼音。

笔者以《语言自迩集》卷一发音章的声韵母说明为基准，比对了威妥玛罗马字拼音与广部精的片假名注音的北京官话声韵母结构，列出了它们与现代汉语普通话拼音方案声韵母比对表。②

1. 声母比对表

例字	威妥玛罗马字注音	广部精片假名注音	汉语普通话拼音
章、斤	ch chang、chin	チ゜ャンヌ、チン	zh、j
唱、亲	ch' ch'ang、ch'in	チ゜ャンヌ、チン	ch、q
法	f fa	フア	f

---

① 六角恒广：《中国语教本类集成》第一集第四卷，东京不二出版社1991年版，第379页。

② 张卫东教授曾经将《语言自迩集》中的声韵母系统与现代汉语普通话的声韵母系统做过细致的比较，得出结论说："（声母）与今北京音21声母系统已非常接近"；"40个韵母，四呼俱全，已经非常接近今北京韵母系统"；"同今北京39韵母比较差别不大"。（参见张卫东《威妥玛氏〈语言自迩集〉所记的北京音系》，《北京大学学报》（哲学社会科学版）1998年第4期，第136—143页。）

续表

例字	威妥玛罗马字注音	广部精片假名注音	汉语普通话拼音
哈	h　ha	ハー	h
西	hs　hsi	シイ	x
染	j　jan	ラﾞン	r
嘎	k　ka	カー	g
卡	k'　k'a	カー	k
拉	l　la	ラー	l
马	m　ma	マー	m
那	n　na	ナー	n
哦	ng　o 或 ngo	ンヲー	ø
八	p　pa	パー	b
怕	p'　p'a	パー	p
撒	s　sa	サー	s
杀	sh　sha	シャー	sh
丝	ss　ssǔ	スー	(s)
大	t　ta	タア	d
他	t'　t'a	ター	t
杂	ts　tsa	サ°ア	z
擦	ts'　ts'a	サ°ア	c
子	tz　tzǔ	ツー	(z)
次	tz'　tz'ǔ	ツー	(c)
微	w　wei	ウェイ	(ø)
音	y　yin	イン	(ø)
备注	加上零声母共为 26 个声母。ng 是个部分鼻化、部分腭化并影响其后元音发声的和谐音；假定存在 w 这个音，但在 u 前非常微弱；y 在 i 与 ü 前非常微弱	在汉字四角以圈和圈内加点区别送气与不送气音，片假名注写不作分别。由于日语假名除ア段音以外全部由辅音加元音结合而成，列表时不宜撇开元音单独析出声母，所以表中保留例字的完整读音。不过，明显可以看出，对应于罗马字母 ch 有两个不同的声母假名チ°和チ；而最后两个字音显然也只有元音，是零声母；サ与ス声母相同。所以，共为 25 个声母	以上带括号的是与威氏拼音重复对应的声母，加零声母 ø 在内共 22 个

从上表可知，在威氏罗马字注音中，舌面前音 j、q 与舌尖后音 zh、ch 不分，但广部精的片假名注音中，与普通话拼音一样是严格区分的；威氏罗马字注音尽管指出了 w 和 y 两个声母非常微弱，但还是单独列出，但在片假名注音中直接是元音ウu 和イi，与普通话的零声母相同；不过，在威氏注音中有无都可的软腭鼻音 ng [ŋ]，在片假名注音中是单选的有软腭鼻音。这说明，威氏罗马字注音和广部精片假名注音都有传统韵书音或者南京官话音的遗存，然而，片假名注音所反映的北京官话声母系统比罗马字注音更接近于现代普通话。

2. 韵母比对表

例字	威妥玛罗马字注音	广部精片假名注音	汉语普通话拼音
阿	a	アー	a
哀	ai	アイ	ai
安	an	アン	an
昂	ang	アンヌ	ang
熬	ao	アヲ	ao
遮	ê	チ°ヲ	e
这	ei（êi 累）	チ°エ	ei、ê
真	ên	チ°エン	en、(un)
正	êng	チ°ョンヌ	eng、ueng
鸡	i（yi 衣）	チー	i
家	ia	チャー	ia
楷	iai	チャイ	(ai)
江	iang	チャンヌ	iang
交	iao	チャヲ	iao
街	ieh	チエイ	ie
奸	ien	チエン	ian
知	ih	チ°ー	(i)
斤	in	チン	in
晴	ing	チンヌ	ing
角	io	チュエ	iie
究	iu	チュウ	iu（iou）
穷	iung	チュンヌ	iong
卓	o	チ°ヲー	uo、o

续表

例字	威妥玛罗马字注音	广部精片假名注音	汉语普通话拼音
周	ou	チ°ヲウ	ou
居	ü	チュヰ	ü
捐	üan（üen 喧）	チュエン	üan
缺	üeh	チュエ	(üe)
君	ün	チュイン	ün
爵	üo	チョウ	(üe)
猪	u	チ°ウ	u
抓	ua	チ°ョア	ua
拽	uai	チ°ョワイ	uai
专	uan	チ°ョアン	uan
装	uang	チ°ョワンヌ	uang
追	ui（uei 灰）	チ°ョイ	ui（uei）
准	un（uên 昏）	チ°ュン	un（uen）
中	ung	チ°ョンヌ	ong
擼	uo	チョー	(uo)
二	êrh	イャル	er
丝	ǔ	スー	(i)
备注	40 个韵母。括号内带例字的为两可的注音，但不影响音值	由于日语假名除ア段音以外全部由辅音加元音结合而成，列表时不宜撇开辅音单独析出韵母，所以在表中保留例字的完整读音。不过，不难看出，对应于罗马字注音的 i、ih 和 ǔ 没有分别地都用了长音符号"—"；对应于罗马字注音 io 的是チュエ，与对应于 üeh 的チュエ音值相同，所以，实际为 39 个韵母	39 个韵母。括号内的为重复出现的拼音，但 i 音分舌面元音、舌尖前音与舌尖后音三种；iou、uei、uen 前加声母时改写为 iu、ui、uen

从上表对比可知，广部精对于北京官话韵母的处理也不是全盘照抄威妥玛的《语言自迩集》，他对于 i、-i（前）、-i（后）音的处理方法完全相同于普通话拼音方案，而对于"角"、"却"字异读韵母 io 注音为チュエ，与对应于 üeh 的チュエ音值相同，也等同于现代普通话的读音。

总而言之，广部精在以《语言自迩集》为蓝本编辑《亚细亚言语集支那官话部》时，对于北京官话的音韵体系，并没有照搬照抄《语言自迩集》，而是根据他自己的审音结果做了适当的调整处理。经过他调整后用片假名注写的北京官话音系，虽然还残留着一些南京官话的特点，但其声韵母架构更加远离了《康熙字典》、《音韵阐微》等18世纪初清代官韵的音韵体系，比《语言自迩集》更相似于现代汉语普通话。普通话是以北京语音为标准音的，是故，笔者以为，我们大致可以从中得出结论说：北京官话在19世纪末期基本上脱离了传统韵书音，定型成为现代汉语普通话的前身。

余 言

知晓笔者学过日语和韩语的朋友时常会对笔者说：日语听起来很像福建话或很像温州话，抑或又像广东话。同样，也有人会说，韩语听起来很像闽南话，或又很像广东话。事实上，高本汉的"中国音韵学研究"也就是利用了日语、韩语汉字读音的这个特点连同中国各地方言一起来旁证推导古汉语之语音问题的。近百年来，也有越来越多的学者在研究日语、韩语的汉字读音与中国方言语音相似性的问题。然而，"关于与现代韩国汉字音最接近的中国方言是哪个方言的问题，懂闽南语的人喜欢说是闽南语，懂粤语的人喜欢说是粤语……中国某一个方言和现代韩国汉字音最接近并不表示那个方言是韩国汉字音的来源，其原因是两个方言的语音过去几千年都会变。"[①] 例如，就"中国"一词而言，朝鲜时代的朝鲜语念듕귁 [tjuŋ kyk]，现代韩语念중국 [tsuŋ kuk]，也就是说，朝鲜时代的"中"字读音极像现代闽南语的"中 [tioŋ]"发音，"国"字与西南官话的"国 [kyʔ]"相近，而现代韩语的"中"字则与汉语普通话的"中"字音相近，"国"字音又与吴越方言相似，若单纯以比较的方法，用方音及借词去系联推测古音，往往很难得出较为确切的结论。加之在汉语拼音或注音字母诞生之前，古代文人唯有通过"反切法"的上下字声韵母相"叶"得出每个汉字的读音，但上下字本身每个地方都有方音，其所"叶"出的读音势必也各带发音人自己的地方口音，于是，所谓的官话也就有了"蓝青"之谓。"蓝青官话"之蓝与青，并不太好区分，所以，金尼阁说：之所以等韵、沈韵和洪武韵三韵五声数目皆不相同，就是因为每一个编写韵书的音韵学家皆自以为是，各自以己之见编排了韵书。是故，有明一代，先后有韵书一百多种当然也就不足为奇了。即便是金尼阁本人

[①] 严翼相：《韩日汉字音和中国方言之间语音类似度的计量研究》，载严翼相、远藤光晓《韩国的中国语言学资料研究》，学古房2005年版，第448页。

编写的《西儒耳目资》，他可能万万没有想到，三百多年后的语言学家们通过对音研究，对其所记录的汉字音音系会得出大相径庭的结论。有人说他所标注的汉字音是山西音，有人说是北京音，有人认为是南京音，也有人认为是南北方音相杂的虚拟的读书音。又例如，曾经是独立王国的琉球，为了培养汉语人才，便于与中国往来，在18世纪编写过许多汉语官话教材，对于这些"琉球官话课本"的官话性质，如今也是众说纷纭，要而言之有四说："北京官话"、"北方官话"、"汉民族共同语"说；"南京官话（下江官话）"说；"南方（地区）官话"说；以及"福州官话"说。① 可见，仅仅通过对音学、比较学等音韵学的方法来研究构拟某个官话音韵资料的性质是不够的。正如对日汉和琉汉对音资料深有研究的丁锋先生所言："对音学的研究不是万能的，相反，因为对音研究面临语种谱系的判断、作者版本的考证、时代地域的把握、两方语言的洞察、语音解读的确证、对音性质的厘定、汉语对音的检验等研究工序中各种不可避免的复杂问题，对对音研究科学性、严谨性的要求程度应该高于其他音韵学的研究方法，这样才可期其应有的学术价值。"② 于是，如李丹丹、李炜那样，有学者另辟蹊径，通过词汇比较、语法系联等方法来研究某个古代音韵学文本的语言属性。与笔者有着相似研究对象的张美兰教授主要就是通过此种方法推出了其专著《明清域外官话文献研究》，成果卓然。③ 而在笔者看来，对于《西儒耳目资》的众多语音、词汇或语法的比较研究，都不及用"文史语言学"的方法，在文献史料中找出曾德昭的那句对当时官话的直接描述。他说："如果能像在南京的日常生活中那样完全使用

---

① 李丹丹、李炜：《琉球官话课本的"官话"性质》，《吉林大学社会科学学报》2008年第1期，第1—2页。

② 丁锋：《日汉琉汉对音与明清官话音研究》，中华书局2008年版，第2页。
按理说，琉球与汉语的对音资料特别是"琉球官话课本"属笔者所言的海东官话文献之一，琉球即现今日本的冲绳，对其研究的内容可以归入本书的日本与汉语的相关章节，然而，一是由于这些琉汉对音材料大多缺少拼音文字的注音，缺乏语音的直观性；二是学界已有集大成式的专著问世，如丁锋的《日汉琉汉对音与明清官话音研究》、濑户口律子的《琉球官话课本研究》（香港中文大学中国文化研究所、吴多泰中国语文研究中心1994年出版）；三是据现有较可靠的研究成果，琉球官话教材所反映的并不是明清官话的主流，所以笔者放弃了这部分材料。

③ 张美兰：《明清域外官话文献研究》，东北师范大学出版社2011年版，第1—11页。

'官话'的话，听起来会非常悦耳舒心。"① 因为曾德昭与金尼阁同为耶稣会来华传教士，当年是一起抵达南京学的汉语官话，所以，他关于明末官话的这一句介绍对我们了解《西儒耳目资》的官话音系具有"四两拨千斤"的效用。当然，曾德昭的话说得再明白，也不能完全代表《西儒耳目资》作者金尼阁对于官话的具体认识，毕竟金尼阁本人在书中没有这样直接的表述，因而，我们还是少不了要运用对音学、历史比较法等手段进行系联推测，进行互证。于是，笔者有了如前上下两个篇章的关于明清官话的研究述论。通过对日本、朝鲜和欧美士人所编相关文献的梳理互证，至少应该可以清楚地回答以下这么几个问题。

一 明清两代究竟有没有过官话标准

答：有过。《洪武正韵》及其修订本以及《韵会定正》即明朝开国皇帝朱元璋钦定的汉语语音标准和汉字书写标准；《康熙字典》以及《音韵阐微》则是清朝稳固统治后出台的汉语标准，后者是专门的语音标准。只可惜，由于这些标准本身的似是而非，再加上缺少便利的交通和现代化传媒手段的推广示范，它们仅仅被停留在理论上，不可能事实上也并没有被完全推广实施；到了清末，随着1904年《奏定学堂章程》规定读书人学习国语国音必须以京音官话为标准后，官话终于有了一个非常明确的基础方言音，一个可以落到实处的标准样板。

笔者虽然不敢苟同套用以音本位为基础的许多现代西方语言学理论来研究汉语问题，然而，对索绪尔在《普通语言学教程》中所提出的语言符号具有任意性，但也有社会约定性一说很是赞同。秦始皇应该是认识到了语言符号的"社会约定性"，所以他搞了个"书同文"，以政治外力来促进这个"社会约定性"的实现。朱元璋从蒙古人手里夺回汉人江山后，试图"拨乱反正"，也搞了"书同文"。不过，相较于秦始皇的统一六国文字，朱元璋的"同文之治"实际上并不需要"同一"汉字的书写，重点是要"同一"汉字的读音。洪武八年（1375），朱元璋让宋濂等以其凤阳口音为基础，出台了一个《洪武正韵》作为汉语"正音"标准；定都南京为京师后，于洪武十二年（1379）让吴沉等搞了个《洪武正韵》修

---

① Álvaro Semedo：*Impero de la China*，Madrid，1642，pp. 49—50，转译自高田时雄《清代官话の資料について》，《東方學會創立五十周年記念東方學論集》，1997年，第771页。

订本；但随着他在南京生活多年之后对以南京音为代表的江淮官话的熟知，以及其最终放弃迁都传统中原地区的念头，洪武二十三年（1390），他又钦定孙吾与所编韵书为《韵会定正》，这本韵书实质上"本宋儒黄公绍《古今韵会》，凡字切必祖三十六母，音韵归一"，于是，有明一代，文人写诗赋词大多以《韵会》为规约，称其为"诗韵"。而清代，康熙皇帝坐稳江山后，钦定刊印《康熙字典》，并命李光地等人组织编写《音韵阐微》，雍正皇帝承父志颁布《音韵阐微》并下令推广官话正音，这本《音韵阐微》可以说是以宋代《广韵》为基本，糅合了"京师、江宁府及中州之声"，也就是糅合了北京官话、南京官话及中原官话。至于1904年，京音官话被定为国语国音以后，北京官话便成了官话正音唯一的实际标准。

二　官话在明清两代的实际使用状况如何

答：由于交通与传媒的限制，明清两代，虽有理论标准，但基本上没有过实际的、真正统一规范的官话，除了文书以外，"蓝青官话"是异地人之间沟通交流的主要手段。明朝初年，人们趋仰南京官话；15世纪后，北方逐渐通行北京官话，而南方则继续以南京官话为则，西南地区则是以成都等地的官话语音为代表通行西南官话，其中南京官话处于引领地位；19世纪中后期起，北京官话逐渐取代南京官话地位，成为官话道岸，直至1904年被朝廷正式确定为国语国音。

为去除因北方少数民族入主中原给汉语尤其是汉语语音造成的影响，明朝初年，朱元璋试图以政治外力统一汉语，推行"正音"，然而，由于他在京师问题上的摇摆不定，再加上后来明成祖迁都北京，但又保留了南京的"留都"地位，使得政治外力对于汉语官话正音的"约定性"作用丧失了统一稳固的靶向，人们只好转而依遵自然的"社会约定性"，这就是笔者之前已多次引用过的清人高静亭所说的："故趋逐语音者，一县之中以县城为则，一府之中以府城为则，一省之中以省城为则，而天下之内又以皇都为则。故凡搢绅之家及官常出色者，无不趋仰京话，则京话为官话之道岸。"[①] 依照这样的"社会约定性"，明朝在正统六年（1441）正

[①]（清）高静亭：《正音撮要》（1834年学华斋藏版），载长泽规矩也《明清俗语辞书集成》，上海古籍出版社1989年版，第1361页。

式定北京为京师之前，南京曾作为京师长达半个多世纪，人们学习官话自然趋逐以南京音为代表的江淮官话。后来，由于北京成了京师，北京官话自然也就成了北方地区的通行语言，但南京的"留都"定位以及其经济文化的实力使得南京官话一直没有失去官话的引领地位。即便是清人入主中原，定都北京，但因受"夷夏之辩"思想的影响，清政府缺乏足够的自信，在文化、语言上只好因袭明代汉制，在康乾盛世之前，官话的通行基本延续了明朝的状况。不过，毕竟满人占据了统治阶级的地位，以沈阳地区语音为代表的旗人汉语还是促使官话尤其是北京官话愈加受到北音影响，产生了诸如硬腭鼻声母和微母消失、入声彻底消亡等变化。待等康熙、雍正相继敕纂《康熙字典》、《音韵阐微》这两部正音标准字、韵书，特别是雍正六年（1728）上谕广东、福建籍贯的官员必须掌握官话正音后，正音也算是有了清朝的官方标准。然而，由于此两部字书和韵书，原本音系古今相杂，加之那时没有音像传媒介质，清人的实际语言生活依然通行"蓝青官话"，南京官话与北京官话成了"南音"和"北音"的代表，其中"南音"因保留了"入声"而被认为最接近"正音"，仍然是通行于全国大部分地区的官话样板。其间，徽班演出因使用韵书音而受到皇帝和士大夫的欢迎，进京华丽转身为京剧。由于京剧道白中既有倾向于"南音"的"韵白"，又有"北音"的"京白"，它便成了"正音"普及的有效手段，"京剧"在福建、广东等地甚至因此成了"正音"的代名词。随着两次鸦片战争后国门的洞开，西方的国家概念与外交思想传入中国，使得传统华夷观得以改变，于是，北京官话逐渐取代南京官话成为宫廷官场的时髦，并最终晋升为清朝的国语国音。

中华大地幅员辽阔，在没有以音素文字为普及性注音工具，并缺少现代传媒介质为推广手段的条件下，"蓝青官话"是明清两代语言生活的必然产物。不过，毕竟有《韵会》、《音韵阐微》等理论标准的牵制，除了"有无喉音化入声"等语音差别以外，各种蓝青官话间基本上不构成交流障碍。就如同近代，毛泽东、周恩来、邓小平、蒋介石等伟人各操各的官话音，他们间的交流并不需要翻译，全国老百姓也能听懂领会他们带着各自地方口音的官话。

三 如何理解"正音"、"官话"、"读书音"和"口语音"之间的关系

答：概而言之，"正音"、"官话"和"读书音"三者是同义词。"正音"是比较正式的书面语词汇,相当于动植物称谓中的"学名"。"官话"是比较通俗的口头语词汇,但也用于正式场合。"读书音"则是读书人需要习得的"正音",也可称之为"韵书音"。"口语音"则是日常生活中广为使用的汉字读音,囿于传媒介质和交通条件的限制,各个地区的人在习得和使用官话时或多或少会带有各自的乡音,形成各地的官话发音特色,即"蓝青官话"。[①]

对于什么是"正音"的问题,明朝颁布《洪武正韵》时,其凡例中给出的定义是模糊不清的,曰:"欲知何者为正声,五方之人皆能通解者斯为正音。"当然,其定义虽然模糊,但具体每个汉字的读音则是清楚的,体现在《洪武正韵》的正文之中,分七十六韵,反切法标注。随着理论标准的改变,即作为官韵的韵书之更替,每个时期"正音"的分韵方法和汉字读音也随之发生了变化。在传教士罗明坚和利玛窦看来,所谓"正音",也就是"官话",用葡萄牙语都译为"Fallar Mādarin",是"在受过教育的阶级当中很流行,并且在外省人和他们所要访问的那个省份的居民之间使用"的"通用的语言"。清人高静亭则直接指出:"正音者,俗所谓官话也。……语音不但南北相殊,即同郡亦各有别。"也就是说,官话的"口语音"因人因地异化成各种"蓝青官话"乃势之必然。至于何种"蓝青官话"为上品,则取决于政治和经济外力,外力的改变,导致北京官话超越了南京官话及其他官话的地位,并最终成为国语国音的基础方言。

众所周知,儒家思想是中国文化的主流,所谓"修身齐家治国平天下",所谓"学而优则仕",古代读书人自捧起蒙童教材《千字文》起,便被灌输了"学优登仕,摄职从政"的理念。读书的主要目的就是成为官吏,为官家做事,所以习得"正音",也就成了每个学子应尽的义务。

[①] 复旦大学董建交博士在其博士学位论文《明代官话语音演变研究》中,将明代官话音分为读书音和口语音两种变体,认为"明清两代统治者对读书音都作过明确的规范,《洪武正韵》、《音韵阐微》等就是这种规范的文本,这种规范虽不像现代普通话的规范那样严格,但是在受过教育的文人阶层中却是'约定俗成'的。"然而,"明代官话的口语没有现代语言学意义上的标准音,官话方言三种变体早期中原官话、早期北方官话和早期南方官话都是官话的次方言,任何一支官话口语音都没有被定为一尊。明代官话的读书音具有很强的保守性,它的主体部分是继承宋以来的中原读书音。明代官话的读书音和明代中原官话和南方官话更为接近,而和北方官话关系较远。它的基础方言应是黄河以南到长江流域的大片官话方言,而不限于江淮官话。"(见董建交《明代官话语音演变研究》,复旦大学2007年度博士学位论文,第5、149、150页。)

"读书音"指的就是"韵书音",就是官话正音,也就不难理解了。无怪乎,日僧无相文雄说:"官话者,读书音此之用。"当然,由于汉文可以脱离自然语言自成一个书面语言体系的特点,决定了人们在读书(实则上更多的是指"看书")时,完全可以操各自的方音,日本、朝鲜、越南的读书人甚至可以用自己的语言阅读汉字汉文,所以,难免会有像广东、福建的读书人那样不会或者说难以掌握官话正音的,但这并不影响人们对"读书音"含义的理解。

四 为什么泰西、海东文献对官话的记录描写比中国人自己的更加具体丰富

答:首先,泰西、海东文人写文章介绍汉语或编写汉语辞书、教材,除了个别是用以理论研究之外,大多数是以实用为目的的,所记录的官话必须是现实的、具体的、能学以致用的;其次,是他们可以凭借母语中的拼音文字给汉字标注读音,西洋人可以用罗马字母,日本人用假名,朝鲜人则用谚文字母,这远比中国传统的反切法方便且准确;最后,他们是身处山外观"庐山",对中国人习焉不察的汉语现象会从不同的视角进行认真的思考研究,取得可观的成就。

基于以上三个原因,利玛窦、金尼阁等西洋传教士占据了罗马字汉语拼音的鼻祖地位,而高本汉则将历史比较法导入汉语音韵学的研究,其《中国音韵学研究》成了引领汉语音韵学转入现代语言学研究范式的奠基之作。至于汉语官话,《朝鲜王朝实录》1483年农历九月的"实录"可谓至今发现的最早使用"官话"一词且有明确时间记载的文献;而耶稣会来华传教士罗明坚和利玛窦将"官话"和"正音"这两个词作为同义词编入了1585年的《葡汉辞典》中,成为最早明确"官话"即是"正音"的文人学者;日本汉学家太宰纯所撰《倭读要领》(1728年)是第一本直接断言官话正音以南京音为则的相关文献;英国来华传教士马礼逊则是在他1815年的《汉英辞典》中首先预测了北京音将成为官话的标准音;而另一个英国人威妥玛则是第一个系统性地将北京官话作为清朝官方语言编成了汉语教科书,其《语言自迩集》初版本问世于1867年。

五 泰西、海东文献所记录官话语音是否各有侧重

答:由于明朝有形同虚设的正音标准《洪武正韵》,清朝的正音标准

《康熙字典》和《音韵阐微》"以古为正"，但又古今南北音相杂，所以，泰西、海东士人在编纂实用性官话教材和辞典时大多陷入了两难的境地。一方面要照顾到所谓的"官韵"或曰理论上的"正音"标准，但另一方面又要将可学以致用的实际官话语音记录在册，因此，这些泰西、海东的官话音韵学文献并不是百分之百可以被界定为北京官话、南京官话或者"正音"、"读书音"什么的，也很难依据它们精确地下结论说何种方言是何种官话的基础方言。[①] 不过，我们通过研究，大致可以推测出某个官话文献所记的语音之侧重，得出它是以哪一个蓝青官话为主要样本的结论。

对于朝鲜的使者、通事和汉学家而言，"朝天"是他们的主要使命。明朝初年，他们主要的工作对象是在南京的以及后来从南京移居至北京的明朝皇帝和官吏们，所以早期以谚文字母注音的文献，如《洪武正韵译训》等，以《洪武正韵》为表面蓝本，但记录的官话音实际以南京官话为重点；而16世纪之后，他们"朝天"的线路和地点被严格限定在北方，主要是北京及其以北的东北地区，所以，此后朝鲜的汉语音韵学文献所记录的官话语音则全部是以北京官话为主了，但也不可能忽略《韵会》、《音韵阐微》等韵书音。对于西方传教士而言，他们学习汉语的目的是为了能在中国传教，所以他们很明智地选择了官话为汉语学习的主要对象，官话中通行范围最广，地位最高的是南京官话，因而，大部分来华传教士所撰的官话文献其记录的重点则是南京官话，但同样也将《洪武正韵》、《康熙字典》、《音韵阐微》甚至《五方元音》等韵书作了摆设。而对于东西方外交官而言，鸦片战争之后他们的主要工作对象就是清朝的京官甚至皇帝，所以《语言自迩集》、《北京官话》等教材记录的自然是

[①] 以这种方式得出研究结论的学术文章不在少数。例如，韩国学者蔡瑛纯的《李朝朝汉对音研究》等，蔡教授曾在"试论朝鲜朝的对译汉语与中国官话方言之关系"一文中得出结论说："译音的基础方言可能是当时的北京音，但当时中国官话的正音则可能是洛阳音"（见《语言研究》1999年第1期，第99页）；"当时朝鲜译官曾经作为标准语而记载的音是北京音，而其基础方言很可能是洛阳音"。（见严翼相、远藤光晓编《韩国的中国语言学资料研究》，学古房2005年版，第52页。）但后来蔡教授在"从朝汉对音考近代汉语官话共同语的基础方言"一文中又修正说："朝汉对音是出使中国的使臣的朝鲜译官从李朝初期开始为了熟悉标准音而编写的重要语音史料。其中语音的基本背景为当时当作民族共同语言的中原音，虽然作者把北京音当作标准音翻译，但是其中掺杂着中原音。所以南方音的史料中往往保存着北方音的音韵体系，我们现在很难分辨其音的特性的原因也在于此。"（见严翼相、远藤光晓编《韩国的中国语言学资料研究》，学古房2005年版，第79页。）

以北京官话为重点，他们师从的老师很多就是北京旗人。而对于长崎一带的日本商贸人员以及有佛教、儒家文化交流之需的日本人而言，经济文化实力最强的江南地区的中国人是他们的主要交流对象，于是，南京官话（"南京口"）以及杭州官话（"杭州音"、"浙江音"）也就成了日本江户时代汉语音韵学文献的记录重点，《韵镜》等中国传统韵书则是这些音韵学文献的理论基础。

总而言之，以上这些问题的答案可以说是笔者对于官话研究的主要结论，也是本书的主脉。不敢妄言这些结论一定是正确的，但只要能在官话研究领域起个抛砖引玉的作用，也就足矣。若能算作对官话研究添了砖，加了瓦，则倍觉幸甚。

主要参考著作

（以汉语拼音为序）

一 中文著作

（汉）司马迁：《史记》，中华书局1982年版。

（金）韩道昭著、宁忌浮校订：《校订五音集韵》，中华书局1992年版。

（明）过庭训：《本朝京省人物考一百十五卷（三）·四库禁毁书丛刊》，北京出版社2000年版。

（明）郎瑛：《七修类稿》，广益书局1935年版。

（明）陆容：《菽园杂记二册》，中华书局1985年版。

（明）吕维祺：《音韵日月灯》，志清堂藏板1633年版。

（明）释文通考订、（金）韩道昭撰：《重刊改并五音类聚四声篇》，浙江大学图书馆藏明成化丁亥年刻本。

（明）宋濂：《洪武正韵》，《文渊阁四库全书》（239），台湾商务印书馆1972年版。

（明）汤齐、李日华等：《（崇祯）嘉兴县志》，书目文献出版社1991年版。

（明）王世贞：《弇山堂别集》，中华书局1985年版。

（明）叶盛：《水东日记》，花山文艺出版社1986年版。

（明）詹同等：《皇明宝训·皇明修文备史》（北京图书馆古籍珍本丛刊8·杂史类），书目文献出版社1990年版。

（明）朱元璋：《明太祖御制文集》，台湾学生书局1965年版。

（明）朱元璋撰，胡士萼点校：《明太祖集》，黄山书社1991年版。

（清）李光地：《文渊阁四库全书·榕村集》（1324），台湾商务印书馆1983年版。

（清）李光地等：《文渊阁四库全书·音韵阐微》（240），台湾商务印书馆1972年版。

（清）李光地：《清代诗文集汇编·榕村别集》（160），上海古籍出版社2010年版。

（清）李景峄、陈鸿寿：《中国地方志集成32·嘉庆溧阳县志光绪溧阳县续志》，江苏古籍出版社1991年版。

（清）卢戆章：《一目了然初阶》，文字改革出版社1956年版。

（清）钱曾：《读书敏求记》，书目文献出版社1984年版。

（清）莎彝尊：《正音咀华》，廛谈轩1853年版。

（清）沈乘麐：《韵学骊珠》，中华书局2005年版。

（清）永瑢：《四库家藏经部典籍概览》，山东画报出版社2004年版。

（清）张廷玉等：《明史》，中华书局1974年版。

（清）张玉书等：《康熙字典》，上海古籍出版社1996年版。

（唐）魏征等：《隋书》，中华书局1973年版。

（元）刘氏日新书堂：《新编事文类要启札青钱》，大化书局1980年版。

（元）马端临：《文献通考经籍考》，华东师范大学出版社1985年版。

（元）周德清：《中原音韵》，《文渊阁四库全书》（1496），台湾商务印书馆1975年版。

"中央研究院"历史语言研究所校勘：《明实录》，"中央研究院"历史语言研究所1962年版。

鲍士杰：《说说杭州话》，杭州出版社2005年版。

蔡瑛纯：《李朝朝汉对音研究》，北京大学出版社2002年版。

陈辉：《论早期东亚与欧洲的语言接触》，中国社会科学出版社2007年版。

陈梧桐：《履痕集》，大象出版社2006年版。

陈寅恪：《陈寅恪文集之三 金明馆丛稿二编》，上海古籍出版社1980年版。

成元庆：《十五世纪韩国字音与中国声韵之关系》，中国文学出版社1994年版。

丁锋：《日汉琉汉对音与明清官话音研究》，中华书局2008年版。

丁韪良、赵受恒：《花甲忆记》，上海广学会1910年版。

董建交：《明代官话语音演变研究》，博士学位论文，复旦大学，

2007年。

方豪：《方豪六十自定稿》，台湾学生书局1969年版。

耿振生：《近代官话语音研究》，语文出版社2007年版。

顾钧：《卫三畏与美国早期汉学》，外语教学与研究出版社2009年版。

关纪新：《老舍与满族文化》，辽宁民族出版社2008年版。

何九盈：《汉语三论》，语文出版社2007年版。

何九盈：《中国古代语言学史》，广东教育出版社2000年版。

胡明扬：《胡明扬语言学论文集》，商务印书馆2003年版。

黄大同主编：《尺八古琴考》，上海音乐学院出版社2005年版。

计翔翔：《十七世纪中期汉学著作研究》，上海古籍出版社2002年版。

[比] 金尼阁：《四库全书存目丛书·西儒耳目资三卷》，齐鲁书社1997年版。

金启孮：《金启孮谈北京的满族》，中华书局2009年版。

李葆嘉：《中国语言文化史》，江苏教育出版社2003年版。

李得春：《中韩语言文字关系史研究》，延边教育出版社2006年版。

李立成：《元代汉语音系的比较研究》，外文出版社2002年版。

李无未：《日本汉语音韵学史》，商务印书馆，2011年版。

李新魁：《汉语等韵学》，中华书局2004年版。

林庆勋：《〈音韵阐微〉研究》，台湾学生书局1988年版。

林焘：《林涛语言学论文集》，商务印书馆，2001年版。

刘菁华、许清玉、胡显慧选编：《明实录朝鲜资料辑录》，巴蜀书社2005年版。

龙彼得：《明刊戏曲弦管选集》，中国戏剧出版社2003年版。

罗常培：《罗常培语言学论文集》，商务印书馆2004年版。

罗月霞主编：《宋濂全集》，浙江古籍出版社1999年版。

马蓉、陈抗、钟文等点校：《永乐大典方志辑佚 第1册》，中华书局2004年版。

宁忌浮：《洪武正韵研究》，上海辞书出版社2003年版。

宁忌浮：《汉语韵书史》（明代卷），上海人民出版社2009年版。

钱文选辑：《钱氏家乘》，上海书店出版社1996年版。

主要参考著作 279

四库全书存目丛书编纂委员会编：《洪武正韵四卷》，齐鲁书社1997年版。

宋志勇、田庆立：《日本近现代对华关系史》，世界知识出版社2010年版。

孙之梅选注：《钱谦益诗选》，人民文学出版社2009年版。

台湾中央研究院历史语言研究所校勘：《明太祖实录·明实录》，中央研究院历史语言研究所1962年版。

谭惠颖：《〈西儒耳目资〉源流辨析》，外语教学与研究出版社2008年版。

汪维辉：《朝鲜时代汉语教科书丛刊》，中华书局2005年版。

王桂编著：《日本教育史》，吉林教育出版社1987年版。

王力：《汉语史稿》（上）（修订本），中华书局1980年版。

王力：《汉语语音史》，中国社会科学出版社1985年版。

吴启太、郑永邦：《官话指南》，福州美华书局1900年，日本关西大学泊园文库藏本。

许明龙：《黄嘉略与早期法国汉学》，中华书局2004年版。

杨昭全、韩俊光：《中朝关系简史》，辽宁民族出版社1992年版。

杨昭全：《中国—朝鲜—韩国文化交流史》，昆仑出版社2004年版。

叶宝奎：《明清官话音系》，厦门大学出版社2001年版。

张美兰：《明清域外官话文献语言研究》，东北师范大学出版社2011年版。

张升余：《日语唐音与明清官话研究》，世界图书出版西安公司1998年版。

张世方：《北京官话语音研究》，北京语言大学出版社2010年版。

赵元任：《赵元任语言学论文集》，商务印书馆，2002年版。

二 中文译著

［法］李明：《中国近事报道（1687—1692）》，郭强等译，大象出版社2004年版。

［美］丁韪良：《花甲忆记》，沈弘等译，广西师范大学出版社2004年版。

［美］卫斐列：《卫三畏生平及书信：一位美国来华传教士的心路历

程》，顾钧、江莉译，广西师范大学出版社 2004 年版。

［美］卫三畏：《中国总论·修订版序》，陈俱译，上海古籍出版社 2005 年版。

［葡］安文思：《中国新史》，何高济、李申译，大象出版社 2004 年版。

［葡］曾德昭：《大中国志》，何高济译，上海古籍出版社 1998 年版。

［日］安藤彦太郎：《中国语和近代日本》，张威忠译，济南出版社 1989 年版。

［日］长泽规矩也：《明清俗语辞书集成》，上海古籍出版社 1989 年版。

［日］六角恒广：《日本中国语教学书志》，王顺洪译，北京语言文化大学出版社 2000 年版。

［日］六角恒广：《日本中国语教育史研究》，王顺洪译，北京语言学院出版社 1992 年版。

［西］弗朗西斯科·瓦罗：《华语官话语法》，姚小平、马又清译，外语教学与研究出版社 2003 年版。

［意］利玛窦、［比］金尼阁：《利玛窦中国札记》，何高济、王遵仲、李申译，广西师范大学出版社 2001 年版。

［意］利玛窦：《利玛窦中国传教史》，刘俊馀、王玉川译，台北光启出版社 1987 年版。

［意］利玛窦等：《利玛窦书信集》，罗渔译，光启出版社、辅仁大学出版社 1986 年版。

［意］罗明坚、利玛窦著、魏若望主编：《葡汉辞典》，旧金山大学利玛窦中西文化研究所、葡萄牙国家图书馆、东方葡萄牙学会 2001 年版。

三　日文著作

安藤彦太郎：《日本人の中国観》，劲草书房 1971 年版。

板泽武雄：《日蘭文化交涉史の研究》，吉川弘文馆 1986 年版。

本居宣长：《汉字三音考》，藤井文政堂，1785 年，日本早稻田大学藏本。

村松一弥：《清俗纪闻》，平凡社，1980 年版。

荻生徂徕口述、吉臣哉笔录：《译文筌蹄》，大阪书房，明治九年

(1876) 补刻，早稻田大学图书馆藏。

东条琴台：《先哲丛谈续篇》卷之三，千钟房1884年版，日本国立国会图书馆藏本。

冈岛璞：《唐话纂要》，出云寺和泉掾1718年版，日本早稻田大学图书馆藏本。

冈岛璞：《唐译便览》，五车楼1726年版，日本早稻田大学图书馆藏本。

冈岛璞：《唐语便用》，五车楼1725年版，日本早稻田图书馆藏本。

宫内猪三郎：《清国事情探检录》，清国事情编辑局1894年版。

广部精：《亚细亚言语集支那官话部》，青山堂书房1897年版，早稻田大学图书馆藏本。

广部精：《增订亚细亚言语集》，青山堂书房1902年版，日本国立国会图书馆藏本。

近藤笃：《韵学筌蹄》，雁金屋久兵卫1794年版，日本早稻田大学藏本。

六角恒广：《中国语教本类集成》，东京不二出版社1991年版。

六角恒广：《中国语教育史稿拾遗》，东京不二出版社2002年版。

陆若汉：《日本教会史》，岩波书店1979年版。

内田庆市：《近代における東西言語文化接触の研究》，关西大学出版部2001年版。

内田慶市、沈国威：《19世紀中国語の諸相》，雄松堂出版2007年版。

南山道人：《诸家人物志》伊丹屋善兵卫，1799年，日本国会图书馆藏本。

青木敦书：《和兰文字略考》，1746年，早稻田大学图书馆藏本。

三浦茂树：《韵学楷梯》，河内屋和助，1856年，日本早稻田大学藏本。

太宰纯：《倭读要领》，江都书肆嵩山房藏本1728年版。

无相文雄：《磨光韵镜》，八幡屋四郎兵卫1744年版，日本早稻田大学藏本。

无相文雄：《磨光韵镜后篇》，山本长兵卫1773年版，日本早稻田大学藏本。

无相文雄：《三音正讹》，出版者不详，1752 年，韩国国立中央图书馆藏本。

无相文雄、利法：《磨光韵镜余论》，浪速书林积玉圃文荣堂 1801 年版，日本国会图书馆藏本。

吴启太、郑永邦：《官话指南》，杨龙太郎出版社 1903 年版。

西川如见：《增补华夷通商考》，甘节堂、学梁轩同刻，1708 年，日本早稻田大学图书馆藏本。

小仓进平：《朝鲜语学史（增订补注）》，韩国大提阁 1986 年版。

小岛晋治：《幕末明治中国见闻录集成》（第十一卷），ゆまに書房 1997 年版。

信及半云：《禅林类聚音义》，1556 年，早稻田大学图书馆藏本。

兴亚会支那语学校编辑：《新校语言自迩集散语之部》，饭田平作，日本关西大学亚洲文化交流中心内田庆市藏本，1880 年。

有坂秀世：《国語音韻史の研究》，明世堂書店 1944 年版。

雨森芳洲：《芳洲口授》，河内屋喜兵卫 1848 年版，早稻田大学图书馆藏本。

雨森芳洲：《橘窗茶话》卷上，文荣堂 1786 年版，早稻田大学图书馆藏本。

雨森芳洲：《雨森芳洲全书·缟纻风雅集》，关西大学出版广报部，1979 年。

原念斋：《先哲丛谈》（后），东学堂 1892 年版，日本国立国会图书馆藏本。

张升余：《日语语音研究——近世唐音》，外语教学与研究出版社 2007 年版。

郑光、佐藤晴彦、金文京：《老乞大——朝鲜中世の中国語会話》，平凡社 2002 年版。

四 日文译著

［德］施利曼（Heinrich Schliemann）：《シュリーマン日本中国旅行記》、藤川徹、伊藤尚武译，雄松堂书店 1982 年版。

［西］フランシスコ・ザビエル：《聖フランシスコ・ザビエル全書簡》，河野纯德译，平凡社 1985 年版。

柳谷武夫：《イエズス会士日本通信（上）》，村上直次郎译注，雄松堂 1969 年版。

土井忠生、森田武、长南实编译：《邦译日葡辞书》，岩波书店 1980 年版。

五 韩文著作

（朝鲜）李祹等：《月印释谱》（卷一、二），韩国西江大学人文科学研究所影印 1972 年版。

成三问：《成谨甫集》，《韩国文集丛刊 10》，景仁文化社 1996 年版。

崔世珍：《翻译老乞大·朴通事、小学谚解、四声通解（合本）》，大提阁 1985 年版。

崔世珍：《吏文辑览》，朝鲜司译院，韩国国立中央图书馆藏本"古 3116 号"木板本和笔写本，刊印年代和地点不详。

崔世珍：《四声通解》，《原本国语国文学丛林》，大提阁 1985 年版。

崔世珍：《训蒙字会》，韩国檀国大学校出版部 1971 年版。

崔世珍：《韵会玉篇》，韩国国立中央图书馆藏本 1536 年版。

国史编纂委员会：《朝鲜王朝实录》，探求堂 1986 年版。

韩国学文献研究所编：《高丽史》，亚细亚文化社 1990 年版。

洪凤汉等：《增补文献备考》，韩国明文堂 1985 年版。

金瑟翁（音译）：《世宗大王与训民正音学》，韩国知识产业社 2010 年版。

金指南、金庆门：《通文馆志·国译通文馆志》，韩国世宗大王纪念事业会 1998 年版。

李穑：《韩国文集丛刊 5·牧隐集》，景仁文化社 1996 年版。

李睟光，《芝峰类说（上）·地理部》，乙酉文化社 1994 年版。

朴性源：《华东正音通释韵考》，韩国国立中央图书馆所藏 1747 年初刊本、1787 年再刊本。

权近：《韩国文集丛刊 7·阳村集》，景仁文化社 1996 年版。

申叔舟：《东国正韵》，建国大学校出版部 1998 年版。

申叔舟：《韩国文集丛刊 10·保闲斋集》，景仁文化社 1996 年版。

申叔舟等：《洪武正韵译训》，高丽大学校出版部 1974 年版。

徐居正：《四佳集》，《韩国文集丛刊 11》，景仁文化社 1996 年版。

严翼相、远藤光晓主编：《韩国的中国语言学资料研究》，学古房 2005 年版。

郑光：《훈민정음의 사람들》，제이앤씨 2006 年版。

郑然粲：《洪武正韵译训의研究》，一潮阁 1972 年版。

六 西文著作

Alexander Wylie: *Memorials of protestant missionaries to the Chinese*, Ch'eng-wen publishing company, 1967

E. C. Bridgman: *The Chinese Repository*, Inter Documentation Company, 1986.

Joseph Edkins: *A Grammar of the Chinese Colloquial Language, commonly called the Mandarin Dialect*, Shanghai: Presbyterian Mission Press, 1864.

Justus Doolittle: *A Vocabulary and Hand-book of the Chinese Language, Romanized in the Mandarin Dialect*, London: Trubner & Co., 1872.

Robert Morrison: *A Dictionary of the Chinese Language*, in three parts, East India Company's Press, 1815.

Robert Thom: *Esop's fables written in Chinese by the learned mun mooy seen-shang, and compiled in their present form*, The Canton Press Office, 1840.

Samuel Wells Williams: *A Syllabic Dictionary of the Chinese Language*, Shanghai: American Presbyterian Mission Press, 1896.

Samuel Wells Williams: *The Middle Kindom*, N. Y.: Charles Scribners Sons, 1883.

Stanislas Julien: *Methode pour dechiffrer et transcrire les noms sanscrits qui se rencontrent dans les livres chinois*, 1861.

Thomas Francis Wade: *Yü-yen Tzŭerh Chi*, TRÜBNER & CO., 1867.

W. A. P. Martin: *A Cycle of Cathay or China, South and North with Personal Reminiscences (Second Edition)*, New York, Chicago, Toronto: Fleming H. Revell Company, 1897.

感谢的话
——代后记

本书是我所承担的国家社科基金项目"从泰西、海东文献看明清官话之嬗变"的结项成果。由于国家社科基金有中期考核的要求，浙江大学每年也有对教师科研成果的考评，所以，我采用了边研究，边阶段性地将研究所得撰稿发表的方法，这样，既能应对体制的考核，又能将研究成果及时公之于世，获得同行专家学者的赐教。然而，当研究进入收尾阶段时，发现要将这些已然发表的论文内容辑入同一本著作中，无论是章节的协调性，还是叙述的系统性，尤其是引文的避免重复方面都出现了不尽如人意的问题，但又难以推倒重来，做出重大的改动修正，只好基本保留论文原貌，做些微调而已，诚望各位读者海涵。同时，对《浙江社会科学》、《浙江大学学报》、《中国社会科学文摘》、《中国社会科学报》、《语言文字学》（人大复印资料）、《韩国研究》（浙大韩国研究所）等学刊的编辑老师和审稿专家们所给予的指教与关照谨表衷心的感谢。

说到感谢，首先应该感恩上苍。本人虽然不是有神论者，但是笃信任何事物的发生发展都离不开一个"缘"字。坦白而言，我是汉语史的门外汉，更是汉语音韵学的外行，工作单位韩国研究所似乎与汉语史研究也没有多大关联性，然而，承蒙各位国家社科基金评委的厚爱，有缘在2009年度获得了这个项目。接受任务是光荣的，但完成任务的过程是艰难的。好在命运使然，我曾以日本语言文学为业，也因工作需要学过韩语，留学过日本，访学过美国，在攻读科技史硕士研究生阶段受过一些历史学的训练，在攻读语言学专业博士研究生阶段对历史语言学有过大致的了解，这些经历多多少少弥补了自身汉语史专业素养的不足，从另一个方面为完成研究课题提供了有利的条件。陈寅恪先生在《从史实论切韵》之文首言其不用传统音韵学方法研究《切韵》是为了"藏拙"，我则是又藏拙，又东施效颦，用文史语言学和汉语音韵学相结合的方法研究明清官话，总算在延期一年半后于 2013 年 10 月完成了课题。是故，我要感谢求学阶段的每一位业师，尤其是浙大人文学院的黄华新师，浙大韩国研究所的前所长沈善洪师和韩国研究所前学术委员会主任黄时鉴师。令我伤痛的是，黄时鉴师和沈善洪师在我即将完成结项初稿前分别于 2013 年 4 月 8 日和 5 月 22 日相继西归道山，如今我已无法当面聆听这两位师长的教正，只好祈愿他们在天之灵能护佑拙著顺利付梓。在此，对中国社会科学出版社责任编辑任明老师所付出的辛劳诚表谢意。

我也要感谢这个时代。老子说："不出户，知天下；不窥牖，见天道"。那是对于"大道"、"天道"而言的，对于具体事物的认知，还是"百闻不如一见"，需要"读万卷书，行万里路"。这势必耗费巨大的经济成本、时间成本，还要具备广阔的人员脉络和充沛的精力体能，但从课题名称便可知，我的研究必须涉足的范围从"泰西"之国（欧美）直至"海东"之国（日韩），所要付出的成本和精力远非本人所能承担得了的。更何况，本人天性好静内向，不善交际，要不是如今飞速发展的网络资讯，断然不可能调集到本课题所需的几乎全部历史文献资料，所以，我要诚挚地感谢美国的 Internet Archive、韩国的国立中央图书馆、日本的国立国会图书馆、中国国家图书馆以及韩国国立首尔大学、日本早稻田大学、浙江大学、北京外国语大学日本学研究中心等高校附属图书馆网站所提供的古籍电子文本和文献复印传递服务以及浙江大学图书馆提供的海内外大量学术论文数据库检索系统，更感谢那些将自己所收集珍藏的古籍无私地上网分享于大众的学者们，如日本关西大学东西学术研究所的内田庆市教授，他自己的研究方向就是近代东西语言文化接触史，长于明清官话研究，但他建立了关西大学近代汉语语料库，将自己多年收藏的相关资料全部数据化处理后无偿共享于世界各地的学者。当然更不能忘记感谢像南京大学鲁国尧先生、浙江大学俞忠鑫师、黄笑山师那样，除了提供古籍珍本影印件以外，还就具体研究不吝赐教的学术前辈们；感谢老同学王小潞教授在英文翻译上的每一次把关。

正如我的山友盛晓明师所指出的那样，任何事情一旦职业化以后，就会从喜欢做变成必须做，难免会牺牲原本的趣味性，读书也不例外。作为一个职业读书人，当我身处图书馆、书店、自己的书房或研究室，漫无目的地手捧一本好书阅读时，常常心生一种幸福感。然而，当为了饭碗，绞尽脑汁，数着日子，算着字数码字发文章时，读书也就变得没那么好玩了。于是，每周六的山行便成了我不可或缺的读书生活的调节。也是缘分使然，从2007年起，以沈坚、李恒威、姜兴鲁、张峰辉、张德明等人文学院师生为骨干的"哥拉我"登山队的周末山行渐成气候，我的山行便从独乐乐，变成了众乐乐。就如这个草根登山队的名字一样，手套（Glove）是登山时的常用工具，"Glove"＝"哥拉我"＝"Give love"＝"给爱"，登山队是一个锻炼身体、交流思想、发展友情、交换学术信息的理想平台，队中的山友，无论是前辈，还是同学，或是学弟学妹，全都个性鲜明，但又和善大度，给我带来了无尽的快乐，弥补了应职业化而丢失的那部分读书的趣味。唯恐挂一漏万，不敢在此详列这些队友们的大名，只好默默祝愿他们都健康平安。

我还要感谢浙大韩国研究所的金健人教授等领导和同事们，是他们多多地承担了研究所的许多琐碎的行政事务、学术会议组织以及对韩交流接待工作，使我有了较为充足的时间和安静的研究环境，为我完成课题研究提供了强有力的支撑。

课题结项通过鉴定后，我有幸拜读了五位匿名专家的鉴定意见。看得出来，这五位专家的评阅都极其认真仔细。他们对拙著的褒誉之词让我动容，所提出的中肯意见则成了我修改书稿的强有力的依据。囿于规则所限，我无从知晓他们的尊姓大名，但我还是要深深地感谢他们，是他们的认真与坦诚，或多或少改变了一些我对当今并不理想的学术界的失望以及因此而产生的失落之感。直白地说，他们都是好人。祝好人一生平安！

屈指算来，已是知天命之年，回首往事，我是幸运的，这辈子几乎没有离开过校园。从大学毕业始，一直工作、学习和生活在高校，除了前十三年忙于学校的国际交流事务，后来，读书、教书和码字几乎成了我生活的全部。就如某位不愿让我写上其大名的学长好友所言："国家发给我们工资，让我们求学问道，教书育人，有了研究成果便可名利双收，便有场地和对象吹嘘研究心得，何其幸福！"话虽如此，生活总不可能一帆风顺，有阳光，势必还会有风雨，风风雨雨近三十年，令我骄傲的是，有两对老人一直关心呵护着我，那就是我的父母和岳父母；有一位女性始终如她的名字一样温暖着我，那就是我的爱妻；现如今，一直被我戏称为上辈子"小情人"的小女也有了自己可爱的"小宝贝"，是故，我更愿意将这份研究成果献给我的这些家人们，感谢他们让我尽享天伦之乐。

2013 年五十初度写于耕川斋
2015 年 2 月修改于定稿之时